Quem contará as
pequenas histórias?

Letícia Mey e Euda Alvim

Quem contará as pequenas histórias?

Uma biografia romanceada de
Augusto Frederico Schmidt

EDITORA GLOBO

Copyright © 2005 by Letícia Mey e Euda Alvim

Todos os direitos reservados. Nenhuma parte desta edição pode ser utilizada ou reproduzida – em qualquer meio ou forma, seja mecânico ou eletrônico, fotocópia, gravação etc. – nem apropriada ou estocada em sistema de bancos de dados, sem a expressa autorização da editora.

Preparação: Eugênio Vinci de Moraes
Revisão: Ricardo Jensen de Oliveira, Valquiria Della Pozza, Ana Maria Barbosa e Ronald Polito
Capa: Estúdio Darshan
Foto de capa: Praia de Ipanema, Rio de Janeiro (Peter Timmermans / Getty Images)
Foto de contracapa: Augusto Frederico Schmidt (Editora Três)

1ª edição, 2005
1ª reimpressão, 2006

Dados Internacionais de Catalogação na Publicação (CIP)
(Câmara Brasileira do Livro, SP, Brasil)

Mey, Letícia
  Quem contará as pequenas histórias? : uma biografia romanceada de Augusto Frederico Schmidt / Letícia Mey e Euda Alvim. – São Paulo : Globo, 2005.

  Bibliografia
  ISBN 85-250-3957-8

  1. Escritores brasileiros – Biografia 2. Schmidt, Augusto Frederico, 1906-1965 I. Alvim, Euda II. Título III. Título : Uma biografia romanceada de Augusto Frederico Schmidt

04-8266   CDD-869.9309492

Índice para catálogo sistemático:
1. Escritores Brasileiros : Biografias romanceadas : Literatura brasileira 869.9309492

Direitos de edição em língua portuguesa para o Brasil adquiridos por Editora Globo S. A.
Av. Jaguaré, 1485 – 05346-902 – São Paulo – SP
www.globolivros.com.br

Sumário

i. Formação 7
ii. O homem 69
iii. O empreendedor 151
iv. O território do bom senso 263
Epílogo 297
Agradecimentos 299
Notas 301
Bibliografia 311

I

FORMAÇÃO

CASA COSTA PEREIRA
(RIO DE JANEIRO, 1922)

A NOITE JÁ DOMINAVA COMPLETAMENTE os céus da cidade quando um rapaz rechonchudo, de óculos e com um grosso livro encadernado debaixo do braço saiu de uma das últimas lojas abertas na rua do Sachet. Cabelos desalinhados e a roupa modesta, apesar de muito limpa, denunciavam uma precária situação financeira. Logo atrás dele vinha um senhor de meia-idade, gordo e bem-vestido, que depois de sair trancou a grande porta gradeada da Casa Costa Pereira, Armarinhos e Tecidos Finos.

Caminharam por alguns momentos até que Augusto se deteve observando a livraria Briguiet, cheia àquela hora. Rui Barbosa estava lá, conversando com dois amigos. Augusto, fascinado, pôs-se a olhar através da grande vidraça.

— Anda, garoto, que a hora está a passar!
— Desculpe, seu Pinto Vieira, mas o Rui Barbosa estava na Briguiet!

— Rui Barbosa, quem quer saber de Rui Barbosa? Não é freguês!

Antônio Pinto Vieira, velho imigrante português instalado havia mais de trinta anos no Brasil, ainda não tinha perdido o carregado sotaque de sua terra. Não tinha família nem amigos, e seu único assunto era o trabalho. Foram andando pela calçada até a parada do bonde, em frente à galeria Cruzeiro. O burburinho do café Chave de Ouro já ia animado, embora só mais tarde é que "pegava fogo". Boêmios, intelectuais, parlamentares, todos freqüentavam o café Chave de Ouro. Augusto ouvia, pela enésima vez, o sermão preferido do chefe, que adorava implicar com ele desde seu primeiro dia na Casa Costa Pereira, havia quase dois anos. O velho português achava um absurdo o fato de Augusto usar óculos, pois parecia coisa imodesta para um simples caixeiro.

— Neste passo o gajo não vai pra frente! Já te disse antes e repito: tens que te concentrar no serviço! Vives com a cabeça no mundo da lua. Ou melhor, no mundo dos livros! Ouve bem: não trabalhas em uma livraria! Trabalhas num armarinho. Tens que entender de tecidos, de botões, de alfinetes, não de livros. Esta tua mania de literatura há de ser tua perdição!

O sr. Pinto Vieira prosseguiu, com um tom quase profético:

— Coloca uma coisa nesta tua cabecinha de titica: tu nunca vais ser doutor! Tua única oportunidade é esta, e assim vais pôr tudo a perder!

— Sr. Pinto Vieira, não é o seu bonde?

O sr. Pinto Vieira se despediu apressado, e Augusto, aliviado, respirou com sua partida. "Ele não perde uma oportunidade de me espicaçar. Nunca vou ser doutor..." Pegou o bonde que o deixaria próximo à casa da avó, na rua Nossa Senhora de Copacabana. A imagem da mãe correu sua mente: "Será que ela estará bem hoje? Será que eu a encontrarei ...é melhor nem pensar...".

Não esperou muito pela condução. Naquela época, a viagem de bonde, do centro até Copacabana, correspondia ao tempo que tinha para sonhar e observar a vida. No trabalho, o dia era duro, das sete e quinze da manhã até as oito da noite, com poucas e breves oportunidades para um descanso; mas aproveitava cada uma delas, espiando a livraria Briguiet, dos fundos do armarinho, pelas frinchas das portas fechadas. Muitas vezes se esquecia da vida, até ouvir os gritos do sr. Pinto Vieira, acabando com aquela contemplação quase hipnótica. A livraria Briguiet era o ponto de encontro de políticos, escritores e sumidades de então: "Falar-lhes, comprar livros em língua estrangeira, um cigarro apagado na boca, é sonho que me parece inatingível",[1] pensava.

Sentia-se atraído pelo alegre burburinho dos cafés do centro, geralmente lotados de estudantes, boêmios, artistas, intelectuais. Augusto, responsável, ia do trabalho direto para casa. Além da responsabilidade, a falta de dinheiro e uma boa dose de cansaço, muito cansaço após um longo dia em pé, influenciavam a sua rotina, quase nunca alterada.

Com a lua, vinham as preocupações e os sonhos na mente do pobre caixeiro. A seu lado, no bonde, um estudante lia um compêndio de medicina, parecendo feliz, com um futuro brilhante pela frente. Augusto se sentiu ainda mais inferiorizado. "Nunca vais ser um doutor." As palavras do seu chefe insistiam em ecoar em seus ouvidos. Assim vivia havia dois anos, desde que fora reprovado nas provas de admissão ao externato do Colégio Pedro II. A reprovação era seu "título de burrice": jamais teria uma carreira brilhante como advogado ou médico. Seria para sempre um simples comerciário e, se fizesse um esforço sobre-humano, poderia chegar, quando muito, a gerente. Como o sr. Pinto Vieira. Eis o que o futuro lhe reservava. Apesar disso, deveria se sentir feliz por estar empregado em uma boa casa como aquela, que lhe garantiria um futuro tranqüilo, bastando para isso trabalhar dura e honestamente.

Nesse momento, o bonde parou e uma jovem loura, com um delicado vestido azul, embarcou. Seu chapéu combinava com o vestido, e a roupa toda destacava os olhos, de um azul da cor do céu.

"O que será que uma senhorita tão linda faz sozinha na rua a esta hora?", Augusto se perguntou. Sua mãe jamais permitiria que as filhas tomassem o bonde sozinhas à noite. Mas aquela mocinha tinha um ar diferente, um ar estrangeiro. Ela se sentou dois bancos à frente, e Augusto pôde sentir seu perfume adocicado. Embriagado com aquele aroma, esqueceu-se do chefe, do armarinho, da mãe... Extasiado pela idéia de sua condição de moça livre, não permitia que um só detalhe dela lhe escapasse. Teve a impressão de já conhecê-la de vista, mas de onde? Surpreso, viu que ela desceu no ponto final, junto com ele. Por um momento, os olhos de ambos se encontraram e a senhorita lhe abriu um largo sorriso, antes de seguir caminho. Augusto acompanhou-a com o olhar, vendo que ela ia para os lados da casa de tia Tetéia. Quis dizer alguma coisa, mas a voz parecia presa à garganta, recusando-se a sair. Também não saberia o que dizer... Será que devia se oferecer para acompanhá-la? Só se começasse a correr agora, porque ela já ia longe. Mas lembrou-se da mãe e correu para casa.

Vida em família

Lá chegando, encontrou quase tudo apagado. O coração como que pulou da boca. Entrou correndo pelo portão e nem deu atenção à Zurica, a cadela vira-lata da família. Encontrou o avô na cozinha, tomando um prato de sopa. Tudo parecia calmo.

— Augusto! Tudo bem, meu filho?

— Olá, vovô. Cadê a mamãe?

— Foi à igreja com a sua avó. Hoje é dia de ladainha, esqueceu?

Suspirou, aliviado, como nos dias em que chegava em casa e via que a mãe estava bem. Quando tinha ladainha, as vizinhas se reuniam e iam juntas rezar para a Virgem Santa, na igrejinha que ficava onde hoje é o Forte Copacabana. De lá, desciam pelo caminho aberto na pedra, sempre em grupos, conversando e rindo, enchendo de cochichos e alegria as ruas desertas do bairro. Era consenso geral na família que, nesses dias, Anna se mostrava mais disposta e animada. Augusto tomou um prato de sopa com o avô, enquanto contava seu dia no trabalho. Achou melhor omitir a parte em que o sr. Pinto Vieira o surpreendera nos fundos do armarinho, espiando a livraria Briguiet. Augusto perguntava a si mesmo se seria essa a verdadeira razão da implicância do chefe. Soltou alguns comentários desanimados sobre o trabalho, mas se arrependeu ao ouvir novamente os argumentos do avô materno:

— Augusto, escuta o teu avô, que é mais experiente com as coisas da vida: o comércio, agora, é a tua grande escola. Entrar para a Casa Costa Pereira é ter um futuro garantido e, se a sorte te favorecer, pode até te deixar rico...

O neto, diplomaticamente, respondia um "o senhor está com a razão, vovô" de tempos em tempos, mas havia se desligado completamente dos argumentos tão batidos, recitados — como uma ladainha — pelo avô.

— Ano passado o teu patrão esteve na Europa, não foi? Foi visitar a família em Portugal, lembra? Você deveria agradecer todos os dias a teu tio Frederico, que te arranjou essa colocação magnífica! Não seja ingrato!

Augusto viu que seria melhor desconversar: contou que tinha visto Rui Barbosa na Briguiet. Seu Joca de Azevedo, patriota convicto, era um declarado admirador de Rui Barbosa. O famoso orador inflamava multidões com seus discursos; era um grande defensor do ser humano.

Seu Azevedo trabalhava como guarda-livros de uma casa comercial no centro. Antes, estivera empregado por anos em uma das muitas empresas da família Schmidt. Assim se dera o casamento da filha, Anna Azevedo, jovem culta e linda, com Gustavo Schmidt, filho do patrão. Desde a morte do genro, somente o salário do contabilista e agora a modesta contribuição de Augusto sustentavam a todos. Seu Azevedo reclamava continuamente do genro que, apesar de seus apelos, não havia comprado uma casa para a família. O fato é que Gustavo Schmidt, quando vivo, tivera diversas oportunidades de adquirir uma, mas preferiu viajar, divertir-se, aproveitar a vida. Dizia que, quando se cansava de uma casa, simplesmente alugava outra. Havia herdado uma boa fortuna do pai, com a qual montou uma loja de brinquedos: O Paraíso das Crianças. Foi a melhor loja de brinquedos do centro do Rio, dispondo de ampla clientela de personalidades ilustres, que sempre passavam por ali procurando pelas novidades vindas da Europa. A família de Gustavo Schmidt vivia folgadamente, mas ele nunca se preocupara em garantir uma situação mais segura, perdendo todas as chances possíveis de comprar uma residência a preços vantajosos. Com a doença de Anna, o dinheiro esvaiu-se em tratamentos caríssimos.

Augusto tinha apenas oito anos quando o pai faleceu na Suíça, repentinamente, vítima de uma crise de uremia. A imagem do pai doente jamais seria esquecida: "No momento exato em que desembarcava do trem, com a família, vindo de Boulogne-sur-mer, meu pai caiu em plena Gare du Nord, vítima de um ataque de uremia, que lhe assinalou as proximidades da morte".[2]

Augusto e suas irmãs, Magdalena e Anita, estudavam naquela época em um colégio interno em Lausanne, na Suíça. A mãe, Anna, estava em um sanatório na cidade de Montreaux, mas decidiu voltar com os filhos para o Brasil. Uma vez viúva, lutaria contra a tuberculose e as dificuldades financeiras, às quais se vira submetida após a morte do marido.

Com a saúde cada dia mais frágil, exigindo constantes cuidados e remédios caros, Anna tentava, com o apoio dos pais, educar e orientar os três filhos. Alguns parentes mais próximos também ajudavam, especialmente a tia Tetéia, viúva doceira que morava em Copacabana.

A vida naquele bairro, no início do século XX, era bem diferente, mais suave, ingênua, sem a violência e o estresse do Rio de Janeiro de apenas algumas décadas depois. Quase desabitado, suas praias eram repletas de cajueiros e pitangueiras. A água do mar era límpida, transparente, exibindo ampla variedade de formas, cores e seres.

O bonde, praticamente o único meio de transporte, ainda dominava o espaço. Eram raros os automóveis nas ruas recém-pavimentadas. Não fossem a falta de uma casa própria e a sombra constante da morte, que levara seu pai e ameaçava sua mãe, Augusto poderia dizer que tivera uma infância feliz.

A adolescência, em compensação, estava sendo um martírio. Mais do que nunca, sentia vergonha de ser órfão. De trabalhar no comércio. De seu físico desajeitado. Envergonhava-se do passado de estudante medíocre. Não tinha certeza se viveria um grande amor como o dos livros, que sua mãe, quando se sentia bem, lia para os filhos à noite. Não sabia se viveria um amor que resistiria à morte, como o de tia Tetéia pelo falecido seu Miranda. Ele morrera havia muitos anos, mas a viúva mantinha seu lugar à mesa do jantar e conversava com seu retrato como se ele ainda fosse vivo. Contava-lhe as novidades e pedia-lhe conselhos. No auge dos dezesseis anos, Augusto via-se encurralado por um destino medíocre, escravo do comércio, fadado a passar os dias entre botões de madrepérola e leques de marfim. Esforçava-se por manter o bom humor para não desagradar à mãe, mas seu real estado de espírito era desesperançado e infeliz.

Seu Azevedo, que já havia terminado a sopa, continuava o discurso inflamado a favor de Rui Barbosa; mas Augusto só despertou dos próprios pensamentos quando percebeu que a mãe estava chegando, acompanhada pelas irmãs e pela avó. Na volta da igreja as mulheres da família se despediam das vizinhas no portão. Só por ouvi-la tossir, ficou mais aliviado: Deus ainda não a havia levado. Depois, o burburinho das mulheres jantando encheu a casa e transmitiu uma sensação de felicidade ao jovem assistente de caixeiro. O frescor da noite emprestara uma beleza especial à tez pálida de Anna, que, numa voz quase sussurrada, conversava com as filhas, comentando os preparativos para a próxima quermesse.

Como de costume, antes de dormir Augusto foi ao quarto da mãe pedir-lhe a bênção. Anna andava muito preocupada com o futuro de seu único filho homem. O desgosto pela reprovação nos exames do Pedro II fora um grande baque, depois das longas noites que ela passara tentando fazê-lo decorar os nomes dos rios da Amazônia ou das capitais européias.

Encontrou-a semi-adormecida, com um exemplar de *Crime e castigo* de Dostoiévski caído ao lado na cama. A luz do lampião estava quase no fim. Deu um beijo suave na testa da mãe, que acordou.

— Ah! *Mon petit*... Eu estava sonhando com você...

— É mesmo, mamãe?

— Sonhei que você era amigo do presidente da República e iam viajar para a Europa num navio chamado *Brasilis*.

Ele riu sem jeito, imaginando que a mãe não acreditava que ele viria a ser, algum dia, amigo do presidente do país.

— A senhora está bem? Precisa de alguma coisa?

— Não, *mon petit*, estou ótima.

Anna se ajeitou para dormir e acariciou o rosto do filho.

— Durma bem, mamãe! Sua bênção.

— Deus te abençoe, meu querido!

Augusto guardou o livro, apagou a luz e saiu devagarinho. Encontrou Magdalena na grande varanda, olhando a lua.

— Tudo bem, Leninha?

Magdalena pareceu assustada com a sua presença. Demorou alguns segundos para responder:

— Augusto! Olha como a lua está linda hoje!

A lua cheia se derramava sobre a praia logo adiante, depois do quintal. Este fora um dos motivos que levaram a família a alugar aquela casa: os bons ares que vinham do mar. Os dois irmãos ficaram por alguns instantes observando o luar. Augusto, em sua agonia de adolescente, não tinha coragem de contar à irmã as preocupações com o futuro. Magdalena, sonhadora, já pensava em seu primeiro amor e também não ousava confessá-lo sequer a si mesma. Após alguns minutos de silêncio, percebendo a cara triste do irmão, resolveu diverti-lo um pouco, contando as últimas travessuras de Anita, a caçula, na ladainha da igreja. Anita, impaciente com a demora da reza e proibida pela mãe de ir brincar na praia com as outras crianças, pegara uma perereca na porta da igrejinha e a colocara no banco, ao lado de uma senhora grávida. Alguns instantes depois, devidamente incentivada, a perereca salta no colo da beata, que começa a gritar de pavor, pondo fim às orações.

— Você precisava ver a cara da dona Dorotéia! Sorte que ninguém viu a grande culpada, só vovó e eu.

— E eu perdi mais essa da Anita!

— Ela está terrível. E o pior é que mamãe nem chegou a brigar com ela. Vovó Chiquinha ficou furiosa; veio da igreja até em casa falando. Mamãe teve um acesso de riso e fiquei preocupada com a crise de tosse que veio logo em seguida, no meio da rua.

A preocupação novamente tomou o espírito de Augusto. Não queria nem pensar em perder a mãe, mas lá no fundo esperava por essa notícia todos os dias, a qualquer momento. Temia chegar em casa e encontrar a mãe morta.

— Ah! Quase esqueço o recado da tia Tetéia: é pra você entregar umas encomendas pra ela. Quando você chegar do trabalho amanhã, passa direto na casa dela, tá?

Filomena Abrilina, a tia Tetéia, viúva inconsolável do seu Miranda, era irmã mais velha de Francisca Outubrina, a vó Chiquinha. Morava na rua Hilário de Gouveia, em uma das duas casinhas que herdara do finado marido. Complementava a renda familiar vendendo doces para algumas confeitarias da cidade. Morava sozinha com Empire, uma gata cinza e branca que possuía enorme doçura no olhar. Tia Tetéia tinha verdadeira e explícita paixão por Augusto. Havia acompanhado o nascimento da sobrinha Anna e, depois, todos os seus partos, mas o de Augusto havia sido o mais marcante. Apesar de extremamente católica, a eterna veneração pelo marido morto levava padre João, antigo pároco da igrejinha de Copacabana, à loucura. Ele não admitia seus intermináveis monólogos com a foto do finado, ao que Tetéia respondia que o digníssimo representante da Igreja conversava com um Cristo igualmente morto. Constantemente, Augusto ajudava a tia, entregando as encomendas em cafés do centro. Para isso, à noitinha, passava na casa dela e, no dia seguinte, acordava mais cedo, cumprindo aquela tarefa antes do trabalho. Em retribuição, sempre ganhava cocadas e uns trocadinhos "para tomar um sorvete", como ela dizia.

O dia passou-lhe pela cabeça como um filme, antes que conseguisse conciliar o sono. Mais do que ver as imagens, ele ouvia as vozes dos colegas, dos clientes, do chefe, da mãe. A preocupação com a saúde da mãe o fez esquecer a sentença do sr. Pinto Vieira — "Nunca vais ser doutor" —, que ainda ecoava em seus ouvidos.

Sonhou com o pai novamente. Tinha sempre o mesmo sonho, no qual revia o último instante em que estiveram juntos, em Lausanne: Augusto e as irmãs, enfileirados na porta do colégio Champs Soleil, enquanto Gustavo, gordinho e choroso, dava adeus aos filhos, através da janela do carro que deixara as crianças e o levaria em seguida para a cidade de Montreaux, onde morreria algum tempo depois. No sonho, o carro começa a andar, as meninas choram e, de repente, o carro transforma-se num imenso navio. Lá de cima, no convés, o pai acena com um lenço branco e a mãe está a seu lado, apenas sorrindo. O navio vai partindo em meio a uma intensa névoa, onde nada se vê. Augusto escuta a voz da mãe, chamando.

Acordou suando, agoniado, ouvindo o canto do galo. Acordava invariavelmente com o canto do galo, aos primeiros sinais do alvorecer, pois não podia perder o bonde que o deixaria no trabalho às sete e quinze. Seguia o mesmo ritual todos os dias: tomava um banho quase gelado, um café-da-manhã farto, com os avós e as irmãs, dava um beijo na mãe e corria para o bonde.

O dia no trabalho, entre ordens e implicâncias, era sempre diversificado: algumas vezes organizava o estoque de botões, noutras ajudava na confecção de leques, em certas ocasiões fazia pequenas entregas, enfim, de tudo um pouco, nas tarefas mais insignificantes e pequenas. Não podia tratar com os clientes, pois ainda não era um caixeiro. E o pior: passava o dia inteiro em pé. Como Augusto invejava os funcionários da contabilidade, no segundo andar! Todos trabalhavam sentados! Sentados o dia todo! Nem deviam sentir as pernas moídas no fim do dia. Olhava-os com admiração e respeito; eram de "outra categoria". Tais pensamentos o deixavam ainda mais infeliz.

Aquele dia transcorria de modo particularmente desagradável: o sr. Pinto Vieira ordenara que Augusto limpasse as prateleiras, serviço odiado pelo jovem auxiliar de caixeiro. Teria de subir em longas escadas, tarefa por si só complicada para um jovem rechonchudo, e ainda remover os pesados rolos de tecido, de uma prateleira para outra. Após essa extenuante etapa, deveria limpar as prateleiras com um pano úmido e recolocar os rolos em seu lugar de origem, ordenadamente. O pior de tudo é que as prateleiras ficavam na frente da rua, onde todos o viam executando a degradante tarefa. Sentia-se infinitamente humilhado.

Para piorar a situação, Ana Lúcia, a jovem e bela filha do dono do estabelecimento, o sr. Manoel Costa, resolvera visitar o pai naquele dia. Augusto, muito cedo deslumbrado pelos mistérios femininos, guardava um amor platônico pela jovem, desde o primeiro dia em que a vira, logo que começou a trabalhar.

Tendo crescido cercado por mulheres, seu interesse por elas sempre foi grande. Todo o mistério e encanto que rodeavam as mocinhas daquela época, tão puras, intocadas, distantes, instigavam-lhe a imaginação poética. Gostaria imensamente de traduzir em versos toda a explosão de sentimentos apenas por ver Ana Lúcia, mas as palavras lhe faltavam nesse momento tão delicado.

Já passava das quatro horas quando a moça entrou na loja, acompanhada de uma tia idosa. Seria impossível que não visse o caixeiro gordinho lá no alto da escada. Por instantes, os olhares de ambos se cruzaram. Os belos olhos desconcentraram Augusto, que, momentaneamente distraído, se desequilibrou e caiu com estrondo no chão. Toda a loja parou, procurando a razão de tamanho barulho. O rapaz, entre envergonhado e dolorido, fingiu um desmaio. Percebeu quando a amada ordenou a um sr. Pinto Vieira cheio de má vontade que chamasse um médico. "Que alma boa!", pensou.

A confusão não acabou aí: pedestres que passavam, na hora, entravam para ver o que acontecia; os vendedores dos estabelecimentos vizinhos também. Em menos de três minutos, a loja estava repleta de curiosos, clientes, caixeiros, todos falando entre si e dando opiniões sobre o destino do "desacordado".

Ana Lúcia pedia às pessoas que se afastassem para que o acidentado pudesse respirar, enquanto o abanava com um pequeno leque de marfim. Augusto observava-a disfarçadamente, emocionado. Enquanto alguém foi buscar um copo d'água, apareceu o sr. Manuel Costa, que, devidamente inteirado dos fatos, pôs seus caixeiros de volta ao trabalho e dispersou a multidão. Logo em seguida chegou o médico, que ao ver o jovem caído iniciou seu show, abrindo uma malinha preta, de onde retirou um pequeno vidro azul. A seguir destampou o vidrinho dramaticamente e o passou diversas vezes embaixo do nariz de Augusto. Sentindo o cheiro forte da amônia, o "desmaiado" tossiu e "acordou", meio desorientado. O médico, então, aproveitou para apalpar seus membros, talvez em busca de alguma fratura.

— Como é o seu nome?
— Augusto Frederico Schmidt
— Quantos anos você tem?
— Dezesseis.
— Tem alguma coisa doendo?
— Dói tudo, doutor...

O médico deu-lhe uma última examinada na cabeça e se levantou com rapidez:

— Parece estar bem, mas seria melhor não fazer esforço físico até amanhã.

— Como assim, doutor? — perguntou o incrédulo o sr. Pinto Vieira.

— Nada de pegar peso ou fazer força. — E abaixando o tom de voz: — Melhor observá-lo por uns dias... para ver se não afetou a cabeça... Parece que está tudo bem, mas por via das dúvidas...

Nesse meio-tempo, Ana Lúcia, que oferecia um copo d'água a Augusto, interferiu:

— Melhor deixá-lo ir, papai. Tem alguém que cuide de você em casa? — perguntou ela a um emocionado Augusto que, sem entender bem o que acontecia, só conseguiu assentir com a cabeça.

— O que o doutor recomenda? — perguntou o sr. Costa, encarando o sr. Pinto Vieira, que já esboçava um protesto.

— Seria bom que ele fosse embora por hoje... Mas alguém deveria acompanhá-lo, para o caso de alguma recaída. Bateu a cabeça... Nunca se sabe, não é? Melhor ficar em observação...

O senhor Costa mandou Joãozinho, um caixeiro recém-chegado de Portugal, acompanhar Augusto até sua casa, em Copacabana. A atenção de Ana Lúcia naqueles breves minutos o deixara extasiado, fora da realidade. O coração, disparado no peito, contrastava com a paralisia de sua boca seca. Sem entender muito bem como, viu-se na rua, com seu chapéu de feltro surrado enfiado na cabeça, seus óculos completamente tortos no rosto e seu grosso livro na mão, sendo conduzido por um esperto Joãozinho até a parada do bonde. A luz do sol o trouxe de volta à realidade. Mal podia acreditar: eram apenas três da tarde e poderia voltar para casa. Decididamente, Ana Lúcia era um anjo, um anjo caído do céu para iluminar seus dias sombrios.

— Augusto Frederico Schmidt! — gritou uma voz familiar.

Aventuras na cidade

Imediatamente surgiu a figura de Odilon Behrens, amigo dos tempos de internato no Instituto O'Grandbery, em Juiz de Fora. Augusto tinha sido aluno do O'Grandbery, enquanto a mãe se tratava em Campos do Jordão, logo após a morte de Gustavo e o retorno ao Brasil. Odilon era alto, tinha os cabelos alourados, lisos, cortados na altura da orelha, com uma franja que vivia caindo nos olhos azuis, e, ao contrário de Augusto, era magérrimo e comprido. Sua família, longe de ser abastada, esforçava-se por custear-lhe os estudos no internato do Colégio Pedro II. Odilon estava terminando o último ano e ambicionava ser médico.

— Odilon! Quanto tempo!

Os dois se abraçaram. Joãozinho olhava a cena com a mais nítida curiosidade.

— Que faz por aqui?

— Bem... Eu... Eu vou para casa — Augusto tentava evitar as explicações, pois envergonhava-se de trabalhar no comércio, ao contrário do amigo, que já devia estar acabando os estudos. — E você? Como vai a faculdade?

— Vou fazer os exames no fim do ano... Que alegria te ver! Lembra dos nossos velhos tempos do grêmio, em Juiz de Fora!

— Augusto, o bonde...

— Obrigado, Joãozinho.

Augusto aproveitou a oportunidade para se despedir do amigo:

— Odilon, que bom te ver! Espero que sua família esteja bem. Agora tenho de ir...

— Não! De forma alguma! Não vou te deixar ir embora, assim, sem ao menos um café para celebrarmos nosso reencontro! — Odilon consultou o relógio de bolso. — Que tal um sorvete? Poderíamos colocar a conversa em dia. A não ser que você não queira, é claro...

— Não é isso... — Augusto viu o bonde parar no ponto e as pessoas começarem a tomar lugar. Não gostaria de confessar sua atual ocupação.

— O gajo caiu da escada e bateu com a cabeça — interveio Joãozinho.

— Bateu com a cabeça? O caso é grave! — imediatamente o rosto de Odilon demonstrou receio pela saúde do velho amigo.

Augusto lançou um olhar recriminador a Joãozinho, que continuou animado:

— Não, o doutor já o examinou. O patrão me mandou levá-lo em casa, para garantir que nada vai acontecer no caminho... Bateu a cabeça, sabe como é.

— Nada disso. Faço questão de acompanhá-lo! Toma, rapaz — Odilon deu umas moedas a Joãozinho. — Aproveita para tomar um sorvete. Jamais deixaria um velho amigo numa situação dessas.

Joãozinho, de posse das moedas e com algum tempo livre, não pensou duas vezes: tratou de ir flanar pela cidade. Odilon estava visivelmente preocupado com o estado de Augusto, e o bonde havia acabado de partir. Não poderiam pegá-lo correndo, como faziam nos fins de semana de Juiz de Fora, quando iam ao cinema ou passeavam pela cidade, pois naquele momento Augusto não estava bem. A preocupação exagerada de Odilon não só acabou fazendo o "acidentado" dar boas risadas, como também o fez contar-lhe toda a cena da loja. Revelar sua atual situação e a verdadeira condição econômica da família acabou dissolvendo o mal-estar que Augusto sentia diante do amigo. E, mais importante que tudo, não abalou a antiga amizade. Odilon convenceu Augusto a comemorar o reencontro indo até a famosa sorveteria Alvear. Augusto aceitou o convite com a condição de pagar sua despesa dali a poucos dias, quando recebesse o ordenado. Odilon acabara de ganhar a mesada naquela tarde e podia se dar àquele pequeno luxo, mas Augusto sabia que a situação econômica da família de seu amigo também não era das melhores e que os pais se sacrificavam para mantê-lo estudando.

Conversaram sobre o passado, sentados na charmosa sorveteria onde as moças elegantes se encontravam nas tardes quentes.

O local estava vazio, pois o outono já dourava as folhas das amendoeiras pela cidade afora, e a temperatura andava muito agradável. Os amigos relembraram as aventuras no Grêmio Literário Coelho Neto, quando haviam lido Eça de Queiroz e conhecido pessoalmente o patrono do grêmio, que anos mais tarde seria conhecido como "o último romântico". A partir desse encontro, o famoso escritor enviava a cada dois meses, para o grêmio, pacotes de livros recém-lançados. Os pacotes eram endereçados a Augusto Frederico Schmidt, o que conferia ao destinatário uma posição de destaque e uma emoção bimestral inenarrável. Nunca mais Augusto defenderia alguma causa com tanto ardor como defendera aquele grêmio, contra seu opositor, o Grêmio Sílvio Romero:

> O grêmio possuía, na diversidade dos seus membros, uma unidade de espírito na qual me sentia integrado. Havia qualquer coisa de zombeteiro no Coelho Neto, que faltava inteiramente aos do outro grêmio; e a literatura era para nós coisa legítima, mas também cheia de finura. No meio dessas atividades literárias, os estudos me pareciam mesquinhos.[3]

Os dois amigos riram ao se lembrar da antiga paixão de Augusto pela filha do sr. Moore, o diretor do instituto. Anos mais tarde, Augusto o encontraria em Nova York. Tal encontro, tanto tempo depois, em ocasião tão especial, emocionaria o antigo aluno do O'Grandbery e seu velho mestre.

Acabado o sorvete, Odilon quis passear pelo centro, mas Augusto, preocupado com sua condição de "doente", preferia não ser visto na cidade. Sentia-se imensamente agoniado, como se pudesse ser pego em falta a qualquer momento. Irredutível, o amigo conseguiu convencê-lo a assistir à sessão da Câmara dos Deputados, no Palácio Monroe. A idéia da proximidade do poder os seduzia e entusiasmava, fazendo-os gostar da política mesmo sem entendê-la. Ainda possuíam a pureza dos jovens de coração.

Mal sabiam eles que a vida passaria e, tal qual areia numa ampulheta, sentiriam esvair-se a inocência e a juventude. Mal dos tempos: toda a sociedade sofreria com essa transformação dos indivíduos e seus hábitos, vendo surgir, a cada nova geração, menos dos nobres ideais de seus antecessores.

Com o coração aos pulos, Augusto subiu pela primeira vez as escadarias do Palácio Monroe, para se alojar nas tribunas mais altas, junto com Odilon. O Monroe ficava na Cinelândia e seria demolido na década de 1970, durante o governo Geisel. Mais uma vez, destruiríamos um tesouro da memória nacional, desnecessariamente.

Os jovens sonhadores sentaram-se nas tribunas quase vazias e ficaram observando. Augusto se sentia emocionado, embora as palavras do sr. Pinto Vieira voltassem algumas vezes a ecoar em seus ouvidos. No plenário, meia dúzia de deputados sonolentos era a platéia do excelentíssimo sr. Maurício de Lacerda, com seu famoso lenço branco amarrado ao pescoço. Naquele momento, proferia um violento discurso contra o governo, sendo apoiado por Nicanor do Nascimento, outro representante oposicionista carioca, que volta e meia enchia o recinto com sua voz forte. Enquanto isso, metade dos representantes governistas dormia, e outros apenas sorriam cinicamente diante da oratória inflamada. Uma única vez, o alto e elegante deputado governista Armando Burlamáqui, com sua inseparável piteira, pôs-se a contradizer o orador, o que só aumentou o ânimo e a violência das palavras de Maurício de Lacerda.[4]

Quando Augusto e Odilon saíram, o sol já ia sumindo, deixando pelo céu as últimas pinceladas vermelhas. Os dois adolescentes que sonhavam mudar o país não pareciam empolgados com o espetáculo que viram. Puseram-se a andar pelo Passeio Público, contando com a cumplicidade da noite que chegava cedo àquela época do ano.

— Realmente, meu amigo, é preciso mudar a face do Brasil. Os deputados do governo não aceitam as idéias da oposição e a oposição vota contra o governo só porque, afinal, é contra o governo. Com isso, o povo perde e continua em situação precária: falta educação, falta saúde, falta tudo — dizia Augusto desanimado.

— Que significado, afinal, terá a campanha do Maurício de Lacerda? — Odilon continuava tagarelando: — Por outro lado, que seria do Brasil se não houvesse alguém presente na luta, se o governo não tivesse opositores para o alertar e sacudir?

Augusto já não o escutava. Havia aprendido desde cedo, influenciado sobretudo pelo espírito nobre da avó, a se indignar contra as desigualdades e injustiças. Infelizmente, os governantes não pareciam pensar da mesma forma. A vida se mostrava ao jovem caixeiro em toda a sua dureza; a maioria, como ele, teria um futuro sombrio e obscuro, submisso, desesperançado, um futuro de semi-escravidão, marcado pela falta de dinheiro e pelo excesso de trabalho: "A servidão da pobreza é o começo e o fim de todas as outras".[5]

Alguns poucos felizardos, livres de preocupações, teriam um futuro mais garantido, com um diploma de médico ou advogado, um emprego público com muitos benefícios e férias anuais no exterior, bastando para isso ir vivendo sem se envolver em problemas maiores. A ele, Augusto Frederico Schmidt, caberia o fel da vida, a escravidão do comércio. Sentiu-se ainda mais infeliz.

O LEQUE

Augusto despediu-se de Odilon, prometendo encontrá-lo no dia seguinte, depois do trabalho. Os dois continuariam amigos até o fim de suas vidas. Odilon seguiria a carreira médica, atingindo altos postos no governo, anos depois. Mas, naquela altura, Augusto não podia sequer imaginar o que o futuro lhes reservava.

Tomou o bonde preocupado, imaginando se alguém o teria visto. Para sua surpresa, no mesmo ponto do dia anterior embarca a linda loirinha, dessa vez inteiramente vestida de cor-de-rosa. Ela se sentou a seu lado, oferecendo gratuitamente um sorriso que mostrava os dentes perfeitos. Augusto, atrapalhado, afastou-se um pouco mais e fingiu ler *Madame Bovary*, em francês, pensando que assim pareceria mais inteligente e refinado. Acreditava igualmente que o fato de usar óculos o tornava mais distinto e aceitável. Naquele momento, naquele único e precioso instante, Augusto não enxergava as letras nem a página; só conseguia sentir o cheiro adocicado que emanava da jovem, enquanto olhava os pezinhos delicados, enfiados em uma sapatilha também cor-de-rosa. E os tornozelos da jovem: que tornozelos! Eram finos, bronzeados, bem tratados, atiçando sua imaginação ainda mais. Augusto reparou que a moça tentava abafar o riso com o leque. Então, atordoado, percebeu que por todo aquele tempo o livro estivera de cabeça para baixo! Corou intensamente, enquanto procurava a posição certa. "Que azar! Assim pareço um avoado!" A loirinha, observando seus movimentos, continuou a rir, agora sem disfarçar. "Me perdoe, senhorita, mas como pode ainda se rir de mim, se só estou um pouco desconcertado com sua enorme beleza?"

As palavras passaram-lhe como um raio pela mente, mas a voz recusou-se a sair-lhe da boca de adolescente tímido, ainda sem desenvoltura para lidar com os assuntos do amor. A mocinha controlou o riso, enquanto lhe lançava um olhar de simpático divertimento. Augusto afundou-se no banco e procurou ler, mas as letras pareciam dançar na página, como numa animação. De tempos em tempos, olhava-a com o rabo do olho, através das lentes dos óculos. Finalmente chegaram a Copacabana. Ela saltou lépida, esquecendo o pequeno leque no banco. Augusto ainda ficou ali por alguns segundos a observar o "convite", bendizendo o acaso. Desceu do bonde pouco depois, mas misteriosamente a loirinha evaporara como uma nuvem.

Augusto lembrou-se de que devia ir à casa de Tetéia buscar os doces da entrega do dia seguinte. Durante todo o caminho procurava avistar a dona do leque, que agora carregava como um tesouro precioso. Sentia-se o próprio cavaleiro que deveria restituir um tesouro à princesa misteriosa.

TIA TETÉIA

Chegou à casa da tia pouco antes da hora habitual e Tetéia estranhou:

— Augusto? Aconteceu alguma coisa? Como está sua mãe?

— Tudo bem, tia. Consegui sair mais cedo hoje e vim logo pegar as cocadas.

Tia Tetéia ficou cismada com a história, pois nunca vira o patrão liberar seu sobrinho antes do fechamento; mas guardou para si as desconfianças. Dois meninos pequenos estavam sentados na cozinha, devorando enormes pratos de sopa. O cheiro da sopa envolvia todo o ambiente.

— Senta aí um pouquinho, Augusto, enquanto acabo de dar comida pros filhos da Das Dor. Imagina que ela está acamada há dias, sem trabalhar; então mandei eles virem comer aqui, enquanto a mãe não melhora. — Abaixou o tom de voz antes de confidenciar: — Sua avó diz que a Das Dor está preparando os biscoitos para a viagem.

Era assim que dona Chiquinha se referia a uma pessoa desenganada; dizia que "estava preparando biscoitos para a viagem". Tia

Tetéia olhou preocupada para os dois meninos e acrescentou em voz alta:

— Mas Nosso Senhor Jesus Cristo há de ser piedoso e devolver logo sua saúde, porque ela tem de cuidar destes anjinhos!

Tetéia ofereceu sopa a Augusto, que recusou. Pacientemente, deu janta aos meninos, enquanto preparava uma tigela com comida para Das Dor, filha de uma escrava liberta que lhe prestava serviços havia muitos anos. Apesar de sua renda modesta, Tetéia administrava uma espécie de obra de caridade em casa, ajudando uma legião de "pobres almas", como ela mesma definia. Costurava e distribuía enxovais de bebê para mães carentes, assistia os doentes com comidas e remédios, sempre ajudando quem tinha muito pouco. Morria de pena das criancinhas, dos pobres e dos velhos. Todos os dias havia uma grande romaria em sua porta, "pobres almas" pedindo alguma coisa. Escutava seus problemas e procurava orientá-las, sempre estimulando que rezassem e se esforçassem para trabalhar e melhorar. Porém nunca dava dinheiro; limitava-se a dar roupas, comida, remédios. Esperava assim "evitar golpes", coisa que reconhecia de longe. Apesar da pouca instrução, seu "faro" era apurado.

Tia Tetéia tinha convicções tão enraizadas na alma que seria impossível tentar mudar; uma delas, contra o espiritismo, havia causado uma séria desavença com o cunhado Joca, o avô de Augusto.

Briga de família

Havia muitos anos, desde que moraram por uns tempos na rua Araújo Leitão, no Lins de Vasconcelos, seu Joca Azevedo passara a freqüentar um centro espírita, para desgosto da família, muito católica. Seu Azevedo fora convertido ao espiritismo por Inácio Bittencourt, um humilde barbeiro que se tornaria na época o maior expoente daquela doutrina. Fácil entender a convicção de seu Azevedo: o amigo Inácio era médium inspirado e receitista. Chegou a atender mais de seiscentas pessoas por dia em seu consultório, na rua Voluntários da Pátria. Era um conferencista carismático, apesar da pouca instrução formal. Entre inúmeros feitos, fundou o Abrigo Teresa de Jesus, para crianças inválidas, e a revista *Aurora*, um dos baluartes da imprensa espírita por mais de trinta anos.

As crianças da família, ao contrário dos adultos, ficaram deslumbradas com esse poder de "conversar com os mortos" e aumentaram enormemente o grau de respeito ao avô. Isso muito preocupou Anna, que, apesar de internada em Campos de Jordão, cidade que tinha a fama de ser a "Suíça dos pobres", achava forças para escrever longas cartas ao pai, censurando-o por dar "maus exemplos" às crianças. Entretanto, nada, nem ninguém, jamais conseguiria demovê-lo de sua nova crença.

Um dia, logo após a morte de tio Serrano, marido de Isolina Janerina, irmã de Chiquinha e Tetéia, vô Azevedo chegou em casa com uma mensagem psicografada do concunhado morto. Foi o estopim da briga: Tetéia parou de falar com o cunhado. Vô Azevedo dizia que era tudo implicância, visto que tia Tetéia passava o dia falando com o falecido marido. Mas o morto nunca havia respondido.

De volta às cocadas

Sobre a larga mesa de madeira, travessas cheias de cocadas brancas e pretas esperavam a vez de serem embaladas. Despachados os meninos, que saíram com um prato de sopa envolto em um pano de prato, tia Tetéia e Augusto puseram-se a embrulhar os tabuleiros em papéis enormes, amarrando-os com barbante. Augusto ajudava a arrumar os doces e comia as migalhas que sobravam. Tia Tetéia separou um prato para enviar à sobrinha Anna, que adorava cocada, e imediatamente a preocupação tomou conta do rosto de Augusto, ao se lembrar da mãe doente. Antes de sair, tia Tetéia enfiou alguns trocados no bolso de seu casaco e encontrou o leque lá dentro.

— Que é isso, Augusto?

Augusto corou imediatamente.

— Nada não, tia.

Ele se apressou em guardar o tesouro, baixando os olhos antes de mentir:

— Tia Júlia esqueceu comigo. Ela esteve lá na loja hoje.

Tia Júlia era a esposa de Frederico Schmidt, irmão mais velho do finado Gustavo. Este havia feito uma homenagem ao irmão, batizando o primogênito com o nome do tio. Desde que começara suas atividades como caixeiro, Augusto almoçava em casa do tio Frederico, na rua Marquês de Abrantes, no Flamengo, pelo menos uma vez por semana. Tomava o bonde na galeria Cruzeiro e descia quase em frente à mesma casa onde havia nascido, numa madrugada de abril de 1906. Tetéia, tia pelo lado materno, teria poucas oportunidades de descobrir a mentira, mas seu olhar desconfiado parecia dizer que não acreditara muito na história.

Augusto saiu carregado de doces e foi direto para casa. No dia seguinte, teria de acordar cedo e deixar a encomenda, antes de entrar no trabalho às sete e quinze. A confusão do dia o deixara ainda mais cansado que o normal. Surpreendeu-se quando entrou em casa e encontrou a mãe, na sala, lendo trechos de *Memórias póstumas de Brás Cubas* para as irmãs. Anna parecia excepcionalmente bonita e bem-disposta naquela noite. Sua boa disposição deixava Augusto num estado de serenidade. Não comentou os acontecimentos do dia. Apenas tomou um banho gelado, seguido de um prato de canja de galinha bem quente, comeu algumas cocadas, pediu a bênção à mãe e aos avós, rezou e foi dormir. Só nesse momento se lembrou do leque, do encontro com Odilon no dia seguinte... Aliás, amanhã o sr. Pinto Vieira estaria furioso e a Ana Lúcia... Dormiu pensando em Ana Lúcia. Em seu sonho, ela se transformava na desconhecida do bonde. Via-se correndo até o cais para devolver o leque, mas ela entrava em um navio, o mesmo em que agora seu pai lhe acenava, de longe, um lenço branco. Ainda tentou brigar, mas não conseguiu entrar no navio; não podia subir aquela rampa de madeira íngreme e nebulosa que o levaria aos convés onde estava o pai e, agora, a mãe...

O GALO NÃO CANTOU

Naquele dia, o galo não cantou ao alvorecer. Magdalena acordou o irmão no meio do sonho. Augusto estava atrasado para o trabalho e ainda tinha de entregar as cocadas. Arrumou-se atabalhoadamente: saiu sem tomar café, com uma meia de cada cor e os sapatos ainda desamarrados. Do meio do caminho, voltou para pegar as cocadas que havia esquecido. Quando chegou ao ponto, o bonde havia acabado de sair. Não conseguiria correr para pegá-lo, andando, com dois tabuleiros pesados nas mãos. Parecia mergulhado em uma maré de azar ultimamente. Sua exasperação beirava a loucura. Augusto sabia que o sr. Pinto Vieira não desculparia o atraso e também que não podia deixar de entregar a encomenda da tia. Ficou imaginando se a dona do leque estaria naquele bonde que acabara de partir, indo estudar ou trabalhar. "Ela não deve trabalhar", pensou. Agora teria de esperar outro "acaso" do destino.

No centro da cidade, foi direto entregar a encomenda da tia. Já eram oito horas e a confeitaria ficava em rua das mais movimentadas. O gerente demorou para resolver um novo pedido, fazendo Augusto sair de lá bastante atrasado, tolhido de vez pela preocupação.

Finalmente no trabalho, viu que o relógio marcava oito e meia. Seu Pinto Vieira parecia contrariado, mas limitou-se a mandá-lo ao escritório, pois o patrão desejava falar-lhe.

Subiu as escadas receoso, mas o sr. Costa, bem-humorado, cumprimentou-o alegremente:

— Aí está nosso acidentado! Como passou a noite, meu rapaz?

— Estou bem melhor, sr. Costa, obrigado. Agradeço a preocupação.

O sr. Costa ergueu-se da cadeira e circundou a enorme mesa de carvalho, cheia de papéis e mostruários de tecidos e botões, antes de se dirigir a Augusto, abraçando-o.

— Meu rapaz, o que fiz por você ontem é o que faria por qualquer empregado em sua situação. Meus empregados são como membros de minha família e eu faria qualquer coisa para ajudá-los.

Augusto permaneceu quieto, apenas assentindo com a cabeça. O sr. Costa prosseguiu:

— Além disso, você sabe que seu tio Frederico é meu amigo de longa data e tive a maior felicidade em empregá-lo quando ele me pediu. E tenho uma simpatia especial por você, que pode ter um futuro brilhante em nossa casa comercial.

Augusto sorriu. "Quer dizer que o sr. Costa pensa em meu futuro!" Tal pensamento o animou por alguns momentos.

— Porém sabe que minha simpatia por você gera ciúme em outros empregados menos favorecidos. — Seu tom de voz foi ficando mais sério: — Por isso, procure não se atrasar novamente, para não dar motivo a falatórios. Sua conduta deve ser impecável, como a dos outros membros deste estabelecimento; então, sou obrigado a descontar o dia de ontem do seu ordenado.

A animação anterior deu lugar a um enorme sentimento de inferioridade. Na verdade, aquela simples conversa não era por preocupação consigo, e sim um longo sabão em razão de seus erros. Felizmente ninguém havia visto as aventuras com Odilon na tarde anterior, senão certamente seria despedido. "Agora, ainda mais essa, trabalhar o dia todo de graça!"

As horas transcorreram longas e arrastadas. Uma frente fria havia chegado à cidade, a temperatura caíra e uma chuva fina tomara conta das ruas, que ficaram desertas. Um vento forte empurrava as folhas das árvores e formava pequenos rodamoinhos no ar. O sr. Pinto Vieira, com um olhar desconfiado e aborrecido, mandou que Augusto ajudasse o sr. Soares no estoque, na confecção de leques, uma das poucas tarefas que podia fazer sentado. O rapaz sentiu que a sorte não o abandonara de vez. A proximidade com os leques o fez lembrar-se de sua musa do bonde. Será que a encontraria hoje?

Quando saiu do trabalho, às oito, Odilon esperava-o do outro lado da rua, conforme haviam combinado. Augusto havia se esquecido do encontro. Queria fugir do amigo, que agora o via em plena condição de caixeiro; precisava correr dali e tentar encontrar "sua" loirinha. Foi impossível. O amigo convenceu-o novamente a passearem pelo Passeio Público, aproveitando que a chuva estiara. Odilon estava transtornado, muito diferente da noite anterior, quando parecia tão dono de si. Augusto desconfiou que o amigo bebera, e Odilon, depois de muito hesitar, acabou contando que havia se apaixonado por uma "mulher proibida". Leal ao amigo, Augusto sentiu que não podia deixá-lo entregue à própria sorte, naquele estado; por mais que insistisse, porém, Odilon se recusava a contar em detalhes aquela história de amor. Por fim despediram-se, garantindo que se encontrariam novamente no dia seguinte. Augusto pegou o bonde, ansioso.

Quando conseguiu chegar em casa, a noite já ia alta. Ainda da rua reparou que as luzes estavam acesas. Ficou se perguntando se estariam preocupados com ele. Apertou o passo. A lua minguava no céu, escondida atrás de pesadas nuvens. Felizmente sua luz era suficiente para iluminar o caminho. Zurica, de longe, viu-o chegando e correu ao seu encontro. Atravessaram o portão de ferro, e nesse momento Augusto ouviu a voz do médico da família. Estancou, petrificado pelo medo de perder a mãe.

— Como já havia dito, já fizemos tudo o que podíamos. Agora vamos aguardar. Qualquer problema, mande me chamar. Amanhã eu volto. Boa noite.

— Boa noite, doutor, e obrigado mais uma vez.

O médico seguiu apressado pelo caminho e ao cruzar com Augusto fez um aceno com a cabeça, misto de pena e simpatia. Vó Chiquinha esperava na porta e recriminou-o por chegar tão tarde.

— Logo hoje que sua mãe passou mal, você desapareceu!

Augusto entrou em casa com o coração na boca. Correu direto para o quarto da mãe, onde a luz de duas lamparinas dava um aspecto amarelado a tudo. Tia Tetéia, na cabeceira da cama, oferecia colheradas de sopa à doente, que não conseguia tomar nada, entre acessos de tosse. Ao lado, Anita chorava baixinho. Magdalena aproveitou a chegada do irmão para sair com ela do quarto. Vó Chiquinha entrou logo em seguida, trazendo uma enorme bacia com água limpa e toalhas. Naquele momento de grande agonia, mal conseguia parar quieta, junto à filha moribunda. Anna, mais pálida do que nunca, sorriu ao ver o filho. Apesar da dor que a consumia, seus olhos serenos transmitiam paz, a certeza da missão cumprida.

— *Mon petit!* Como você demorou hoje! — disse, fazendo um grande esforço.

— Aqui estou, mamãe. — Augusto, emocionado, segurava-lhe ternamente a mão, ajoelhado aos pés da cama.

— Achei que iria partir sem me despedir de você...

— Não fale assim, mamãe. Você não vai partir! Logo vai ficar boa, você vai ver.

— *Mon petit*, há muito que já venho preparando meus biscoitos para a viagem... — ela riu e começou uma nova crise de tosse.

Tia Tetéia interferiu:

— Pára de bobagem, Anna. É só uma crise, o doutor falou. Amanhã você já vai estar melhor, se Deus Nosso Senhor ouvir minhas preces.

Anna dirigiu um olhar carinhoso à tia, antes de prosseguir:

— Augusto, me prometa que você vai cuidar das suas irmãs. Você é meu único filho homem e agora é responsável por elas. — Acariciou o rosto do filho, agora molhado de lágrimas. — Eu confio em você...

— Não, mamãe, você tem de ficar boa; o que vamos fazer sem você?

— Eu sei que você está triste, *mon petit*, e eu também lamento que Nosso Senhor me chame tão cedo. Mas seu pai, meu Gustavo, estará esperando por mim, nessa longa viagem que vou começar. Lá de cima estaremos cuidando de vocês três...

Vó Chiquinha, paralisada em um canto, chorava baixinho. Vô Azevedo entrou no quarto, chegando do trabalho. Seu olhar era um misto de dor e pânico. Tia Tetéia chamou Augusto para fora:

— Corre, meu filho, vai buscar o padre. Se sua mãe partir desta para melhor, precisa acertar as contas com o Senhor antes, para chegar pura no Céu!

Augusto correu como um desesperado até a igrejinha, esmurrando a porta e gritando pelo padre:

— Padre! Padre! Me ajuda, socorro!

Minutos depois, Augusto entrava, acompanhado pelo padre que viera ministrar a extrema-unção. Estavam sem fôlego e em desalinho. O padre, um pouco mais desarrumado, pois havia se levantado da cama num pulo ao ouvir os gritos de Augusto. Vô Azevedo não conseguia passar da porta do quarto; diante do padre, o inevitável parecia enfim ter chegado. Limitou-se a abraçar a esposa, chorando silenciosamente, tentando ser forte, mas a dor da partida de uma filha única atingia fundo suas almas. Magdalena e Anita permaneciam ao lado da cama, de mãos dadas, acariciando a mãe levemente. Augusto ajoelhou-se bem perto dela, que sorriu ao vê-lo.

— Mãe, o padre está aqui...

— Augusto, eu sei que Deus reservou algo de muito bom pra você, para compensar tudo isso... Nunca se esqueça de que eu o amo...

A voz começou a falhar e Anna fechou os olhos por instantes, visivelmente cansada do esforço. O aposento permaneceu mergulhado no silêncio, entrecortado apenas pelos soluços de dona Chiquinha e pelo barulho da água, na qual tia Tetéia molhava o pano com que refrescava a moribunda. Finalmente, Anna falou, olhando o padre:

— Padre, me perdoe porque eu pequei...

Enquanto ouvia as orações finais de sua mãe, Augusto sentiu uma onda de calor que lhe subia pelas pernas, alcançando a barriga, enquanto a visão parecia escurecer totalmente. Conseguia ouvir todos os sons: o choro da avó, a água na bacia, a reza murmurada de tia Tetéia acompanhando o padre:

— "Eis o Cordeiro de Deus, Eis Aquele que tira os pecados do mundo."

— "Cordeiro de Deus que tirai os pecados do mundo, tende piedade de nós."

De súbito, um galo iniciou um canto nervoso, como se já avistasse a chegada de um novo dia. Augusto sentia náuseas e ânsia de vômito. Resolveu sair dali o mais rápido possível. "O ar da noite vai me ajudar", pensou por instantes, enquanto atravessava o corredor sem perceber por onde passava. Antes que pudesse entender, caiu, inconsciente, num baque seco. Quando voltou a si, achava-se deitado em sua cama. Não sabia como fora parar ali. Só se lembrava das vozes e do escuro. Abriu os olhos e viu Magdalena chorando a seu lado, com um ar de extrema desolação. Os irmãos olharam-se nos olhos e abraçaram-se com força, sentindo o mesmo imenso vazio no peito. Ali, juntos, misturando seus braços num só abraço, choraram a morte da mãe, do mesmo modo que haviam chorado a morte do pai, em Lausanne, tantos anos antes.

ÓRFÃO DE PAIS

Sentado na areia fina e branca da praia, Augusto olhava o mar de Copacabana. Sempre que se sentia triste ou perdido, passava longas horas apenas apreciando as ondas batendo na areia. O mar era maior que todos os seus problemas; o mar mostrava a insignificância do ser humano diante da grandeza do mundo: "O mar é o grande cenário de minha infância e juventude... É o confidente de minhas tristezas".[6]

Naquele momento, logo após a missa de um mês pela morte da mãe, Augusto estava triste e perdido. Não podia entender o mistério da morte, que levava seus entes mais queridos, transformando-os apenas em fantasmas, fantasmas que carregaria dentro de si pelo resto da vida. No início talvez nem fossem ainda fantasmas, devido à grande força de suas presenças, mas o tempo os transformaria em fantasmas reais, doces imagens, lembranças, tal como aves que levantavam vôo em bandos, desfilando cores e sons pelo palco de sua memória. A ausência da mãe era um enorme peso com o qual teria de se acostumar. Sua ausência física e a presença espiritual ocupariam grande parte dos pensamentos do jovem ainda por muito tempo:

> A imagem de minha mãe, com as suas mãos se abrindo e fechando na hora da despedida, como dois pássaros abrindo e fechando as asas, até a imobilidade — quem reverá essa imagem, quem a salvará do frio?[7]
>
> Quem contará as pequenas histórias a que assisti durante minha vida, quem falará dos meus mortos depois que eu me for, quem se lembrará de mim mesmo, depois que esta existência se transformar numa vida verdadeira ou em nada, em sono sem despertar?[8]

Enterrara a mãe havia precisamente um mês, na sepultura da família no cemitério São João Batista. Poucas pessoas compareceram ao enterro; somente os familiares e amigos próximos. Augusto sentia total desânimo para trabalhar, total desânimo para viver. A morte da mãe assemelhava-se a uma porta que, transposta, havia se fechado para sempre, marcando uma nova etapa de vida. Agora era órfão de pai e mãe; um órfão completo.

Fora ao trabalho alheio a tudo, depois de dois dias de choro compulsivo, mergulhado em imensa e indisfarçável tristeza. Mesmo o sr. Pinto Vieira se apiedou de sua condição de orfandade total e, nos dois primeiros dias, implicou menos com Augusto; logo, porém, voltaria a ser o mesmo chefe mesquinho e implicante.

Agora, terminada a missa por intenção da alma de Anna, as palavras do padre exaltando-a como boa filha, esposa, mãe e fiel serva de Deus, alma caridosa, sempre pronta a ajudar o próximo, retornavam à sua mente com uma freqüência indesejável. "Morreu cercada do amor da família para reencontrar, na Vida Eterna, ao lado do Senhor Nosso Deus, seu amado esposo Gustavo, que a esperava nos portões do Paraíso."

Nem mesmo as gaivotas voando sobre as redes dos pescadores, na praia, conseguiam distrair Augusto, enquanto passeava alheio a tudo pelas areias de Copacabana. Em breve, Anna seria um fantasma em seu cemitério espiritual, cemitério que ganharia muitos fantasmas com o passar do tempo. "Quem vai se lembrar de mamãe quando eu me for? Se ela foi uma alma que, durante sua passagem na Terra, marcou somente a vida daqueles que lhe foram próximos?".

Pensar sobre o tempo o levava a refletir na incerteza do futuro. Gostaria de se libertar da escravidão do comércio, dos gritos do sr. Pinto Vieira e de todas as humilhações por que passava, mas o que podia fazer? Trocar a segurança de uma casa próspera e invejada por uma aventura, por um negócio incerto? E que negócio lhe possibilitaria ganhar dinheiro naqueles dias tão conturbados? Era muito jovem para entender completamente a situação política do país, mas sabia, pelo que ouvira, que havia uma crise. Seu Azevedo, republicano doente e extremamente patriota, sabia de tudo que acontecia no Brasil e no mundo. Suas opiniões sobre política eram ouvidas e respeitadas. "O país está à beira do abismo", repetia sempre.[9]

A POLÍTICA

Augusto nascera no Rio de Janeiro, nos primeiros anos do século XX, quando a República apenas engatinhava. Ainda menino, na Europa, acompanhara de perto a Primeira Guerra Mundial. Sua viagem de retorno ao Brasil, passando pela Espanha e Itália antes de alcançar Portugal, havia transcorrido num clima de muita tensão e pavor para um simples garoto. O sobrenome de origem alemã, Schmidt, não ajudava muito. No Brasil, o cenário político, sob o comando do presidente Venceslau Brás, apresentava-se conturbado: revoltas sangrentas, tentativas de golpes de Estado e greves explodiam por todos os cantos do país. Os fazendeiros matavam-se uns aos outros, os militares se revoltavam contra o governo, os operários organizavam sindicatos e greves. A economia, assentada sobretudo na cultura cafeeira, vira durante a Primeira Guerra o fortalecimento de nosso iniciante parque industrial. O governo defendia com astúcia os interesses das classes dominantes e já funcionava a famosa lei de ouro: "Manda quem tem o ouro".

A cada ano, chegavam a nossos portos levas e mais levas de imigrantes europeus e, depois, de japoneses. No início, vinham substituir a mão-de-obra escrava na lavoura do café. Os imigrantes, ou seus filhos, praticamente montaram a indústria nacional, salvo pouquíssimas exceções. Na década de 1920, na Grande São Paulo, a língua mais falada eram os dialetos italianos. Aos negros, libertos havia pouco, a sociedade nada garantira: nem moradia, nem saúde, nem comida, muito menos educação. Estavam ao deus-dará. O governo só fazia aumentar a discriminação, chegando a proibir, no ano de 1920, a inclusão de jogadores negros no "selecionado brasileiro de futebol". A reação do Vasco da Gama e do Corinthians levou à democratização do futebol: ambos os times, contrariando as ordens governamentais, incorporaram negros e operários às suas equipes principais. Entretanto, a disputa da Taça Rio Branco, em 1932, em Montevidéu, contra os uruguaios, campeões da Copa de 1930, iria pôr um fim ao racismo nos clubes mais elitistas e preconceituosos. Saímos vitoriosos, com um time em que se destacavam craques negros da bola como Leônidas (o Diamante Negro) e Domingos da Guia. O homem negro conquistaria espaço no futebol brasileiro graças ao próprio talento.

O cenário econômico, já naquela época, refletia a desorganização interna e a insensatez dos governantes brasileiros: a dívida externa beirava 68,5 milhões de dólares e crescia aceleradamente.

Em 1922, aproveitando a confusão desencadeada nos quartéis, quando jovens militares se revoltaram dando origem ao movimento tenentista, o presidente Arthur Bernardes decretou estado de sítio. Isto lhe dava plenos poderes, indo contra a ordem democrática. Mandou fechar jornais e prender pessoas, simplesmente por serem de oposição. Não só os militares, porém, estavam insatisfeitos, e nesse mesmo ano foi fundado o Partido Comunista Brasileiro (PCB). A "nuvem do comunismo", após a Primeira Grande Guerra, já se espalhava por todos os cantos da Terra, e no Brasil não seria diferente. O comunismo era visto como uma ameaça à ordem econômica, religiosa e política vigente. Arthur Bernardes não perderia tempo e, em 1923, proibiria a publicação da revista mensal do partido. Era apenas o início de uma luta que deixaria muitos mortos e feridos no país, ao longo das décadas seguintes.

A militância de direita também marca posições: Jackson de Figueiredo, líder ultracatólico, funda o Centro Dom Vital, para mobilizar e informar a intelectualidade católica, que anos mais tarde iria marcar drasticamente a vida de Augusto. No Centro Dom Vital, Jackson consegue reunir um time de intelectuais da melhor estirpe, entre eles Tristão de Athayde e Sobral Pinto.

Imerso nos problemas da vida prática, Augusto ainda não entendia muito bem o que se passava no país e não dispunha de tempo nem de maturidade para tais reflexões. Apenas sentia a repercussão de todo esse emaranhado político, o que o levava a acreditar que dificilmente lhe surgiria outra oportunidade tão boa quanto aquele emprego no comércio.

Somente anos mais tarde Augusto entenderia que nada tem garantia permanente: a Casa Costa Pereira acabaria falindo e o sr. Costa morreria, doente e abandonado. O próspero e sólido comércio de anos não fora uma segurança para toda a vida. Naquele momento, porém, o jovem e ingênuo caixeiro somente ouvia as histórias de outros, antes pobres como ele, que um dia haviam enriquecido bem ali, naquela firma.

O AJANTARADO DE DOMINGO

Aos domingos, quase sempre recebiam amigos do avô para o almoço, além de tia Tetéia, e, como em toda a cidade na época, o almoço invariavelmente saía por volta das três da tarde, sendo conhecido por "ajantarado". Tal hábito carioca se dava pelo simples fato de que as empregadas domésticas tiravam folga aos domingos, obrigando as patroas a fazer a comida e lavar a louça. Assim, para não passarem o dia na cozinha, a refeição era servida bem mais tarde que o habitual; quase uma janta. Geralmente, as famílias se reuniam, cada qual colaborando com sua parte do almoço, em uma grande confraternização. Na casa de seu Joca Azevedo não era diferente; quase toda semana, o sr. Bonifácio, também contador, aparecia para tomar parte no ajantarado da família. Finda a refeição, os dois amigos sentavam-se para fazer a contabilidade de uma casa de caridade fundada por Inácio Bittencourt. Faziam de graça, apenas para ajudar. Um outro amigo de seu Joca, o excelente flautista Gervásio de Castro, também comparecia ao ajantarado com freqüência. Dele, além do fato de ser flautista, Augusto sabia somente que era separado da mulher e vivia só, num quartinho de pensão. Ser separado era um escândalo na época, e a esses a Igreja reservava o fogo do inferno. Saber que ele nunca entraria no Paraíso enchia o coração de Augusto da mais profunda simpatia pelo amigo do avô. Tratava-o com a maior deferência possível.

Seu Gervásio usava sempre o "mesmo terno cinza limpo e escovado, mas com evidentes aspectos de longo uso. Fazia ponto na

Casa Arthur Napoleão".[10] O fim do cinema mudo acabaria com o principal ganha-pão do excelente músico: as orquestras que tocavam sempre antes dos filmes mudos nos cinemas.

"Gervásio vai atravessando uma grande crise", diria seu Azevedo.

Naquele domingo da missa de trinta dias, tia Tetéia fora almoçar na casa da irmã e seu Bonifácio também estava lá. Como não podia deixar de ser, antes do almoço, Tetéia comandou as orações em que agradecia pelo pão nosso de cada dia. Apesar de sua forte convicção espírita, vô Azevedo não desgostava da religião católica; apenas acreditava que esta não explicava a contento certas chagas do mundo, certas injustiças e desigualdades, tão presentes na vida, ao passo que a doutrina espírita sempre calava fundo em sua alma.

O almoço transcorreu sem incidentes, quase no mais absoluto silêncio. Vô Azevedo foi o que mais falou, tentando talvez disfarçar a indisfarçável tristeza que sufocava a todos. Após a sobremesa — doce de abóbora com coco, uma das especialidades de Tetéia —, os amigos Azevedo e Bonifácio foram para a varanda tomar um pouco de ar, antes de iniciar o trabalho. Anita, pálida e um tanto estranha, aproveitou e fugiu para o quarto, parecendo não agüentar mais um segundo naquela sala. Augusto não se entendia muito bem com a irmã caçula; talvez a diferença de idade fosse uma barreira difícil de ultrapassar. O fato é que sempre foi muito mais chegado a Magdalena, com quem se abria e conversava, em quem procurava auxílio e amparo. Via em Anita uma menina mimada. Ante o gesto inesperado da caçula, as mulheres apenas se entreolharam, enquanto a menina desaparecia rapidamente pelo corredor. Tetéia interrogou a irmã com o olhar, e vó Chiquinha, esquecendo a presença do neto:

— Ficou incomodada, coitadinha!

— Que bênção! Obrigada, Senhor! — As duas irmãs riram, satisfeitas com a precoce "saúde" de Anita. — Melhor conversar com ela, Chiquinha.

— Pois é. Tão novinha e já pode casar!

— O que é incomodada? — perguntou um Augusto meio incerto. Já ouvira uma vez os amigos do colégio falarem que as mulheres sangravam todo mês, como os animais no cio.

Só então as velhas senhoras se lembraram da presença do adolescente e, antes que surgissem mais perguntas incômodas, disfarçaram e se levantaram. Tia Tetéia começou a arrumar a bagunça na cozinha e Chiquinha foi orientar a neta caçula. Augusto percebeu o olhar fixo de Magdalena sobre ele. Imediatamente sentiu suas bochechas queimarem. Estava vermelho como um tomate.

— Você quer que eu explique? — Magdalena perguntou num fio de voz, desviando o olhar.

— Não precisa. Eu já sei.

Augusto saiu um tanto apressado e quase esbarrou no avô, que vinha entrando com o amigo para mais uma tarde de contas. Seu arsenal de trabalho era incrível: "milhões" de lápis coloridos, réguas e muitas folhas de papel quadriculado e liso enchiam a mesa da sala, onde ele trabalhava quase todas as noites após o jantar, até a vista cansar.

Hesitou entre caminhar novamente pela praia e pegar um bonde para ir à cidade, sem rumo certo, vendo a vida passar. O destino escolheu por ele: encontrou João Máximo, amigo de infância que morava a algumas ruas dali, em uma enorme casa cheia de mangueiras no quintal. Quantas vezes durante a infância não haviam corrido pelas areias da praia, jogando futebol e disputando acerolas e cajus com os passarinhos que lotavam os céus do bairro? Encontrar João Máximo era sempre uma festa. Resolveram ir até a confeitaria Bon Marché, que ficava cheia de adolescentes no domingo à tarde. A paquera, na porta, era o programa preferido.

João Máximo havia se tornado um rapaz elegante e distinto. Era filho único de mãe inglesa e pai brasileiro e fora educado como um verdadeiro lorde. Tinha uma alma gentil e refinada. Apesar de alto e magro, não era bonito e tentava compensar seu aspecto físico com uma simpatia imbatível. Como Augusto, João Máximo era um grande apaixonado pelas mulheres e confessou ao amigo haver conhecido uma senhorinha que não lhe saía da cabeça. Esperava encontrá-la na confeitaria.

— E ela gosta de você, João? Já teve coragem de falar com ela?

— Ainda não... Mas eu vou falar, Augusto, e vai ser hoje!

Por meia hora, ficaram esperando Berenice aparecer, e nem sinal dela. Pediram duas laranjadas, pois o garçom já olhava feio: estavam ocupando uma mesa sem consumir nada. Nesse momento, entrou pela grande porta de vidro a loirinha do bonde, dona do precioso leque. Augusto não conteve a exclamação:

— Ah! Não!

Viu-se então obrigado a contar a João Máximo toda a história. O amigo aproveitou para espicaçá-lo ainda mais:

— Agora vai lá falar com ela! Diz que você quer devolver o tal leque!

— Mas eu não tenho o leque aqui!

— Mas está com você, não é? Anda logo!

A loirinha sentou-se sozinha à mesa ao lado da janela. Pediu um sorvete e não percebeu a presença de Augusto numa das mesas ao fundo. Só quando já estava concentrada no enorme sorvete à sua frente é que ela percebeu um vulto surgir, parando bem próximo dela.

— Com licença, senhorinha — Augusto começou, sem jeito.

— Ah! O leitor distraído do bonde! — ela gracejou antes de colocar na boca uma colher cheia de sorvete, com uma leveza e uma graça incomparáveis.

— E a senhorita é a dona esquecida do leque perdido.

Ambos riram. Ela convidou-o a se sentar. Augusto aceitou prontamente.

— Você tem o meu leque?

— Na verdade, não aqui.

— Ah! Então está a salvo! Achei que nunca mais iria vê-lo!

— O leque?

— O que mais seria? Herdei da minha avó — olhando de soslaio para Augusto, continuou com alguma ironia —, o leque, veja bem, herdei o leque de minha avó. É uma peça de enorme valor sentimental. Onde está?

— Está na minha casa.

Augusto não podia falar muito diante de tamanha eloqüência feminina. Olhou para João Máximo, ainda sentado à mesa do fundo, e este fez gestos incentivando-o.

— Acho que não ficaria bem ir buscá-lo... Mas o senhor poderia entregá-lo em minha casa, não é?

— Certamente sim.

Alguns minutos depois, Augusto saía extasiado da confeitaria, ao lado de João Máximo; nas mãos um minúsculo papel com o endereço da loirinha, anotado com uma letra bem desenhada. Augusto já o sabia de cor, mas guardou o papelzinho só para contemplar a letra da jovem. Na emoção do encontro, esquecera de perguntar seu nome, mas isso não importava, pois ela pedira que o rapaz tossisse embaixo de sua janela, por volta das dez horas da noite seguinte, e ela apareceria.

— Isso vai dar linha, isso vai dar linha! — repetia João Máximo, no auge do entusiasmo, apoiando o amigo. Queria dizer que o amigo e a loirinha iriam namorar. Despediram-se ali mesmo e Augusto seguiu para casa, olhando o grande luar lívido, luar como só existia naqueles tempos. As estrelas agora falavam com ele. Lembrou-se dos lindos versos de Olavo Bilac, "ora (direis) ouvir estrelas". Elas gritavam uma mensagem confusa que ele não entendia; apenas sentia no fundo de sua alma de poeta.

Entrou em casa e subitamente o céu emudeceu. Os silêncios do lar encheram seus ouvidos. Todos estavam dormindo. A casa permanecia triste desde a partida de Anna. Antes de dormir, dúvidas o assaltaram: Augusto não entendia bem os planos mirabolantes da loirinha. Toda aquela história de tossir embaixo da janela... E a hora tão tardia... Será que teria um pai bravo? Ou quiçá um namorado? Definitivamente, não podia entender. Adormeceu pensando em mais esse mistério feminino, o da loirinha distraída, mistério que pretendia desvendar logo, logo.

JOGO DE PÔQUER

Acordou com o canto do galo anunciando a alvorada. Ao que tudo indicava, as coisas transcorreriam bem: ia receber o ordenado. Nesses dias de pagamento, Augusto sentia ânimo redobrado para o trabalho. Alimentava a esperança de sobrar algum trocado para comprar um bom livro. Pulou da cama, tomou um banho e o café-da-manhã. Havia mingau de aveia quentinho, além de uma geléia de amoras deliciosa, feita por Esmeralda, uma bela negra vinda do Congo que ajudava vó Chiquinha nos afazeres domésticos.

Pegou o mesmo bonde de sempre e subiu procurando pela loirinha. Em vão; ela não estava. Na pressa de sair para o trabalho, esquecera-se de levar um livro para ler, o que só percebeu quando o bonde ia longe. Já conhecia o condutor daquele horário, da mesma forma que conhecia de vista quase todos os passageiros. Naquela manhã, não se furtou a olhar longamente o beco das Carmelitas, na Glória, famoso "centro de amores venais". Deixou correr pela mente a idéia de pecado e castigo, por alguns momentos. Na rua de pequenas casas coloridas, com almofadas nas janelas, moravam mulheres que "faziam a vida". A qualquer hora, do dia ou da noite, que se passasse por lá, havia meretrizes debruçadas sobre almofadas de cetim, esperando os clientes à janela. O encontro da noite anterior havia aguçado a imaginação do caixeiro adolescente. Sonhava com o amor; ter uma namorada parecia apenas uma quimera!

Chegou ao trabalho na hora certa e o dia transcorreu sem maiores sobressaltos. A expectativa do encontro noturno fazia as horas alongarem-se inexplicavelmente para o jovem apaixonado. Aproveitou a única oportunidade de ir à rua, uma fatura a entregar ali perto, e passou meia hora na livraria Garnier, longe dos olhares atentos de seu superior. Quando retornou, teve de agüentar o sermão do sr. Pinto Vieira, mais irritado do que o normal, pois uma terrível dor de dente o incomodava desde a madrugada. Acabado o pito, o chefe ranzinza passou o resto do expediente atrás de Augusto, dando ordens estapafúrdias, como varrer a entrada da loja, atrapalhando a passagem dos clientes, e outras coisinhas feitas só para irritar o jovem faltoso. "Por que demitir se posso infernizar?" seria um bom lema para o sr. Pinto Vieira. O auxiliar de caixeiro podia sentir o olhar de ironia dos colegas. Poucos demonstravam algum sinal de simpatia diante das maldades que o chefe inventava para humilhá-lo; ele era seu alvo predileto, a "bola da vez". Mas naquele dia Augusto não perdeu a paciência: ele receberia o pagamento — 150 mil-réis. Quem sabe poderia comprar alguma lembrança para a loirinha. Um presente, talvez uma fita azul! Como ela ficaria bonita com a fita azul nos cabelos claros! Lembrou que deveria ajudar o avô nas contas da casa e ainda precisaria reservar o dinheiro da condução para o mês seguinte. Por fim, bem que andava precisando de uma calça nova, pois a sua já estava ficando puída nos fundilhos. Amanhã procuraria um alfaiate, não muito careiro, mas bom de tesoura. Mesmo sem a certeza de poder comprar uma fita para a amada, animou-se com a idéia de que haveria muitas outras oportunidades.

Ao fim do expediente, fez-se uma longa fila de funcionários perante o guarda-livros encarregado de entregar os pagamentos. Na sua vez, Augusto teve uma surpresa: recebeu apenas quarenta mil-réis e a explicação seca que recebeu do caixa:

— Foram descontados os dois dias que você faltou, quando sua mãe morreu.

— Ah! Bom! — foi saindo sem dizer mais nada.

Nunca havia faltado ao serviço, nem mesmo quando tivera uma gripe fortíssima. Não imaginou que seu patrão lhe cobraria tão caro num momento como aquele. Da porta da rua, olhou para trás, indignado, e viu o sr. Pinto Vieira sorrindo, enquanto torcia o bigode com um ar suspeitíssimo. Augusto teve a certeza de sua participação no "roubo" do salário. Quando saiu da loja, já eram quase nove horas da noite e se sentia derrotado. Agora não teria dinheiro para a calça nova, muito menos para a fita azul. Saiu da loja derrotado, com a mente tomada de assalto pelas grandes dúvidas universais: o que estou fazendo aqui? Qual o sentido de tudo isso? Cadê a justiça divina? Não podia aceitar e se revoltava com a vida, para logo em seguida, sentindo a consciência pesada, desculpar-se com Deus. Assim era o contraditório estado de espírito de Augusto quando encontrou Odilon, que o convidou para irem juntos ao pôquer na casa do sr. Taborda.

— Que pôquer, Odilon, acabei de ser roubado!

Seu desânimo era evidente. Contou em poucas palavras o que sucedera, e Odilon, alma sensível, imediatamente tomou como suas as dores do amigo.

— Pasmoso! Que falta de consideração! Será que é filho de chocadeira, este teu patrão?

Augusto apenas assentia com a cabeça, resmungando ocasionalmente:

— Pois é... é verdade.

— Esse é o mal do país! Ninguém respeita nem mesmo a dor de um pobre trabalhador recém-atingido pela orfandade!

Seguiram assim por alguns momentos, maldizendo os patrões e a vida. Quando chegaram à galeria Cruzeiro, ponto final do bonde, Odilon deu sua "última cartada". Tinha esperança de que o amigo acabaria concordando em se divertir um pouco, convencido como estava de que Augusto precisava "espairecer".

— Veja bem, Augusto, acredito que agora, com pouco dinheiro, é que seria mesmo o caso de você ir ao pôquer. Na semana passada, consegui dobrar minha mesada. Foi como tirar doce de criança. Você estabelece um limite de quanto está disposto a gastar e pronto. Quando, ou melhor, *se* acabar sua cota, vamos embora, combinado?

— Combinado, mas vou embora às nove e meia. Tenho um encontro.

O sr. Taborda era um respeitável solteirão, funcionário aposentado do Ministério da Agricultura, que morava sozinho numa ruazinha da Lapa. Uma vez por semana, reunia algumas pessoas em casa para jogar pôquer. Nos outros dias, ele ia a cassinos ou rodadas na casa de amigos. Jogava sempre, invariavelmente. Essas rodadas eram regadas a cachaça, o "uísque brasileiro" como ele dizia. Jogador profissional, nunca assustava suas vítimas nas primeiras vezes. Odilon já havia participado de duas reuniões em sua casa, levado por um primo mais velho. Homens de diferentes idades reuniam-se em volta de duas mesas redondas, onde corria o jogo. Uma jovem mulata, belíssima, encarregava-se de servir cachaça e sanduíches entre os participantes. Enfim, o serviço era de primeira. Já a cachaça, nem tanto. Desacostumado com a bebida, Augusto sentiria seus efeitos no dia seguinte.

O DIA SEGUINTE

Acordou de um sono profundo e pesado, com os chamados de sua avó. Era difícil levantar as pálpebras. A claridade machucava os olhos e a cabeça doía; o sangue parecia querer explodir-lhe as têmporas. Dona Chiquinha foi fazer um chá de boldo, enquanto reclamava da irresponsabilidade do neto. Todos já haviam saído: as meninas para a escola e vô Azevedo para o trabalho. O banho gelado melhorou um pouco seu ânimo. Dona Chiquinha o fez tomar o chá, "para aliviar o fígado". Ele havia vomitado no jardim ao chegar de carraspana, alta madrugada. Acordara a família toda e sujara sua roupa de trabalho. Agora teria de trabalhar com a velha calça marrom.

"Que maçada!", pensou. A calça marrom não lhe cabia muito bem fazia alguns meses, pois havia crescido e engordado. Não havendo outro jeito, saiu de casa andando duro, apertado da cintura para baixo. Apesar das adversidades, tentava manter a pose. "Estou ridículo", era tudo que conseguia pensar.

Só quando estava no bonde, Augusto percebeu que esquecera completamente o compromisso da noite anterior. Sentiu-se horrível. "Como fui esquecer da loirinha?", perguntava a si mesmo sem parar. O pior veio depois: lembrou-se de que perdera, na jogatina, quase tudo que restara do salário do mês.

Como fora cair naquela armadilha? Quantas vezes seu avô o havia alertado sobre o jogo e a bebida, vícios que só trazem desespero e destruição! Agora sentia na própria carne a sensação de que tanto ouvira falar — era o verdadeiro "pato". E ainda teria de contar ao avô que gastara trinta mil-réis no jogo... "A cada minuto me sinto pior", pensou. "Que mais está por vir?"

Chegou meia hora atrasado ao trabalho. O sr. Pinto Vieira já estava furioso. Seu dente com certeza doía sem cessar. Augusto também passava mal: a cabeça latejava e a calça incomodava. Tinha a sensação de que se poderia rasgar a qualquer momento. Passou a manhã evitando movimentos bruscos, com medo do desastre. Para seu desespero, o sr. Pinto Vieira não lhe deu um só serviço de rua. E berrava-lhe a cada meio segundo no ouvido:

— Joãozinho, vem cá imediatamente.

— Jeremias, vai liquidar esta fatura.

A cada grito, Augusto estremecia e a cabeça ameaçava explodir. O chefe também não o esquecia:

— Augusto, vá buscar botões de madrepérola desenhados no estoque.

Seu Pinto Vieira atendia uma cliente grã-fina, e Augusto apressou-se a obedecer, voltando logo com a mercadoria pedida. O patrão abriu a caixa descuidado e um botão pequenino caiu no chão, no estreito corredor de onde atendiam os clientes. Augusto e Pinto Vieira se abaixaram ao mesmo tempo para pegar o botão e seus olhares se cruzaram no momento em que, no meio do caminho, a calça de Augusto fez um barulho ameaçador. Augusto parou de se abaixar ali mesmo, pressentindo o acidente. Seu Pinto Vieira pegou o botão, entendendo o drama do caixeiro e maquinando a próxima ruindade. Augusto tentou sair devagarinho, mas o chefe não deixou.

— Espera, garoto, que vou precisar de ti.

A seguir, com um "acidente" deliberado, derrubou toda a caixa de botões no chão. Só a cliente distraída não percebia a verdadeira guerra de poder que transcorria bem ali, na sua frente.

— Desculpa-me, senhora, que lástima. Como sou descuidado!

Seu Pinto Vieira lançou um olhar carregado de maldade para Augusto, antes de desferir o golpe fatal, com a voz bem doce:

— Augusto, faze o favor de juntar os botões, menino. Já estou velho e minha coluna... ai, não me permite tais movimentos, ai...

A cliente e o patrão ficaram esperando, enquanto Augusto não movia um só músculo. Não podia acreditar no que estava acontecendo! O sr. Pinto Vieira queria humilhá-lo na frente da cliente! "Posso ser um simples caixeiro, mas tenho a dignidade do homem", pensou. "Antes a demissão que a humilhação máxima." O chefe já demonstrava impaciência:

— Anda, garoto! A senhora está a esperar...

— Me desculpe, sr. Pinto Vieira, mas não posso...

— Como não podes? — olhou para a senhora — Com licença, madame, só um minutinho...

Puxou Augusto pelo braço até um canto da loja. Nessa altura, meio mundo prestava atenção ao desenrolar da cena. Caixeiros, entregadores, guarda-livros, clientes, todos olhavam na direção de Augusto.

— Além de tudo o mais, agora não queres me obedecer, não é?

Tentando manter a dignidade, o pobre rapaz ainda quis se explicar:

— Não, sr. Pinto Vieira, o caso é que estou com um problema pessoal...

— Pois estou farto de teus problemas pessoais! Ou catas agora aqueles botões ou podes te considerar no olho da rua.

Augusto olhou fixamente aquele homem antes de responder qualquer coisa. Lembrou-se dos conselhos do avô, de sua péssima situação econômica e de todos os motivos pelos quais deveria juntar os botões no chão. Mas a dignidade pessoal lhe era mais cara que todo o dinheiro do mundo.

— Se o senhor assim deseja, sr. Pinto Vieira, nada mais posso fazer. Espero que tenha consciência de todo o mal que está me fazendo. Ainda assim, desejo de coração que o senhor seja feliz, pois, ao contrário do senhor, seguirei a máxima que a humanidade parece vir tentando ignorar há mais de mil anos: "Ama ao teu próximo como a ti mesmo". Passar bem.

Augusto pegou os poucos pertences e foi embora. Sabia que não veria um níquel do patrão. O sr. Pinto Vieira recebeu um sorriso de simpatia da cliente e mandou Joãozinho terminar o que Augusto se recusara. Alguns caixeiros seguraram o riso, com medo da reação do chefe. Ninguém gostaria de ser a "bola da vez", o seu próximo bode expiatório. E certamente alguém substituiria Augusto naquele posto ingrato.

Ficou vagando pela cidade até a noite, enquanto esperava a hora certa de voltar para casa. Entrou num teatro de segunda categoria e pôs-se a ouvir o grande Chabi Pinheiro recitar um poemeto que contava a história de uma aldeã enganada por um soldado durante manobras militares. Apesar da grande admiração por Chabi, não conseguiu prestar muita atenção. Pegou o bonde no horário costumeiro, mas, antes de ir para casa, resolveu visitar a loirinha, dona do leque. Sua visita redundou em perda de tempo: não havia ninguém em casa; tudo estava apagado. Augusto ainda tossiu várias vezes, embaixo da janela combinada, e nem mesmo um leve suspiro de resposta. Desamparado, voltou para casa com o coração em frangalhos. Nem mesmo uma namorada conseguiria arranjar! Perdera mais essa oportunidade. O dia anterior determinara seu destino para sempre. Parecia fadado ao fracasso na vida e no amor.

Como não podia deixar de ser, a notícia de sua demissão caiu como uma bomba na família, e as reações foram as piores possíveis. Vô Azevedo reclamou da falta que fazia um pai na criação de um filho. Achou motivo para relembrar a irresponsabilidade do genro, que os deixara naquela situação. Recitava pela milésima vez a antiga ladainha da casa própria. "Se tivéssemos uma casa própria, não teríamos tanta preocupação."

Vó Chiquinha chorava, acreditando que Augusto estava se perdendo para sempre. "Que será desse menino, meu Deus?", repetia sem parar. Pedia a Deus que a ajudasse a encaminhar os netos. No auge do desespero, resolveu visitar dona Bitoca, uma vidente cega, para tentar antever o futuro do neto. Tal decisão acalmou-a momentaneamente e alguns dias depois, quando finalmente foi consultar dona Bitoca, já estava mais conformada com a situação de Augusto.

A VIDENTE

Toda vez que tinha um problema maior, uma dúvida ou uma questão que não pudesse resolver, dona Chiquinha procurava dona Bitoca, vidente das boas. Em sua escuridão total neste mundo, sentada na cadeira de balanço e tendo às costas um velho xale preto de crochê, dona Bitoca conseguia ver as almas do outro mundo e falar com elas. Na mesma semana em que Augusto foi demitido, dona Chiquinha consultou a vidente para saber do futuro do neto. A vidente tinha suas próprias idéias da comunicação com os mortos e muitas vezes não respondia às bobagens que dona Chiquinha perguntava, o que a deixava com a impressão de que alguma coisa ruim estaria por vir. Aquela visita, porém, parecia ter agradado à avó, que agia como se um futuro grandioso estivesse esperando pelo neto.

LITERATURA

Tia Tetéia, por sua vez, não recriminou o "pobre Augusto", que já havia sofrido tanto na vida. De seu jeito discreto e generoso, incluiu o sobrinho na entrega das encomendas, o que sempre garantiria a Augusto uns trocados para as incursões noturnas na cidade.

Tio Frederico, que arrumara a vaga na Casa Costa Pereira, a princípio ficou furioso com o rapaz e não aceitou muito bem seu argumento: "Não me foi possível suportar por mais tempo certas humilhações".[11]

Manoel Costa havia se encarregado pessoalmente de reclamar com tio Frederico. Homem de grande coração, o tio acabou compreendendo e perdoando seu único sobrinho homem. O fato é que Augusto havia rompido com todos os seus modestos vínculos comerciais e não conquistaria mais nenhum posto de trabalho no comércio do Rio de Janeiro. As perspectivas não eram das melhores, e a Augusto não restava muito que fazer, a não ser entregar a Deus as preocupações e esperar por um "milagre".

Ao fim de algumas semanas, vô Azevedo decidiu ensinar seu ofício ao neto. A tentativa acabou se mostrando frustrada: a abstração do rapaz com o simples vôo de uma mariposa levava vô Azevedo, altamente concentrado e metódico, ao desespero. Talvez Augusto fosse um jovem hiperativo — o que somente no fim do século XX seria analisado seriamente, à luz das novas descobertas da neurologia. Naquela época, um rapaz como ele era considerado distraído ou, mais comumente, incapaz. Entretanto, das brigas com o avô restou-lhe um saldo positivo: nunca mais esqueceria aquelas sofridas lições de contabilidade.

Ainda chorando a morte da mãe, Augusto passou a revirar continuamente as malas, onde Anna guardava seus bens mais preciosos: livros, muitos livros, desde sempre guardados em malas, por causa das viagens. Estas seriam toda a herança que os filhos de Anna receberiam, além da genética. Sem sombra de dúvida, Augusto herdara o gosto materno pela leitura: fora a mãe que, pela primeira vez, lhe falara de Baudelaire e Dostoiévski. Augusto já havia lido no colégio alguns dos grandes autores de língua portuguesa, como Machado de Assis, Eça de Queiroz e outros. A obra de Coelho Neto despertara-o para a poesia, vindo a memorizar boa parte da obra de grandes poetas nacionais: Olavo Bilac, Alberto de Oliveira e muitos dos parnasianos então em voga. Como havia estudado na Suíça, estava apto a devorar as edições originais dos grandes clássicos, que herdara da mãe. Mergulhou, então, profundamente na literatura e também começou a escrever suas impressões da vida, tentativas de poesias e idéias, em um grande caderno de capa amarela.

Esgotada a biblioteca de Anna, Augusto passou a freqüentar bibliotecas públicas, pedir livros emprestados, ler nas livrarias ou em qualquer lugar onde houvesse livros. Não perdia a oportunidade de ler quando encontrava um bom exemplar de uma obra que achasse importante. E tudo parecia ser importante. "Romance, história, crítica, poesia, ao mesmo tempo e indistintamente tudo."[12]

Esse seria seu lema de leitura.

APRENDIZADO BOÊMIO

Alguns dias após a demissão, com total liberdade de horário, começou a conhecer o lado boêmio do centro do Rio de Janeiro. Visitava a livraria Garnier quase que diariamente, na esperança de conhecer alguns dos seus ídolos que circulavam por ali. Em pouco tempo, a avidez pelo aprendizado e o bom humor o ajudaram a conhecer grandes escritores da época, que passaram a incentivá-lo na leitura e a despertá-lo para novas consciências literárias. Na Garnier, Augusto fez amizades significativas com Murilo Araújo, Alberto de Oliveira, Graça Aranha e Jackson de Figueiredo. Das novas amizades, nasceria em seu íntimo uma profunda curiosidade pelo nascente movimento modernista. A influência de Jackson de Figueiredo e Graça Aranha marcaria profundamente sua vida. Com Jackson, incorporaria grande parte de seu conservadorismo moral, da obediência a certos princípios da Igreja. Com Graça Aranha, veria aflorar a desobediência às normas vigentes. Incoerente, mas completamente verdadeiro, e dessas contradições nasceria sua poesia.

Augusto passa a freqüentar o café Gaúcho, que ficava na esquina das ruas Rodrigo Silva e São José, bem em frente à igreja de Nossa Senhora do Parto e próximo de *O Jornal* — importante periódico da época. Quase todas as noites, Augusto saía de Copacabana para se encontrar com o amigo Cornélio Pena, que, na época, trabalhava na redação de *O Brasil* — jornal dirigido pelo poeta Alberto Nunes, em um prédio ao lado do café Gaúcho. Augusto esperava, no café, o amigo acabar o trabalho na redação, para se reunir ao grupo de cerca de doze a quinze homens de letras e jornalistas, que ali conversavam animadamente todos os dias e cuja figura principal era Murilo de Araújo. Tratava-se de um grupo de idades e posições sociais diversas, unidos pela literatura e por uma boa cerveja. Sem dinheiro e consciente dos perigos da bebida, Augusto embebedava-se apenas com as palavras dos companheiros de mesa. Não podia sequer imaginar fazer carreira na literatura. "Escrever não enche barriga", acreditava.

O convívio com gerações diferentes incentivou-lhe a busca por um estilo próprio, estilo inconfundível de quem não pertenceria a nenhuma geração. Foi nesse tempo simpático, de boêmia inocente e muito aprendizado, que Augusto conviveria com inúmeros artistas geniais, ainda obscuros, que também fermentavam idéias e conceitos, naquele imenso caldeirão cultural que era o Rio de Janeiro.

Murilo se destacava no grupo formado por Cândido Portinari, Manuel Bandeira, Jayme Ovalle, Hamilton Nogueira, Heitor Villa-Lobos e muitos outros intelectuais de expressão, a maioria no início da carreira. Muitas vezes, sob as orientações líricas de Murilo, o grupo varou madrugadas discutindo a Semana de Arte Moderna, que abalara São Paulo. Era um time de primeira, com interesses variados, mas Murilo de Araújo era quem Augusto considerava o mais brilhante.

Em 1922, o movimento modernista surgia com toda força em São Paulo, mas só veio a tomar conta do Rio de Janeiro, oficialmente, em 1924, após a conferência que Graça Aranha realizaria na Academia Brasileira de Letras combatendo o academicismo. Mas esse episódio fica para depois.

O abandono das regras estéticas impostas pelo parnasianismo era assunto corrente, porém Augusto, tendo conhecido de perto Coelho Neto, Alberto de Oliveira e Silva Ramos, entre outros, ainda nutria enorme respeito pelos "antigos". Na roda do café Gaúcho, também se discutia política, e um dos assuntos mais polêmicos era a criação do Partido Comunista, porque na época se acreditava que a sombra do comunismo ameaçava a nação.

Após se conhecerem no café, a empatia entre Augusto e Cornélio Pena foi imediata. Tornaram-se companheiros inseparáveis. Toda noite, ao fim das acaloradas discussões, caminhavam juntos até as barcas, pois Cornélio morava em Niterói. O jornalista era um prisioneiro do passado; colecionador de objetos antigos, suspirava pelos tempos já idos. Tinha idéias peculiares sobre o futuro e, apesar de recém-formado e desenhista-pintor, não queria seguir nenhuma carreira. Seu "sonho dourado" era obter um bom emprego público, para poder no futuro viver de rendas, sem ter de fazer absolutamente nada. Cornélio dizia que, quando conseguisse o tão sonhado cargo público, largaria o jornal. O tempo provou que tal intenção era falsa; Cornélio nunca largaria o jornalismo. Como pintor, mostrava toda a tortura de sua alma agoniada. A pintura era carregada de fantasmas e de tons de roxo. Logo que começou a ganhar alguma popularidade, Cornélio passou a ser chamado de "o estranho". Talvez essa proximidade com a morte fosse a grande comunhão dos artistas: a morte os perseguia, atormentava, espreitava. Augusto perguntava-se cada vez mais se morreria sem imprimir sua marca na história. Quem se lembraria de seus mortos quando partisse? A morte poderia colhê-lo a qualquer momento; e essa era a única certeza na vida.

Muitas vezes, Augusto chegava mesmo a atravessar a baía com o amigo, em longas e intermináveis conversas sobre o amor, o futuro ou o passado, como melhor lhes aprouvesse o momento. Esse seria o período das maiores descobertas de sua vida; o período de leitura mais intensa, de humilde e fecundo aprendizado num meio altamente culto, o período em que surgiriam os primeiros poemas — segundo ele, horríveis — e o desejo de ser romancista, um dia, apesar de não imaginar a literatura como meio de sustento.

Mas nem só de atividade literária e intelectual Augusto viveu nesses poucos anos em que passou desempregado. Se as noites eram dedicadas às tertúlias literárias, à camaradagem e ao convívio com os artistas, intelectuais e boêmios da Cidade Maravilhosa, os dias eram dedicados à leitura, à família, à Igreja, ao futebol e, como não poderia deixar de ser, ao amor.

O ENCONTRO

Mesmo tendo o horário livre, Augusto acordava assim que o sol despontava, hábito que nunca mais perderia. Havia poucas semanas que "se demitira" e ainda se ajustava à nova rotina, quando resolveu aproveitar uma linda manhã de sol na praia. Atrás dele, a cadela Zurica. O mar estava calmo, propício para um mergulho. De longe, Zurica observava-o. Deixou o mar levar suas tristezas e preocupações. Para sua surpresa, eis que surge a loirinha do leque, "sua loirinha", em trajes de banho, o cabelo preso no estilo que se consagraria, na década de 1950, como rabo-de-cavalo. Era a primeira vez que Augusto via uma moça usando tal penteado. Novamente admirou-se de sua beleza. "Parece um raio de sol", pensou; mas a comparação lhe pareceu um tanto comum.

Ao contrário do que poderia imaginar, conversaram intimamente, caminhando pelas areias da praia. E ela sorria, e que sorriso tinha! Augusto nunca se imaginara tão próximo dela. Marcaram novo encontro para a entrega do leque e desta vez ele não iria faltar. Ganhara uma nova oportunidade da vida, do acaso, do além, quem sabe. Não poderia deixá-la escapar.

Naquele tarde, como queria "fazer boa figura", arrumou-se mais que o costume para sair: deu uma boa escovada na calça e colocou um pouco da loção francesa que a mãe trouxera da Europa. Pegou uma bengala emprestada do avô, com cabo de madeira entalhado, pela qual tinha admiração especial. Vô Azevedo possuía uma coleção de fazer inveja, a maior parte recebida como presente por seus bons serviços.

Encontrou-se com a loirinha na confeitaria Bon Marché, para tomarem uma laranjada. Ela parecia mais linda do que Augusto se lembrava. Saíram dali e passearam sob a lua, que despejava os raios prateados no mar de Copacabana. O mar foi seu cúmplice. Apenas o grande mar de sua adolescência viu seus beijos cálidos, ternos, envoltos por uma atmosfera de sonho. "Enfim, uma namorada! O sonho inatingível!" A vida ganhava um colorido especial.

Yolanda era filha de pais holandeses e fora educada de maneira bem diferente da de Augusto, apesar de a mãe ser católica praticante. Tinha muito mais liberdade que ele para sair de casa, passear, namorar. Essas divergências encantavam Augusto, deslumbrado com a liberdade da moça. Mas Yolanda não acreditava em Deus, falta terrível aos olhos do namorado. Os rituais litúrgicos apenas a divertiam: "Fui a minha primeira comunhão como quem vai a uma festa. Adorei o vestido branco, as flores... Nunca acreditei em Deus, desde os meus dez anos".[13]

Essas declarações de atéia chocavam Augusto e, contraditoriamente, o encantavam ainda mais. Passaram a ir ao cinema juntos, encontravam-se na praia depois da missa de domingo, namoravam ao sabor da lua, passeavam de bicicleta por Copacabana. Por duas vezes foram assistir aos jogos do Fluminense, time "oficial" da família Azevedo. A paixão inspirou os primeiros versos de amor do futuro poeta, publicados em um jornalzinho editado por um grupo de jovens, *O Beira-Mar*. Versos ainda insípidos, citavam Yolanda sob o pseudônimo de "castelã".

O namoro durou algumas semanas entre bilhetes e encontros apaixonados, até uma certa noite do fim de novembro, quando o telefone tocou na casa de Augusto. Era Yolanda. Chorava muito e suplicava que Augusto fosse ao seu encontro. De saída para o café Gaúcho, o rapaz dirigiu-se antes, rapidamente, à casa da namorada. A moça o esperava no portão, soluçando, os ombros balançando embaixo do fino xale que usava. Caminharam até a praia, e Augusto esperou pacientemente que lhe contasse tudo que ocorrera. O pai de Yolanda havia sido acusado de um desfalque na empresa onde trabalhava e estava sob ameaça de prisão. Yolanda queria a ajuda da família de Augusto, pois sabia que seu Azevedo tinha muito boas relações na praça. O jovem apaixonado prometeu ajudar a namorada, sem imaginar que nunca poderia cumprir a promessa. Aos poucos, Yolanda acalmou-se. Ante os cuidados ternos do namorado, que se esforçava por consolá-la, por fim até sorriu. Augusto deixou-a na porta de casa, despedindo-se longamente com promessas de ajuda e de amor eterno. Apenas a lua os observava.

Ao chegar em casa, as reações de vô Azevedo e vó Chiquinha foram incompreensíveis para Augusto: ralharam com ele, proibiram-no de vê-la, acusaram-no de trazer mais problemas para a família. Augusto não entendia como os avós, pessoas reconhecidamente boas e caridosas, recusavam-se a ajudar alguém com problemas. Suas súplicas e ponderações não surtiram resultado, e o assunto foi proibido. Guardaria para sempre as palavras da avó:

— Afaste-se dessa gente desconhecida. Podem fazer mal a você.

Yolanda, no auge do desespero familiar, ainda ligou duas ou três vezes para falar com Augusto, mas teve suas tentativas frustradas por uma atenta dona Chiquinha: em se tratando da defesa dos netos, a pequena avó era um gigante.

O fim da primeira paixão o levou a destruir o caderno de poemas, rasgando-o, na tentativa vã de rasgar a dor que sentia no coração. Entretanto, apesar da culpa, a paixão também lhe deu uma certeza: poderia, sim, ser amado, ao contrário do que sempre imaginara. Não estava fadado a um destino triste e solitário; em algum lugar o amor esperava por ele. O contato quase diário com a namorada também lhe havia proporcionado um novo entendimento da natureza da mulher, dando-lhe a base necessária para melhor atingi-la, seduzi-la. A partir daí não parou mais de namorar; recitava poemas, enviava bilhetes, cortejava insistentemente e superava a falta de melhores atributos físicos com inteligência, simpatia e determinação. Se a moça terminava o namoro, invariavelmente chorava, mesmo que já gostasse de outra. As paixões fugazes inspiravam pequenos poemas, versos ainda sem estilo próprio, carregados de lugares-comuns. E esses primeiros versos insípidos faziam brotar um sentimento de orgulho até então nunca sentido "Sou poeta!",[14] Augusto pensava. Dedicava-se com furor a escrever, perdendo-se nas palavras, ao tentar registrar para a história seu pequeno mundo e seus personagens obscuros.

Assim terminou a primeira grande paixão de Augusto. Veria Yolanda de relance apenas mais uma vez, muitos anos depois. Ela estava maltratada, triste e pareceu não o ver, quando desceu de um bonde no centro da cidade. Naquele dia — ainda distante, guardado no futuro —, olhando seu passado, o adulto Augusto choraria mais uma vez. Choraria a dor daquele amor perdido e de todos os amores que perdera depois.

Rui Barbosa

Os dois anos seguintes de Augusto se passaram entre livros, amigos e amores. Mais do que nunca, freqüentava as sessões da Câmara dos Deputados com o amigo Odilon, os cafés do centro com Cornélio, as confeitarias de Copacabana com João Máximo. Conhecia a nata da boêmia carioca, muitos autores e artistas geniais. Como uma esponja, sugava tudo e todos, querendo sempre e cada vez mais. Seu jeitão descontraído e a conversa bem-humorada o tornavam benquisto onde estivesse.

Logo no início de março de 1923, morre Rui Barbosa, antigo ídolo. Augusto acompanhou o cortejo fúnebre pelas ruas de Botafogo até o cemitério São João Batista. A imagem do grande estadista morto marcaria profundamente o jovem aspirante a poeta. Somente anos depois de sua morte, Rui Barbosa seria devidamente reconhecido e justiçado. A (in)justiça dos vivos era incompreensível para a alma sensível de Augusto, sempre preocupado com o próximo. Acompanhou o cortejo do velho político lendo, desolado, as mensagens de tristeza de povos distantes, impressas em dezenas de coroas de flores. Para o jovem Augusto, o povo brasileiro injustamente comparecera de maneira inexpressiva ao enterro daquele pensador a quem tanto devia. Onde estaria a memória do povo?

> Os mortos são melhores do que os vivos. Diante de um corpo inerte, qualquer coisa em nosso julgamento se aclara. O que se escondia de bom num ser, de repente emerge para o nosso entendimento e se apresenta aos nossos olhos. É que a presença da morte nos inspira serenidade, amor ao julgamento justo.[15]

Não compreendia por que muitos não compartilhavam de suas idéias. O enterro de Rui Barbosa seria o fato mais marcante do ano de 1923 para o jovem amante da justiça e da democracia. Viu crescer suas preocupações sociais e políticas em proporção direta ao crescimento da falta de empregos e da inflação. O Banco do Brasil tornou-se o órgão oficial de emissão de dinheiro, imprimindo papel-moeda em lotes cada vez maiores e mais freqüentes. A indústria nacional também sofria uma grave crise, devido à avalanche de importações. Augusto queria poder mudar o país, diminuir as desigualdades, melhorar a situação de seu povo. Ser político, ocupar um cargo público para contribuir de maneira diferente firmava-se como um grande sonho em sua mente sonhadora e ingênua.

Ao péssimo cenário econômico junta-se um cenário político conturbado. A Revolta dos Dezoito do Forte de Copacabana, em

1922, daria origem ao movimento tenentista. Este ganharia força em 1923, no Rio, explodindo em São Paulo, em 1924, quando tropas dos "tenentes" invadiram e tomaram a capital paulista por três semanas. O movimento fora planejado para eclodir em todo o país simultaneamente, com a adesão da Marinha e do Exército. Na realidade, acabou explodindo somente em São Paulo, Sergipe, Mato Grosso, Amazonas, Pernambuco e Rio Grande do Sul. No Rio Grande, seu maior desdobramento seria a Coluna Prestes, que ao longo de três anos se lançaria na Grande Marcha pelo país, combatendo tropas estaduais, federais, cangaceiros e batalhões fiéis ao presidente da República. Apesar de uma grande força de luta, a Coluna Prestes carecia de objetividade, pois nunca tentou marchar até a capital e tomar o poder, parecendo desprovida de planos de longo prazo. Seus feitos, entretanto, eram comentados diariamente nos jornais, surpreendendo a população. Como todos os demais problemas do país, as revoltas e mazelas do povo seriam esquecidas no Carnaval. Durante o entrudo, todas as tristezas eram postas de lado e o povo se esbaldava nos blocos.

Alguns reveses

No Carnaval de 1924, ao pegar o bonde com Manuel Bandeira, Augusto apaixonou-se perdidamente por uma moça de nome Luciana, que lá estava fantasiada de colombina. Ela era secretária do Ministério da Justiça e seria mais uma das muitas paixões avassaladoras do jovem poeta. Luciana, porém, não corresponderia aos sentimentos que inspirou, dispensando as investidas do apaixonado. Foi o início de mais uma fase de longos suspiros e sofrimentos, em que seguiria Luciana de longe, à saída do trabalho, enviando-lhe versos apaixonados, sem comovê-la. A moça tinha suas próprias idéias sobre o amor. À noite, Augusto chorava as mágoas com algum dos muitos amigos e, dessa paixão, ficariam apenas a lembrança e a inspiração para alguns versos, como "Aparição de Luciana":

> Foi quando diante de mim Luciana apareceu subitamente:
> Sim, Luciana a pálida!
> Luciana com o seu sorriso triste,
> Com as suas mãos tristes e meigas.
> Como a estrela fugitiva, Luciana logo desapareceu:
> Foi o tempo de fixá-la um instante. [...]
> Sei porém que a poesia —
> A poesia de Luciana — entrou em mim [...][16]

Augusto Frederico Schmidt e Manuel Bandeira foram amigos por longas décadas. O relacionamento entre eles iniciou-se em algum daqueles cafés do Rio de Janeiro, e, apesar de Bandeira ser vários anos mais velho, apreciava o bom humor, regado a piadinhas, de Augusto Frederico Schmidt. No início, mero admirador obscuro de Bandeira, Augusto esforçou-se por conquistar a amizade do poeta, já reconhecido no meio literário. Bandeira se tornaria um dos grandes incentivadores de Schmidt em seu início de carreira. Ao longo dos anos, brigaram e fizeram as pazes diversas vezes.

Poucos dias após a Semana Santa, num sábado de manhã, Augusto recebe um telefonema com a trágica notícia: João Máximo, seu velho amigo, se suicidara no quarto, enforcando-se com um lençol. No enterro, Augusto soube que o irmão de Berenice, grande amor de João Máximo, o havia procurado e dito, com todas as letras, que João não deveria mais importunar a irmã, enviando flores e bilhetes, como ele vinha fazendo havia semanas, pois a moça amava outro. A rejeição foi insuportável para a alma sensível de João Máximo. Morreu sem saber que o irmão de Berenice havia mentido: ela não amava ninguém. Anos depois, Augusto escreveria sobre a desilusão do amigo:

> João, perdendo a esperança de ser correspondido no amor, retirou-se voluntariamente deste planeta. Como o sabia profundamente ferido, procurei consolá-lo. Saímos então para longos passeios de bonde até o alto da Tijuca — em horas tardias —, onde, mais perto da natureza, sentia-se ele momentaneamente pacificado e confiava-me o seu coração doloroso e recitava-me versos que a dor lhe inspirava. Não havia mais lugar para ele, nesta terra dos homens, sem a sua eleita. Um dia o desespero o arrastou para a morte. Ao lado daquela juventude sacrificada, o objeto de tão grande amor de perdição veio rezar alguns momentos. "Foi um grande sofrimento que acabou", murmurei-lhe, não me sentindo com forças para silenciar. "Que loucura!", me respondeu ela. Sobre o corpo do jovem estava pousado, como seu silêncio, a sombra da morte. Muitos outros sofreram o mesmo transe, mas suportaram bem o golpe do desencontro e o tempo cuidou das feridas do amor.[17]

Esse encontro inesperado com a morte deprimiu Augusto ainda mais, fazendo-o voltar a crer que o amor não fora feito para ele. Felizmente, nessa ocasião, o destino preparava-lhe uma nova oportunidade que surgiria em São Paulo e lhe mudaria a vida.

11

O HOMEM

ATRAVÉS DE UM AMIGO DAS RODAS DE BOÊMIA, Augusto arruma emprego como caixeiro-viajante, contratado pela Casa Carlos Pinto, fabricante de aguardente em São Paulo. Desde o ano anterior, seu Azevedo começara a apresentar sinais de velhice e por isso trabalhava cada vez menos. Naquele momento, a família precisava muito de um reforço no orçamento combalido, pois um acréscimo nas despesas, por causa de médicos e remédios, levava a situação à beira do desespero. A proposta de emprego surgia na hora certa, e Augusto agarrou com todas as forças a única tábua de salvação que lhe aparecia em resposta às suas preces.

A mudança para São Paulo, em 1926, marcaria o início de uma nova fase. Agora era maior de idade, homem feito, independente e responsável. Não que isto o fizesse renegar os amigos e a família; ao contrário, tinha-os como base e raiz. Apenas se sentia mais seguro, dono de si e de seu destino. No novo trabalho, ficou conhecido como Schmidt. Ser chamado pelo sobrenome — como seu pai o fora — aumentava-lhe a sensação de adulto. Aos vinte anos, deixava para trás, definitivamente, o garoto Augusto.

Schmidt instalou-se em uma pensão na rua Jaceguai. Lá, os hóspedes, estudantes de todas as partes do país, sonhavam com um futuro melhor, enquanto nosso poeta, agora caixeiro-viajante, também lutava por outra situação de vida. No refeitório da pensão logo fez alguns amigos, vindos de outras cidades, que o ajudaram a conhecer São Paulo e a gostar dela. Seu carisma continuava crescendo. Aos poucos adaptou-se à nova vida, apesar das saudades que por vezes o deprimiam profundamente.

Os horários no novo trabalho eram os mais flexíveis que já experimentara. Entre suas atribuições, Schmidt deveria percorrer o interior do Paraná e o litoral de São Paulo à procura de novos clientes. Sua primeira viagem foi memorável: teria de enfrentar a cidade de Santos, praça temida, com fama de difícil. Ainda inseguro de suas ações, conheceu no trem um senhor, colega de profissão, amável companheiro de viagem, e dono de um leque de clientes que comprovava toda a sua larga experiência em Santos. Lembrando-se de seus próprios filhos, o caixeiro-viajante generosamente forneceu a Schmidt as instruções para que se acomodasse em hotel bom e barato e se alimentasse em uma pensão razoável. Indicou-lhe diversos clientes, um dos quais acabou fazendo uma grande encomenda ao vendedor iniciante, somente por ouvi-lo citar o nome de seu novo conhecido. A vida mais uma vez se encarregava de ajudar Schmidt, que logo se habituou a visitar os clientes de dia e ler febrilmente à noite. Voltou vitorioso para São Paulo: vendera o lote que tinha como meta e ainda havia alguns pedidos por atender. Nos três anos que passaria em São Paulo, Schmidt percorreu todo o interior do Paraná e todo o litoral de São Paulo. "Foram anos de aprendizagem, de vida obscura, desconfortável, de começo, de inauguração de uma existência."[1]

De novo, a literatura

Schmidt aprendeu depressa o caminho das grandes livrarias de São Paulo, como a Casa Garraux, na qual se reuniam vários modernistas. Semanalmente fazia uma "ronda" em alguns sebos da praça da Sé, em especial na livraria Gazeau, onde após um período de muita economia adquiriu "os volumes de teatro de Ibsen a preços muito convenientes".[2] Continuava um leitor inveterado, apesar de não dispor de tantos momentos livres.

Os poucos caixeiros-viajantes que conhecera não tinham tempo nem vontade de conversar. Viviam fechados em seu mundo, pensando nas próprias preocupações. A vida de Schmidt também era de muita batalha; apesar da determinação de aproveitar ao máximo o tempo e do sonho de ser um culto homem de negócios, toda noite, ao chegar ao minúsculo quarto de pensão, a dura realidade despencava em sua cabeça: o dinheiro era pouco, o trabalho, extenuante, e a saudade da família o deprimia.

A angústia levou-o a escrever seus primeiros poemas metafísicos, tratando especialmente da morte e do amor, temas que o perseguiam e torturavam. Como sempre, o sentimento de inferioridade lhe dizia que sua pequena obra era puro capricho, destituída de qualquer valor.

Na pensão, a vida entre rapazes que tinham quase a mesma idade era interessante, ainda que eles estivessem estudando, enquanto Schmidt trabalhava. Essa diferença de ocupações o transformava em um observador contido, como se ele não fizesse parte daquela "turma", como se os seus interesses fossem outros. Certa manhã, no entanto, percebendo o alvoroço de alguns rapazes no corredor do segundo andar da pensão, Schmidt acabou participando com eles de uma pequena história deliciosa do cotidiano paulista. Uma vizinha que morava no outro lado da rua trocava de roupa todos os dias defronte da janela. Os estudantes, excitados, contaram que ela gostava de aparecer nua por longos momentos, exibindo-se para eles. Schmidt passou a fazer parte da "turma da janela", até que a dona da pensão, indignada, chamou a polícia. A vizinha exibida parou com as apresentações "pornográficas", para decepção geral da estudantada. Mas a vizinha da janela ainda tumultuaria a vida de nosso futuro poeta.

O episódio picaresco serviu para fortalecer a amizade entre Schmidt e Paulo Matias, jovem estudante de Direito. Filho de família abastada do Nordeste, Paulo começava a participar de reuniões estudantis comunistas. Sob sua influência, Schmidt leu com ávido interesse as teorias marxistas e tomou parte de algumas dessas reuniões. Com o tempo, esse amigo abandonou os estudos para se tornar um intenso ativista político. Sobre Paulo, Schmidt escreveria pouco depois:

> Conheço alguns rapazes, dos mais inteligentes da nova geração que estão todos voltados para a Rússia. Um deles [...] é um tipo curioso de apóstolo. Pôs quase todo o dinheiro fora em prol do levantamento do nível acadêmico brasileiro, editando para esse fim uma revista *Mocidade*, em que, um dos pontos mais importantes da revista, era não admitir nenhum anúncio. Já tem sido preso diversas vezes. É uma figura admirável. Afastou-se absolutamente dos seus grandes amigos e companheiros de todos os dias, [...] desesperado de nos ver seguir caminhos inteiramente contrários ao dele. [...] desconcerta a gente com a sua sinceridade. Mas não é ele só não. Outros mais que são equilibrados. Até, como Mário Pedrosa, inteligência agudíssima, filho de um senador, que embarcou para a Rússia em terceira classe,

e está atualmente passando uma fase horrível na Alemanha. Gente que sei que anda errado (nem tenho dúvidas) mas que me deixa perplexo [...]³

Paulo morreu tempos depois, nas mãos da polícia. Schmidt, porém, não se deixaria seduzir pela ideologia marxista. Pobre comerciário, desde cedo conhecera de perto a situação do povo trabalhador e não conseguiria se empolgar com a revolução proletária. A ausência da religião no comunismo o incomodava muito. Sempre tivera suas dúvidas em relação aos dogmas da religião; entretanto, a qualquer obstáculo ou contrariedade, Schmidt buscava em Deus a força necessária para continuar.

> Nesse meio, porém, por uma fatalidade da minha natureza, não sabia eu como mover-me incapaz de participar desse sem dúvida generoso movimento de proletarização. Conhecendo a vida do pequeno comerciário que era nesse momento um pouco a vida do próprio operário, conhecendo o meio do trabalho não apenas pelos livros, mas por uma participação direta, procurava eu outras coisas e sentia-me atraído por outras direções.⁴

Nas livrarias paulistanas, Schmidt conheceria importantes personalidades do movimento modernista, com quem faria amizade pelos anos seguintes. Dentre eles, a empatia mais forte seria com Plínio Salgado. Tornam-se amigos inseparáveis, compartilhando o anseio por uma reordenação política e social imediata no Brasil. Da mesma forma, compartilham o respeito à religião, à justiça e à família. A amizade com Plínio reforçaria em Schmidt a consciência de cidadão, pois eram ambos patriotas, idealistas e acalentavam o sonho de "construir a grande nação brasileira". Bons tempos de homens idealistas! Plínio, treze anos mais velho que Schmidt, achava-se profundamente envolvido com o movimento modernista e vinha estudando a "Grande Nação Tupi-Guarani", para melhor entender as reais origens do país e de sua cultura.

> Plínio Salgado passou a constituir desde logo, para a minha vida, um centro de atração completamente diferente do outro, em que eu vivia. Em lugar de internacionalizar o Brasil, em lugar de estabelecer a ditadura proletária, ele queria uma pátria nítida, um estado energético, uma unidade nacional. Vivíamos desde o dia em que nos encontramos, numa camaradagem completa, e nesse tempo ainda distante de sua atividade integralista, me foi possível observar a natureza compreensível e bondade inata de Plínio Salgado.[5]

Schmidt também conheceria Mário e Oswald de Andrade, os famosos idealizadores da Semana de Arte Moderna de 1922. Amplia, assim, seu círculo de amizades e idéias, enquanto desperta algumas inimizades que durariam toda a vida.

Nova fase do modernismo

O movimento modernista representava a confluência de pensamentos de artistas à procura de novas formas de expressão genuinamente brasileiras. Essa busca de valores nacionais combinava com o clima de patriotismo que, apesar dos pesares, existia no país desde o advento da República. O sentimento patriótico aumentou significativamente por ocasião da Primeira Grande Guerra, quando milhares de refugiados se naturalizaram brasileiros na esperança de viver em uma nação justa e livre de preconceitos. Com a guerra, fortaleceu-se a natimorta indústria nacional. Os ventos da prosperidade pareciam soprar a favor. Era o início de um novo século, imbuído da esperança de um mundo melhor. A cada dia, cientistas e inventores avançavam em suas descobertas, sempre no intuito de melhorar a vida do cidadão comum.

Inicialmente inspirado no futurismo, que desde o início do século estava em destaque na Europa, o modernismo brasileiro foi assumindo características próprias e explodiria em 1922, inspirando levas de artistas pelos anos seguintes. Surgiriam várias correntes de pensamento, todas propondo uma volta às raízes da "brasilidade", mas ainda assim brigando entre si continuamente, cada qual reivindicando o posto de "verdadeira expressão da arte nacional".

Em São Paulo, havia a corrente *primitivista* de Oswald de Andrade e Raul Bopp, de onde surgiriam o Manifesto do Pau-Brasil e a *Revista de Antropofagia*, em 1928. O manifesto escandalizaria a sociedade:

> Tupi or not Tupi that is the question
> Contra todos os importadores de consciência enlatada
> A alegria é a prova dos Nove
> Nós já tínhamos o comunismo. Catiti. Catiti.[6]

Schmidt, a pedidos, começa a publicar alguns de seus poemas metafísicos na *Revista de Antropofagia*, provocando a crítica imediata das correntes opositoras.

Ainda em São Paulo, havia a corrente *nacionalista* de Plínio Salgado, Cassiano Ricardo e Menotti Del Picchia. Idealizava a "nacionalização" da cultura brasileira, por meio de temas folclóricos, indígenas, nativos, condenando o uso de temas europeus. Lançariam, em 1927, o Manifesto Verde-Amarelo, no qual defendiam um nacionalismo "verde-amarelo" e "tupi". Porém a "angústia nacionalista" também não seduziria Schmidt, que ainda procurava um estilo próprio. Aproveitando os horários vagos e indiferente aos apelos nacionalistas do modernismo, põe-se a ler Ibsen, Maeterlinck e Strindberg, suspirando pelas "aventuras do frio". Sua preocupação com o indivíduo, com o universal, os grandes temas enfim, seria um forte argumento para a crítica, que o chama de alienado e egoísta.

Algumas semanas antes de se mudar para São Paulo, Schmidt havia assistido à célebre conferência pronunciada por Graça Aranha na Academia Brasileira de Letras, na qual o orador atacava o academicismo e as regras impostas pela Academia. Sobre a conferência, Schmidt registraria em seu diário, algum tempo depois:

> Graça Aranha era um inquieto, um belo tipo de ambicioso, um homem que não queria viver de glórias passadas: gostava de influir, de estar na crista dos acontecimentos. Não se resignava, após longa permanência no estrangeiro e de volta, como um bom e brilhante medalhão, literato oficial, autor dum romance meio célebre — *Canaã* — sua conferência na Academia foi um pouco solução para o próprio "caso Graça Aranha"... Mas, que gesto extraordinário de vitalidade, de afirmação de juventude, nesse homem de cabelos brancos! Brigou com o passado, com o seu passado; protestou contra a Academia, onde não acontecia coisa alguma há muitos anos...
>
> "Se a Academia não se renova, morra a Academia."[7]

Ainda narrada por Schmidt, eis a síntese dos efeitos do referido pronunciamento que surtiria ódio mortal entre os imortais:

> Revejo Coelho Neto, que se intitulou, na resposta eloqüente que deu à Graça Aranha, o último dos helenos. Estava, o velho escritor, numa hora de chamejante indignação. As agressões do autor de *Canaã* à Academia deixaram-no profundamente ofendido, e esse

homem do Norte do Brasil, que se sentia um grego do século de ouro, não hesitou em usar de uma linguagem bem nossa:

— "V. Ex.ª está cuspindo no prato em que comeu" — invectivou Coelho Neto, com o dedo em riste, apontando o modernista de cabelos brancos que agitava o manso lago em que repousavam os nossos imortais.

Osório Duque Estrada, o crítico literário implacável, que caçava erros gramaticais, homem de avantajada estatura, tentou pronunciar algumas palavras, mas calou-se diante de nossos gritos. Era um homem de quem não gostávamos, então. Representava o poeta sem inspiração de *Alvéolos* e do *Hino Nacional Brasileiro*, que mais detestávamos na nossa adolescência. Duque Estrada simbolizava o atraso, a incompreensão, a falta de sensibilidade para as nossas inquietações e dúvidas.

Outros acadêmicos que lá estavam, mantinham-se na balbúrdia de Graça Aranha impassíveis. Alguns guardavam-se desdenhosamente; outros sorriam de forma diferente e cúmplice, como o velho João Ribeiro, inteligência alerta, espírito malicioso, aberto a todas as inovações e que sabia, tão bem como Graça Aranha, todas as novidades que só naquele dia a Academia ouvira pronunciar pela primeira vez."[8]

Um ano depois, Graça Aranha publicaria o famoso "Espírito moderno", em que afirmaria que "ser brasileiro é ver tudo, sentir tudo como brasileiro, seja a nossa vida, seja a civilização brasileira, seja o presente, seja o passado [...] não significa ser bárbaro".

Aquela conferência marcou profundamente o espírito de Augusto Frederico Schmidt, o adolescente aspirante a poeta, impregnado da idéia de mudar o mundo. Anos mais tarde, relembrando o episódio marcante, diria: "Creio que datam daí o meu dinamismo literário e a minha alergia antiacadêmica".

Em 1926, durante uma cerimônia de homenagem a Plínio Salgado no *Correio Paulistano*, Schmidt recitou em público, pela primeira vez, versos de sua própria autoria. Apesar de ser um poema em homenagem ao amigo, obra simples, sem maiores recursos estilísticos, foi ovacionado. Schmidt nunca se sentira tão entusiasmado com o próprio talento. Crescia-lhe a vontade de publicar um livro, deixar seu registro na história.

Família

Durante os anos em que morou em São Paulo, Schmidt troca intensa correspondência com a família e alguns amigos que havia deixado no Rio. As ligações telefônicas eram difíceis e caríssimas, fazendo com que as cartas fossem aguardadas com ansiedade. Nunca esqueceria a promessa que fizera à mãe em seu leito de morte: cuidaria para sempre das irmãs.

Nas datas festivas, o jovem poeta tomava o trem noturno e passava alguns dias com a família. Isso garantia no mínimo três temporadas com os parentes mais próximos, ao longo do ano: Carnaval, Semana Santa e Natal. O primeiro retorno ao lar, porém, foi repleto de tristeza: a cadela Zurica sumira, deixando inconsoláveis as irmãs de Schmidt.

A velha cadela vira-lata fora adotada em uma das muitas mudanças da família, quando passaram uma temporada na Boca do Mato, bairro da zona norte do Rio. A casa de Boca do Mato era grande e ventilada, e o aluguel, muito barato. Logo que se mudaram para lá, Zurica, que morava na rua com um bando de cachorros, "adotou" a família. Vigiava a casa, seguia as crianças em suas brincadeiras, dormia na porta. Aos poucos, Augusto, Magdalena e Anita conseguiram convencer vô Azevedo a deixá-los alimentá-la todos os dias.

Vô Azevedo tinha horror a animais, com exceção de gansos e cavalos. Foi realmente trabalhoso para as crianças convencê-lo; precisaram de muitas promessas de obediência, boas notas e bom comportamento até o fim da vida.

Cena memorável aconteceu no dia em que se mudaram para Copacabana; a cara de satisfação de Zurica, em meio aos móveis, na jardineira que iria transportá-los para a nova casa, mostrava que a cadela sabia ser aquela a comprovação oficial de que, agora, teria uma família. A convivência com vô Azevedo, porém, nunca foi muito boa; Zurica sumia de mansinho, com o rabo entre as pernas, ao ouvir sua voz, já com medo das possíveis bengaladas. À implicância de vô Azevedo, juntou-se a de Esmeralda, que vivia reclamando da sujeira que o animal fazia e, pior que tudo, das vezes em que Zurica roubava carne da cozinha. A cadela já havia sumido em outras ocasiões, e até vô Azevedo já havia tentado dar-lhe um sumiço antes, mas ela sempre voltava para casa depois de alguns dias. Dessa vez, porém, passaram-se semanas sem nenhum sinal da velha companheira, que nunca mais apareceria. Os únicos animais da casa passariam a ser as aves do galinheiro e o velho ganso Zé, que vivia entre as galinhas, todos presentes de tio Frederico.

PROBLEMAS

Uma grande preocupação de Schmidt era a saúde do avô: a cada retorno encontrava-o ainda mais abatido. Temia por sua vida. Nessa temporada, descobriu um segredo havia muito guardado por vó Chiquinha: vô Azevedo tivera uma amante, que escondera da família por anos. Sobre essa namorada, somente poucas palavras: não era uma mulher digna e, sim, uma "largada do marido". Vó Chiquinha nunca lhe perdoaria a traição.

Schmidt sabia estar próxima a hora em que regressaria ao lar e não mais encontraria o avô, fato que se deu no ano de 1925, enquanto percorria o interior do Paraná. Somente ao retornar a São Paulo recebeu a carta com a notícia da morte dele, àquela altura já sepultado. Mas nem só de tristeza viveria Schmidt. A boa notícia foi que Magdalena ficara noiva de um ótimo rapaz, estudante de Direito. O noivo de Magdalena vinha de uma família de famosos advogados juristas e pretendia se casar assim que terminasse a faculdade.

Anita

A própria Magdalena escrevera contando do noivado, apenas alguns dias antes do falecimento de seu Azevedo, pois escrevia toda semana ao irmão querido, preocupada deveras com sua alma sensível. No fundo, era a mais forte dos irmãos: carinhosa, tranqüila, segura. Cabia a ela contar-lhe pelas cartas as piores notícias, tarefa nem sempre cumprida a contento. Algumas vezes não tinha coragem, quando era notícia triste, como fora o sumiço de Zurica. Esperava que Schmidt retornasse e constatasse por si mesmo o que havia ocorrido. Assim, o irmão levou algum tempo para descobrir o que Anita vinha fazendo, sobretudo com relação a namorados. Em seu coração generoso, Magdalena esperava que fosse somente uma fase ruim da irmã e procurava aconselhá-la sempre.

Anita era dona de uma personalidade muito forte, marcada pela teimosia e auto-suficiência. Dotada de uma mente privilegiada, sempre liderara as meninas de sua turma para azucrinar as professoras do internato. Por pouco não fora expulsa do colégio Sion, em Petrópolis. Agora, a adolescente sonhadora usava a inteligência para ardilosamente conseguir o que mais queria: liberdade. Como complemento àquela inteligência única, Anita se tornara uma jovem interessante, dona de um belo par de pernas e um corpo escultural, apesar do nariz avantajado.

Aqui estamos diante de mais um dos pequenos dramas familiares tão comuns e, àquela época, insolúveis. Magdalena, belíssima, havia puxado à beleza de sua mãe. Desde criança, todos reparavam como era linda. Já Anita, embora fosse muito expressiva, possuía um indisfarçável nariz, fonte eterna de complexos. Fosse o fim do século XX, certamente um bom cirurgião plástico resolveria o problema. Mas, àquela altura do estágio da medicina, não cabia à Anita alternativa senão se conformar e ouvir os constantes elogios à beleza da irmã.

Se na infância a família achava graça de suas artes, repetindo sempre "coitadinha da Anita, perdeu os pais tão novinha", no início da adolescência sua indisciplina traria sérias preocupações aos avós. Tudo começou quando Anita se revoltou com a Igreja. Tinha uns doze anos, aquela fase difícil em que os hormônios explodem e o corpo de menina vai se transformando. Pois bem, as idéias de Anita começaram a explodir também, e o ateísmo, a ausência de Deus, foi uma de suas primeiras convicções. Vó Chiquinha e tia Tetéia quase sucumbiram ao ouvir logo antes de um ajantarado de domingo:

— Não vou fazer a oração de agradecimento porque não tenho a quem agradecer. Esse Deus de bondade não existe.

— Como não, Anita?

— É isso mesmo. Se houvesse um Deus bom e justo, não teria levado minha mãe.

Não houve explicação que fizesse a menina recuar de suas novas idéias. O fato de toda a família ser temente a Deus nada significava para ela; tinha as próprias crenças. Como os irmãos, Anita aprendera a pensar por si mesma. Também tinha por hábito ler avidamente e sentia-se atraída pelas livrarias, como o irmão Augusto.

Aproveitava sempre que ia fazer compras com vó Chiquinha no centro, para folhear as brochuras e inteirar-se das novidades.

Muita cultura em uma mulher não era coisa bem-vista na época. Às mulheres cabia o papel de mãe, dona-de-casa, esposa, a grande figura à sombra do marido. A mocinha saía da casa do pai para a do marido, obedecendo sempre aos dois. Não devia ter vontade própria. "Cultura pra quê? Homem nenhum gostaria de uma mulher mais inteligente do que ele", era consenso geral. Os homens procuravam suas "Amélias", esposas que cuidariam de si e de seus filhos, de preferência sem desobedecer-lhes ou alterar o tom de voz.

Pelos jornais, Anita acompanhava a vida das mulheres que se destacavam, apesar dos preconceitos: Anita Malfatti, Patrícia Galvão (a Pagu), Tarsila do Amaral e a famosa cientista e líder feminista Berta Lutz tornam-se seus ideais de comportamento. Ela se deixou impregnar das idéias de libertação feminina, igualdade de direitos, poder de escolha. Morto o avô, maior figura de autoridade para Anita, ninguém mais conseguiria segurá-la em casa e fazê-la obedecer às severas normas sociais vigentes. "Só no último ano arranjou três namorados! Um escândalo!", reclamava vó Chiquinha em uma de suas cartas. Felizmente, a adolescência é passageira; mas na verdade os hormônios de Anita, explosivos nessa fase, ainda iriam demorar muito para se acalmar.

Paixão paulistana

A morte do avô e os problemas de Anita fortaleceram em Schmidt a necessidade da volta ao Rio. Havia feito bons amigos em São Paulo e não foi difícil arranjar um cargo de gerente em uma serraria de Nova Iguaçu. Um último motivo contribuiu para que deixasse São Paulo sem maiores delongas: mais uma desilusão amorosa.

Desde que a vira sem roupa na janela, o jovem caixeiro se interessara por ela. Regina era o seu nome, e o mais desconcertante era sua atitude na rua: não dava conversa a ninguém. Sua aventura máxima consistira em tirar a roupa na janela, mas nunca respondera a nenhum galanteio dos estudantes da pensão — e foram muitos. Schmidt soubera pelos estudantes seu nome e que era noiva de um oficial da Marinha que só aparecia a cada dois ou três meses. A moça morava com uma avó inválida, e, não fossem as exibições à janela, seu comportamento seria irrepreensível. Alguns meses após Regina ter recebido a "visita" do chefe de polícia, Schmidt viu seu noivo pela primeira vez. A noite ia alta quando Regina acompanhou o oficial até o portão, despedindo-se em seguida. Beijaram-se rapidamente. A despedida pareceu seca, um tanto destituída de emoção, ao jovem sonhador que gostava de longos beijos apaixonados, como os que dera em suas namoradas. Beijos sedentos de amor.

No dia seguinte, passando pela feira livre, próxima à pensão, eis que Schmidt vê Regina, em toda a sua dignidade solitária, comprando frutas e hortaliças. À luz do sol, ela parecia ainda mais bonita, mesmo estando vestida. Tinha as faces rosadas pelo esforço e o vestido permitia uma boa visão de suas pernas bem torneadas. O cabelo preso ressaltava as curvas de um pescoço delicado. Schmidt passou a acompanhá-la de longe e viu quando a sacola de feira arrebentou. Era a oportunidade que esperava: correu para ajudá-la a recuperar as laranjas e batatas, que rolavam por todo lado.

Regina o conhecia de vista e imaginava que Schmidt fosse estudante. Agradeceu a ajuda e acabou concordando que o moço a acompanhasse até em casa, "para a eventualidade da outra sacola rasgar", conforme ele lhe dissera. Ela era apenas sete anos mais velha que Schmidt, mas, em termos de maturidade, a diferença parecia de décadas. Chegando ao portão de casa, a moça agradeceu novamente e se despediu, mas, antes que Schmidt se afastasse, num impulso, convidou-o para um café. Ele aceitou e esperou pacientemente na cozinha, enquanto a vizinha subia ao quarto da avó para ver como ela estava.

Com todos os sentidos em alerta, o caixeiro-viajante ouviu seus passos na escada de madeira que levava ao segundo andar. Um silêncio mortal dominou o ambiente por algum tempo, seguido de um longínquo murmúrio que o jovem não saberia dizer de onde vinha. A moça voltou à cozinha descalça e, sem dizer uma única palavra, pegou Schmidt pela mão, dirigindo-se à sala de visitas em total penumbra.

Lentamente, iniciou o espetáculo, tal como fazia antes na janela: tirou o cinto, desabotoou os poucos botões da frente do vestido, que caiu no chão com um leve ruído de tecido. Seu magnetismo hipnotizava Schmidt. Cada peça que tirava era uma revelação. Cada movimento suave de Regina intensificava seu desejo de tomá-la para si, de fazê-la sentir a poesia do amor, o grande amor que ele gostaria de lhe dar. Sentia a paixão explodir dentro de si com total intensidade. Amaram-se no chão, como animais, satisfazendo seus desejos. Regina foi a primeira mulher que se deu a Schmidt sem cobrar nada.

"Estou apaixonado", pensou assim que se viu na rua, ainda sentindo no sangue toda a emoção do encontro. "Estou apaixonado", era tudo que pensava durante todo o dia. Passou longas horas na Casa Garraux e não lia uma linha dos livros que folheava. Regina agora era sua. Doce ilusão...

À noite, da janela, Schmidt viu quando o noivo chegou à casa da moça. Ela recebeu-o friamente, como sempre. Não pôde ver mais nada além da luz do quarto acesa, no segundo andar. Inconsolável, passou a noite em claro, torturando-se com a atitude de Regina. Será que se importava com ele? Por que havia deixado que ele se embriagasse com seu perfume? Por quê? Por quê? A solidão era tudo que lhe restava, mais uma vez.

No dia seguinte, postou-se bem cedo embaixo de uma árvore perto da casa da amada, esperando a oportunidade para trocarem algumas palavras. Não obstante a atitude decidida, não tinha a mínima noção do que diria. O espírito do poeta assumiu o comando do homem: esqueceu-se de seus afazeres, dos compromissos e de todas as obrigações para vê-la. Havia escrito em um pedaço de papel alguns versos românticos que lhe surgiram na noite anterior, recolhidos nos destroços da passagem do furacão que era Regina. Ela saiu de casa por volta das dez horas. Mantinha a mesma atitude discreta e recatada com que se exibia naturalmente, à luz do dia. Schmidt esperou-a na esquina, delirante em sua paixão.

Regina passou por ele direto, tal como havia feito tantas vezes. Simplesmente fingiu não vê-lo. Era como se ele fosse um objeto no caminho, apenas um rosto na multidão. Nunca mais lhe dirigiu uma palavra sequer, apesar de Schmidt segui-la muitas vezes pelas ruas, à distância, sentindo, apaixonado, o perfume de água de rosas que ela deixava ao passar.

A desilusão amorosa apressou sua volta para casa, e, no início de 1928, Schmidt já trabalhava como gerente da serraria em Nova Iguaçu, no subúrbio do Rio de Janeiro.

SERRARIA COCCOZZA

Depois de uma temporada intensa na Paulicéia desvairada, Schmidt estava de volta ao Rio. Não propriamente no centro da capital, mas bem mais perto de casa. A serraria Coccozza transformava tábuas de pinho em caixas para o transporte de alimentos. O trabalho era monótono, entre serradores e madeireiros. A única diversão em Nova Iguaçu era um velho cinema, montado sob lona de circo, com bancos de madeira, que exibia filmes fora do circuito.

À noite, Schmidt dormia num sofá, arrumado pela esposa do zelador, única figura feminina com quem tinha contato diário. A mesma bondosa senhora, dona Antonina, encarregava-se de lhe preparar o almoço todos os dias. Schmidt jantava em uma pensão caseira do outro lado da linha do trem.

Seu amigo Plínio Salgado havia se despedido dele em São Paulo, dando-lhe como incumbência a entrega de uma carta a Jackson de Figueiredo. Schmidt não poderia encontrar melhor motivo para procurar o velho ídolo.

Jackson de Figueiredo

Em diversas ocasiões, Schmidt tivera a oportunidade de ouvir o eloqüente orador católico Jackson de Figueiredo e conversar com ele. Desde a primeira vez em que o vira, o orador ficara impressionado com a inteligência aguda e bem-humorada do jovem Augusto. Membro atuante da Igreja Católica, Jackson passou a doutriná-lo nos assuntos de religião. Por sua influência, Schmidt leu autores cristãos e escreveu poesias de fundo católico. Estiveram juntos em um retiro espiritual, no colégio dos jesuítas em Friburgo, durante o Carnaval de 1926, conforme o poeta registraria em seu famoso "caderno amarelo":

> Deus absorvia as atenções, nesses dias de retiro. O padre Madureira era uma personalidade singularmente marcada, um homem forte e desabusado, porque sincero. Pregava um pouco à moda antiga, com imagens firmes. Mas sua personalidade era ainda mais firme que as palavras. Para alguns dos retirantes o calor do padre Madureira, que foi um dos historiadores da ação da Companhia de Jesus no Brasil, era o cordial necessário ao fervor religioso; outros, no entanto, prefeririam

que fosse o padre Franca o encarregado de entreter o rebanho desigual abrigado na casa dos jesuítas, em Friburgo.

Lembro-me da grande provação de Hamílton Nogueira e minha, durante esses quatro dias — a necessidade de silêncio; não falar parecia-nos impraticável e sufocávamos com isso. Conversávamos, a despeito da proibição, e mais de uma vez fomos rigorosamente observados, o que nos fazia experimentar uma sensação de retorno à idade colegial.

Jackson de Figueiredo não se incluía entre os silenciosos, longe disso, embora mantivesse uma linha mais rigorosa que a de nós dois, Hamílton e eu. Sentia-se que ele forçava o silêncio, como verdadeira penitência. Duma feita, Jackson chegou a tomar nossa defesa, ante o sacerdote que exigia dos retirantes dura disciplina: "Como se poderá exigir, de certas naturezas humanas, que não se comuniquem, que suspendam as pontes de palavras que as ligam a outras naturezas? Falar, em certos casos, é tão necessário como respirar: vá pedir alguém a um homem que passe quatro dias sem respirar!" — explicava Jackson ao jesuíta, desculpando-nos.[9]

O protesto de Jackson marcou profundamente o espírito do jovem Schmidt. Pelo visto, marcou o do padre também, que se tornou mais condescendente com os jovens sedentos de comunicação. Esse pequeno episódio só comprova o enorme carisma e poder de convencimento de Jackson. Não foi à toa que se tornou um grande líder, ouvido e respeitado por muitos, odiado por alguns. A influência de Jackson sobre Schmidt seria tema de um artigo de Alceu Amoroso Lima, décadas depois, na revista *A Ordem*:

> Foi através de Jackson de Figueiredo que se travou nosso conhecimento. Não sei como se aproximaram essas duas forças telúricas, tão magnificamente humanas e fora do comum, em sua vibração

temperamental irradiante, mas tão diferentes uma da outra. [...] Quanto às suas relações com Jackson, a despeito desse dissídio no plano literário, iriam manter-se íntimas e até perdurarem, digamos assim, postumamente, quando Schmidt assumiu a direção da livraria Católica, após a morte de Jackson.[10]

Livraria Católica

Assim, passados poucos anos, lá estava Schmidt perante um antigo amigo: o líder católico fundador da revista *A Ordem*. Graças à sua amizade com Jackson, nos meses seguintes Schmidt conheceria os inúmeros intelectuais que se encontravam para longos debates nos fundos da livraria Católica, onde funcionava o Centro Dom Vital. Naquela livraria, Schmidt conheceu de perto o meio dos intelectuais católicos de direita. Apesar de ser constantemente assaltado por dúvidas existenciais, angústias inexplicadas, o poeta tinha temperamento simpático e extrovertido. Possuía um jeito peculiar de contar piadas e casos interessantes, que prendia a atenção de todos. E, o principal, compartilhava dos mesmos valores católicos do Centro Dom Vital, apesar de discordar dos métodos de Jackson, como ele mesmo escreveria depois:

> Lembrei-me hoje de Jackson de Figueiredo. Aniversário de sua morte. Lembrei-me que o encontrei na véspera do seu dia fatal, de que fomos juntos ao cinema, e caminhamos longamente dentro da noite quente de novembro. Lembrei-me de que ele me falou da sua vida, das suas lutas, das suas dificuldades, poucas horas antes da estranha pescaria que o sepultou no mar, em plena força de uma vida afirmativa, trágica, intensa.

Não defendo, não aceito, não esposo nenhuma das doutrinas que constituíam as razões de ser de Jackson. Mas não posso deixar de admirá-lo e, no fundo, de invejá-lo. Crer em alguma coisa, viver a serviço de uma crença, que destino e que vitória! Ser capaz de uma injustiça por amor de uma verdade, ser capaz de negar uma realidade por amor de uma realidade maior, que prova de fogo para um homem! Caminhar pelo mundo a ouvir vozes contrárias, a ouvir coisas que se destroem, aí é que está a infelicidade maior para uma alma.

Jackson era um categórico, mas não lhe faltou jamais sutileza, inteligência e penetração. O que era irresistível nele era, porém, a natureza e não a inteligência.[11]

Assim era Schmidt: sabia gostar das pessoas mesmo discordando de seus ideais. Talvez por isso tenha sido bem acolhido pelos grandes pensadores do Centro Dom Vital, na maioria muito mais velhos que ele. Sua sede insaciável de conhecimento e cultura, apesar do pouco estudo formal, impressionava todos que conversavam com ele. Infelizmente, a amizade com Jackson de Figueiredo duraria pouco; ao fim de 1928, Jackson morreria afogado, durante uma pescaria na Barra da Tijuca. Essa amizade deixaria sulcos profundos em seu destino, até mesmo em seu estilo "bíblico" de fazer poesia. Jackson incentivara-o a ler Charles Péguy e Maurice Barrès, dois poetas franceses, profundamente imbuídos de nacionalismo. Anos depois, falando sobre os dois poetas, Schmidt diria: "O exemplo desses homens, o que eles pregaram é algo de universal, e, assim, servirá para nós todos".[12]

Primeiras publicações

Desde que voltara ao Rio, Schmidt mandava artigos para revistas diversas, como a *Festa*, da corrente "espiritualista" do modernismo, que surgira no Rio de Janeiro e contava com Cecília Meireles, Andrade Murici, Murilo Mendes e Tasso da Silveira, entre outros. Defendiam o passado e os temas misteriosos. A identificação com Schmidt é certa, e ele torna-se amigo de vários de seus integrantes, com quem se corresponderia pelo resto da vida.

Uma dessas longas correspondências seria com Tristão de Athayde, iniciada com a publicação de um artigo de Schmidt sobre Jackson. Alceu Amoroso Lima (ou Tristão de Athayde, seu pseudônimo), então crítico literário do jornal *O Diário da Noite*, logo percebeu o talento do jovem aspirante a poeta. Alceu havia se convertido ao catolicismo naquele ano, e o tom místico do poeta o impressionaria profundamente.

Alceu Amoroso Lima, Manuel Bandeira, Sérgio de Figueiredo, Sérgio Buarque de Holanda e Prudente de Moraes Neto formavam a corrente dos "independentes" — não se integravam a nenhuma das existentes.

Alceu passou a enviar revistas e livros ao novo amigo, que os devorava à noite, à luz dos candeeiros, na grande mesa empoeirada do escritório da serraria. Schmidt usaria a mesma grande mesa para escrever o primeiro livro de poesias: *Canto do brasileiro Augusto Frederico Schmidt*.

Antes disso, em uma noite de extrema solidão, silenciadas as serras, Schmidt escreveu longamente ao novo amigo, abrindo seu coração. Mostrava a alma, sem pudor, através de algumas linhas de puro sentimento. Havia desenvolvido esse estilo desde criança, nas cartas que escrevia para a família, quando carregava o peso da solidão vivida no colégio interno. Nessas missivas, a confissão da relação confusa com Deus e com a poesia:

Nova Iguaçú — 10/4/28
Meu caro Tristão de Athayde,
[...]
Fico, de verdade, muito contente por saber que você adquiriu a grande serenidade dos que crêem. Não se pode ser feliz (toda a possibilidade de ser feliz está em esperar) sem ter esta força de crença que você me diz, depois de muito tempo de luta, ter conseguido. Bem que sinto que você entrará num outro período infinitamente maior em riqueza e beleza depois dessa sua vitória da Verdade sobre as suas verdades. E o aniquilamento destas últimas.

Agora, Tristão de Athayde, vou falar um pouco de mim. E sem receio, porque a sua sinceridade assim me autorizou.

Meu caminho é bem diverso do seu. Sou um sujeito que vive em transição contínua. Passageiro das conduções mais absurdamente desiguais. Hoje convencido da verdade. Acreditando ser senhor de mim mesmo e de um roteiro que faço e desfaço. Amanhã outro sujeito, absolutamente outro. Um dia, levado pelo coração, me ajoelho diante de um altar e diante de um padre. Dia seguinte agnóstico, cinzento, alheado. Descrente de tudo. Antegozando com volúpia o nada. E vivo assim até quando Deus quiser. O coração me chama para a Igreja. O coração, ele mesmo, me afasta da Igreja.

As tais lutas íntimas, os estados de crise por que passo chegam a me envergonhar. Eu penso comigo mesmo me auscultando. Não será literatura! E às vezes penso que é só literatura. E fico triste.

Palavra de honra que chego a ter vergonha de contar que penso. Como me envergonho também de escrever. Aliás eu escrevo por vaidade. Necessidade de comunicação não será vaidade?[13]

Canto do brasileiro

Incentivado pelos novos amigos, Schmidt lança, ainda em 1928, *Canto do brasileiro Augusto Frederico Schmidt*, muito bem recebido pela crítica, que, atordoada, não consegue classificá-lo dentro dos estilos vigentes: romantismo ou modernismo. Enquanto encanta alguns, outros o tratam como a um alienígena, insensível a tudo o que se passa no país. O tom individualista e seus temas universais se contrapõem fortemente ao conceito nacionalista do modernismo, então transbordante:

> Não quero mais o Brasil
> Não quero mais geografia
> Nem pitoresco
> . . . .
> Minha pátria é bem longe
> Minha pátria é mais longe
> Fujamos daqui
> . . . .
> Meu Deus olhai pra mim
> Me abençoai que sou brasileiro
> E o brasileiro não tem nada
> E o brasileiro que está sozinho
> O brasileiro tem coração![14]

Enquanto os modernistas louvam a pátria, descobrem suas belezas e mazelas em "poemas-piada", quase sempre compostos em "versos livres", Schmidt se refugia dentro de si mesmo, fala de temas humanos e universais, usando redondilhas, versos decassílabos e a constante repetição de idéias. No primeiro poema que publicou já mostra a eterna angústia de sua alma: sente-se um exilado da vida e procura a ajuda de Deus:

> *O canto do brasileiro*, menos que um poema, é confissão sobre a dualidade de minha natureza e dos meus sentimentos. Dualidade do desejo de partir e do medo da viagem; dualidade entre o desejo de me confessar e o temor de que o meu segredo fosse conhecido.[15]

O novo poeta receberia grande incentivo de Alceu Amoroso Lima, que saudaria seu lançamento como "uma voz que se insurgia contra os mandamentos estéticos do Modernismo".

Em 10 de fevereiro de 1928, a *Revista de Antropofagia* havia publicado a poesia "Quando eu morrer". A partir daí, Schmidt ganha dos críticos a alcunha de "gordinho sinistro", que o perseguiria até o fim de seus dias.

QUANDO EU MORRER

Quando eu morrer o mundo continuará o mesmo —
A doçura das tardes continuará a envolver todas as coisas
Como as envolve agora nesse instante,
O vento fresco dobrará as árvores esguias
E levantará nuvens de poeira nas estradas...

Quando eu morrer as águas claras dos rios rolarão ainda,
Rolarão sempre, alvas de espuma.
Quando eu morrer, as estrelas não cessarão de acender-se no
[lindo céu noturno,
E nos vérgeis onde os pássaros cantam as frutas continuarão
[a ser doces e boas.

Quando eu morrer os homens continuarão sempre os mesmos,
E hão de esquecer-se do meu caminho silencioso entre eles.
Quando eu morrer os prantos e as alegrias permanecerão,
Todas as ânsias e inquietudes do mundo não se modificarão.
Quando eu morrer a humanidade continuará a mesma —
Porque nada sou, nada conto e nada tenho.
Porque sou um grão de poeira perdido no infinito.

Sinto porém, agora, que o mundo sou eu mesmo
E que a sombra descerá por sobre o universo vazio de mim —
Quando eu morrer...

Manuel Bandeira, ainda desconfiado das qualidades poéticas de Schmidt, satiriza o refrão de sua poesia "Quando eu morrer", enviando uma releitura desta ao amigo Mário de Andrade:

ORAÇÃO AO POETA GORDO

Daqui a trezentos anos
Não existirei mais
Outros irão ao cinema
Outros amarão e serão amados
Outros terão a Livraria Católica
E escreverão no suplemento de domingo de O Jornal
Eu não existirei mais
Mas eu não me importo Senhor
Eu sou um pobre gordo
Mas eu sei que eles também não serão felizes
Eu sim o serei então
Quando debaixo da terra magro magro só ossos
Não existir mais[16]

Em carta a Alceu Amoroso Lima, Schmidt diz-se decepcionado com a literatura:

> Meu querido Alceu
> Outra coisa: estou completamente desiludido de arte e de literatura. Não gosto de mais nada, com sinceridade. A literatura então, seja ela qual for, é para mim uma coisa tão insignificante que não percebo como grandes espíritos, como você e Jackson, por exemplo, percam seu tempo com um negócio tão inferior.
> Tenho medo de chegar a um negativismo absoluto.[17]

Porém a boa reação de parte da crítica aumenta a auto-estima de Schmidt. Sente-se, então, predestinado a escrever. No mesmo ano, lança seu segundo poema, "Canto do liberto":

> Houve uma cessação de realidade
> Abriram-se, então, amplos cenários, outros
> Bem outros, bem maiores, mais profundos...
> ....
> Sinto-me livre
> Sinto-me leve
> Deixei para sempre minhas correntes
> Sou o liberto de tantas dúvidas
> Sou o liberto de tantos medos.
> ....
> Meu Deus, sou livre!
> O aspecto do mundo é outro para mim![18]

Passados alguns anos, o poeta explicaria seus versos: "Quando escrevi 'Meu Deus, sou livre' era uma grande mentira. Então, como nunca, era prisioneiro. Sem qualquer possibilidade de fugir. Devorava-me a incerteza sobre a minha vida, pudesse ter eu qualquer possibilidade de realizar minhas esperanças de posse do mundo. Era a luta constante da falta de fé, e o desejo dela".[19]

Novamente, as críticas são díspares, surgindo um desentendimento com Mário de Andrade pela publicação da crítica deste ao "Canto do liberto", em outubro de 1928:

> A. F. Schmidt vem dar pra Poesia Brasileira uma face nova: o misticismo. Tendo buscado, não posso garantir si num gesto perdurável porque o poeta está mesmo naquela mocidade que despeja nas costas largas da religião [...]
> O que prejudica em vários momentos a beleza integral deste "Canto do liberto" é a dicção do poeta. Parece que A. F. Schmidt está mesmo cheio de desejos de escravização... [...] porém que se escravize a processos modernistas ou passadistas, é ruim [...] andou enxertando no livro fórmulas poéticas e dicções gastas, cacoetes modernistas de outras épocas e sem nenhum, absolutamente nenhum valor permanente. [...] Eu aconselho o poeta [...] tomar cuidado pra não cair no masoquismo inútil de certos sacrifícios sem recompensa [...].[20]

A briga ficaria registrada na correspondência de Schmidt e de Mário aos numerosos amigos e através das "revisões literárias" que ambos fariam em suas colunas de jornais. Tais análises eram comuns; mesmo *Macunaíma* havia sido duramente criticado pelas outras correntes modernistas. Schmidt, extremamente sensível, fica magoadíssimo com Mário. Em julho de 1928, escreveria a Alceu:

> Nova Iguaçú, 23 de julho de 1928
> Estive em São Paulo onde encontrei o Mário de Andrade [que] se alarmou muito com o meu "Canto". Disse que iria escrever a respeito. Ontem encontrei cumprida a promessa dele. Escreveu um negó-

cio, que muito me lisonjeou o poeta Schmidt, mas que é profundamente injusto. Tão injusto que me obriga a responder-lhe. Envio-lhe com esta o número do *Diário Nacional* onde ele publicou a apreciação. Quanto a resposta pretendo publicá-la na *Gazeta de Notícias*. Aproveito a ocasião para me dizer católico e acusar o Mário fortemente. E acho que com algumas bem fortes razões. Continuo porém a encontrar nele uma das mais fortes personalidades do Brasil.[21]

Em dezembro, faria a crítica literária de *Macunaíma*, em artigo para *A Ordem*: "Tem saltos bruscos, ouve absurdas vozes, desencontradas, vindas de si mesmo. É uma criança. Criança sabida, mas criança".

Sua mágoa não o leva a invalidar as qualidades do adversário. Quando começa a trabalhar no projeto de sua revista, *Novidades Literárias*, poucos meses depois, ele pede a Manuel Bandeira que Mário seja convidado a colaborar.

Apesar das críticas, Schmidt anuncia que vai escrever um romance; mas nem sequer chegou a começá-lo. Devido ao recente sucesso, é convidado a escrever como crítico literário em alguns jornais de baixa circulação. À felicidade de ler o grande poeta Alberto de Oliveira afirmar em uma crítica literária que ele, Schmidt, "possuía como ninguém o segredo do refrão em língua portuguesa", logo se contrapunha a crítica literária de muitos, tachando-o de "monótono, repetitivo, antigo".

A crítica impiedosa sentia prazer em divulgar o apelido "gordinho sinistro", maculando sua reputação. Os adversários nunca entenderiam aquela obsessão pelo tema da "morte". Ao contrário do pensamento fúnebre, Schmidt procurava na morte uma explicação para as mazelas da vida. Crescera ouvindo que Deus, Todo-Poderoso, Senhor de todos os destinos, esperava que ele se comportasse direitinho enquanto vivesse, para obter a "vida eterna" no Paraíso, a Seu lado. No entanto, Schmidt ia purgando os pecados, aqui na Terra mesmo, desde menino. Conhecia de perto o sofrimento e a dor de viver. Esperava, do fundo do coração, que a vida eterna existisse e o recompensasse por esta passagem árida neste planeta. Como ter certeza, porém, da existência da vida após a morte? Nem todos compreendiam bem essa eterna busca, e mesmo alguns de seus antigos conhecidos ridicularizavam-no pelas costas, fato que o magoava profundamente, embora o poeta fingisse ignorar.

Schmidt inicia os trabalhos como crítico literário e de artes plásticas, embora ainda não pudesse deixar o emprego na serraria, pois a literatura não lhe rendia um tostão. Trabalhava de dia para ganhar o jantar da noite. Gostaria de levar uma vida confortável, desfrutar dos prazeres que o dinheiro proporciona, mas na verdade "fazer fortuna" nunca havia sido seu lema. Preferia passar o tempo conversando com os amigos, lendo, namorando, escrevendo. O trabalho era uma obrigação, um meio de vida; até se contentava com o baixo ordenado, desde que tivesse liberdade.

Novos tempos

O ano de 1929 seria marcado por uma grave crise internacional, iniciada com a quebra da Bolsa de Valores de Nova York. Por pura ironia, tivemos no Brasil uma superprodução de café: colhemos 21 milhões de sacas, para exportar somente 14 milhões. A economia brasileira, sustentada quase que exclusivamente pela exportação do café, também sofreria uma enorme crise: multiplicaram-se os desempregados no campo, devido à falência de fazendeiros, de exportadores e até mesmo de alguns bancos. O abismo se aproximava.

A crise atingiria Schmidt diretamente: a serraria Coccozza vai à falência. Novamente desempregado, mas dessa vez por pouco tempo:

meses depois, um grupo de amigos liderados por Alceu Amoroso Lima compraria a livraria Católica, entregando-a a Schmidt para administrá-la. Fechando o ano com chave de ouro, Schmidt publica *Navio perdido*, outro livro de poesias, que marca seu reconhecimento como poeta de peso no cenário nacional. Diferentemente dos primeiros livros, formados por apenas um longo poema, *Navio perdido* compõe-se de vinte e quatro poemas curtos, repetindo seus temas metafísicos e individualistas. Schmidt procurava seguir o conselho do amigo Alberto de Oliveira: "Livro bom é aquele que fica em pé sozinho".[22]

Após tantos altos e baixos, finalmente a vida parecia lhe sorrir de verdade, e Schmidt passa a morar em um pequeno quarto alugado no centro, voltando a freqüentar os cafés literários e ampliando consideravelmente seu círculo de amizades — e de inimizades. Atento a tudo que o cercava, conversava com políticos, músicos, padres, intelectuais, jornalistas e toda a sorte de pensadores de diferentes ideologias. Respeitava as convicções alheias, selecionando para si apenas o que lhe calava fundo na alma. Assim seria com a poesia. Embora acreditasse piamente que o modernismo fosse necessário à renovação das artes brasileiras, respeitava os acadêmicos das escolas romântica e parnasiana, "seguidores das idéias francesas"; seguindo a própria intuição, ia fundindo o que considerava interessante em ambas as escolas, criando um estilo pessoal.

Usaria os mesmos critérios na religião: podia admirar um grande líder, como Jackson de Figueiredo, sem necessariamente compartilhar suas idéias e atitudes. Após anos trabalhando no comércio e aprendendo nos meios intelectuais, começava a distinguir, dentre os pensamentos políticos vigentes, o que consideraria bom para o país. Suas amizades ecléticas o levariam, paulatinamente, à construção de uma larga visão do mundo e do ser humano, ainda que baseada nos antigos princípios ensinados pela família: amor ao próximo, à justiça, à verdade, a Deus, à pátria e à liberdade. Porém, sua ampla circulação em meios tão díspares, como a poesia e o comércio, acabaria acarretando-lhe inimizades profundas pelo resto da vida.

É nessa ocasião que inicia uma longa amizade com Jayme Ovalle, artista genial, músico que freqüentava a livraria Católica e ficaria consagrado como autor de "Azulão". Era profundamente místico, e Schmidt encantou-se definitivamente com ele ao vê-lo conversando com o anjo da guarda. Tornaram-se amigos inseparáveis. Passaram a jantar juntos todos os dias, quase sempre acompanhados por Sobral Pinto e Hamilton Nogueira, na Rotisserie, na rua do Ouvidor. Nessa época, esse era o grupo preferido de Schmidt, entre todos os artistas e boêmios do Rio de Janeiro. Tinham em comum o idealismo, a religião e a inteligência. Schmidt e Ovalle, juntos, criaram uma espécie de ignomínia literária, que usavam para classificar os conhecidos.

> Dantescos: seriam os indivíduos mais puros, sem ambições
> [financeiras.
> Onésimos: céticos e reservados.
> Quernianos: pessoas estouradas, folgadas, impulsivas.
> Morzalescos: emotivos, sentimentais.

Esse original dicionário de classificação dos indivíduos, amplamente difundido e livremente aumentado nas mesas da Rotisserie e dos cafés, seria utilizado por toda uma legião de artistas e intelectuais, pelo resto de suas vidas.

Schmidt sempre terminava a refeição com largas fatias de goiabada cascão, acompanhadas dos queijos maravilhosos que só a Rotisserie possuía. Os amigos aproveitavam para implicar com ele:

— Schmidt, você precisa comer menos! Olha só esse paletó que nem fecha! Como vai conseguir uma namorada assim?

O poeta limitava-se a rir. Amava as mulheres, mas também uma boa mesa. Mais do que nunca estava certo de que o amor chegaria até ele quando menos esperasse. Após o jantar, Schmidt fazia longas caminhadas com Ovalle pelo centro, até a Lapa, onde o músico morava. Por um longo período, viam-se diariamente. Muitas décadas depois, as posições políticas divergentes iriam separá-los, e a gota d'água seria uma entrevista de Jayme Ovalle a um jornal, pondo Schmidt no "Limbo", enquanto destinava o "Paraíso" a outros amigos.

Jayme Ovalle

Ovalle morava na rua Conde de Lages, outro famoso "centro de amores venais". Sua casa era a única da rua onde não havia mulheres "fazendo a vida". O músico era benquisto entre as "mariposas", respeitando-as como suas vizinhas. Nunca usava os serviços das moças, e seu piano era motivo de alegria em toda a rua.

Costumava tocar vários instrumentos nas horas de folga. Além de grande artista, era também funcionário da Receita Federal, trabalhando na Alfândega do Rio de Janeiro, onde cumpria, na íntegra, os horários e obrigações profissionais. Não passava um dia sem que agradecesse a Deus o bom emprego público, que lhe permitia levar a vida confortavelmente. Contudo, trabalhando em horário comercial, só lhe restavam as noites e os fins de semana para praticar, ensaiar com outros músicos e para as descobertas e criações musicais. Obviamente seus horários de "fazer música", bem "alternativos", haviam sido objeto de inúmeras reclamações em todas as residências onde já havia morado. Com a compra da casinha na rua Conde de Lages, rua que funcionava incessantemente dia e noite, o problema estava terminado; acostumadas a sofrer discriminações, as vizinhas adoraram o novo morador. Os gritos, a algazarra, o vaivém da rua certamente desagradariam a qualquer família, mas para Ovalle, boêmio e solteiro, a vila seria sempre uma eterna fonte de inspiração e de compreensão da vida e do ser humano.

De sua roda de amigos faziam parte Heitor Villa-Lobos, Dante Milano, Osvaldo Costa, Geraldo Barroso do Amaral e Germaninha Bittencourt. Podiam ser vistos freqüentemente dividindo um "bife à moda da casa", no restaurante Reis, enquanto o violão passava de mão em mão, tocando modinhas "bem pernósticas" da época, como lembraria Manuel Bandeira nas *Crônicas da província do Brasil*, anos mais tarde. Sobre Ovalle, escreveria Bandeira:

> O que havia de mais extraordinário em Jaime Ovalle é que, tendo tão pouca instrução, fosse tão profundamente culto. Cultura que fizera quase que exclusivamente por si próprio e pela leitura da Bíblia. Era um homem visceralmente impregnado da palavra do Cristo. E nunca ninguém sentiu tão compreensivamente o Brasil, de cuja formação étnica tinha uma consciência como que divinatória. Em qualquer manifestação artística que fosse, sabia discernir de pronto e infalivelmente o que havia de negro ou de índio. O seu amor das negras era, afinal, amor da raça negra. Um dia uma negrinha da Lapa repeliu-o, repreensiva:
>
> — O senhor, um homem branco!
>
> E Ovalle:
>
> — Eu sei que é uma infelicidade minha, mas não tenho culpa de ser branco!
>
> Ovalle começou, rapazola, sendo um simples tocador de violão e boêmio noctívago. E desse chão tão humilde subiu à música erudita (mas sempre fundamente enraizada no páthos popular), ao poema em inglês e ao devanear místico, este ortodoxamente católico, mas com uns ressaibos de judaísmo e de macumba.[23]

Desnecessário dizer da grande influência de Ovalle sobre o jovem Schmidt. A relação com seu anjo da guarda, a quem via e com quem conversava diariamente, deixava Schmidt impressionadíssimo. Porém o grande conhecimento da Bíblia e a sensibilidade aguçada do músico o deslumbravam completamente. Essa amizade constante o conduziria ao amor.

A família

Naqueles tempos em que morava no pequeno quarto no centro, Schmidt consagrava os fins de semana às visitas familiares. Magdalena casara-se no fim de 1928, partindo em longa temporada pela Europa, onde o marido iria se especializar em Direito. Demorariam a ter filhos, mas o casamento seria longo e feliz. Da Europa, Magdalena escrevia toda semana ao irmão, contando as novidades, mandando livros e revistas estrangeiras, pois mesmo longe de casa nunca deixou de se preocupar com Schmidt.

Quando Magdalena se casou, Anita foi morar com ela. A irmã mais velha a tomou sob sua responsabilidade, querendo incutir algum juízo na caçula. Anita tornara-se uma mulher atraente, porém cometera um grave deslize aos olhos da família conservadora: apaixonara-se por um homem casado. O objeto da paixão, Roberto Rodrigues, artista plástico e irmão de Nelson Rodrigues, o famoso escritor, era considerado um verdadeiro Apolo e também possuía enorme poder de sedução. Quando Anita o conheceu, ele acabara de se tornar pai pela primeira vez. Ainda assim, não poupou esforços para conquistar a bela jovem. Anita manteve esse "romance proibido", encontrando-se com Roberto no ateliê no largo do Machado. Tinha esperanças de que ele se separasse da mulher, embora nunca houvesse feito promessa alguma nesse sentido. Quando

Roberto avisou que a esposa estava novamente grávida, Anita rompeu o romance. A família inteira havia condenado a relação, e o irmão disse-lhe palavras bem duras. Magdalena convidou-a, então, a acompanhá-la em sua viagem e Anita aceitou, tentando esquecer aquele amor sem esperanças.

Magdalena convidou também vó Chiquinha, que se recusou a sair do Brasil. A velha senhora, agora morando com a irmã, só sairia da velha casinha na Hilário de Gouveia para a morada eterna no cemitério São João Batista, anos depois. Tia Tetéia continuava firme como uma rocha. Depois de muita relutância, mandara instalar um telefone em casa, especialmente para poder falar com Augusto, quando ele ainda vivia em São Paulo. Tetéia nunca se entenderia muito bem com o aparelho: achava muito estranho poder falar com uma pessoa que estivesse tão longe. Continuava preferindo uma boa conversa, acompanhada por uma xícara de chá morninho. Algumas vezes telefonava para o sobrinho, somente para dizer que não deixasse de se agasalhar ou que se alimentasse direito. Seus telefonemas eram confusos e angustiados.

Assim sendo, Schmidt passava os domingos com a tia e a avó; pegava o bonde para Copacabana no meio da manhã e só retornava ao centro ao escurecer, quase sempre carregado de cocadas e recomendações. Levava algum agrado para as familiares idosas e aproveitava as visitas para conversar com Magdalena, que sempre acompanhava as duas à missa domingueira, verdadeira festa para as beatas. Se por algum motivo o poeta não pudesse visitá-las, como de praxe, telefonava várias vezes avisando e corria para a casa da Hilário de Gouveia na primeira oportunidade. Assim seria no dia do sarau.

Sarau em Paquetá

Jayme Ovalle tinha vários irmãos. No entanto, tinha um carinho especial pela irmã mais velha, Praxedes, casada com um coronel do Exército. Haviam perdido a mãe ainda pequenos, e Praxedes, a primogênita, encarregara-se de criar os irmãos menores. Ovalle desde criança idolatrava a irmã, considerando-a sua verdadeira mãe.

Em uma manhã ensolarada de abril, Schmidt e Ovalle tomaram a barca com destino a Paquetá, onde Praxedes morava. Ovalle havia praticamente obrigado Schmidt a acompanhá-lo a um "sarau familiar", apesar dos protestos iniciais do poeta, que deveria visitar a avó naquele dia. Era a comemoração do aniversário do primogênito de Praxedes Ovalle de Lemos, Caio. Como companheiro freqüente de Ovalle, Schmidt já havia conhecido diversos membros da família. Certa ocasião acompanhara o amigo a uma visita à sua sobrinha Yêda, irmã de Caio, à época uma estudante interna do Curso Clássico de um colégio caro do Rio de Janeiro. A força do olhar da jovenzinha o impressionara, assim como sua beleza, ainda se desabrochando. Este fora um dos principais motivos que o levara a acompanhar Ovalle àquele sarau: rever Yêda.

A travessia de barca era, na época, uma viagem de sonhos. A baía de Guanabara certamente possuía águas bem mais limpas do que as da atual baía, hoje repleta de "cardumes" de pneus e garrafas de PET.

Schmidt assistia encantado aos golfinhos que seguiam a barca nas águas transparentes, fazendo a alegria das crianças, dos namorados e dos amantes da natureza. Gaivotas tumultuavam os céus em torno de pequenos barcos de pesca. Um sol sem obstáculos luzia nas águas calmas, naquela manhã de pura poesia. Uma brisa gostosa circulava no convés, de onde Schmidt e Ovalle assistiam à aproximação da romântica ilha, tão bem retratada pelo autor de *A moreninha*, Joaquim Manoel de Macedo.

A beleza de Paquetá era idílica. Logo que chegaram, dirigiram-se à Vila Lote, onde Praxedes vivia com o marido e os três filhos. A recepção a Ovalle não poderia ser mais calorosa, pois sua personalidade descontraída e bem-humorada fazia a alegria dos sobrinhos, que haviam crescido sob as rígidas normas de disciplina do pai. Os filhos de Praxedes acostumaram-se a ver o tio sentado no chão, jogando bolinha de gude. Com as crianças, Ovalle se tornava uma delas. Cada chegada sua anunciava uma explosão de alegria e cada partida, um verdadeiro chororô. "Não era muito diferente nas rodas de amigos", pensou Schmidt, ao vê-lo rodeado pela irmã e pelos sobrinhos, todos cheios de cuidados com o ente querido.

Em dado momento, o poeta sentiu como se o sangue congelasse em suas veias: a visão de uma "estrela do céu" o paralisou, por segundos que pareceram séculos. É que surgia Yêda, única filha mulher de Praxedes, rápida e graciosa, descendo o lance de degraus que delimitava a entrada da vila. "Estava ainda mais linda do que poderia supor", constatou o poeta, embasbacado. Tinha longos cabelos pretos; e sua cor bronzeada lhe proporcionava o aspecto saudável de uma atleta.

Yêda abraçou o pescoço do tio, que imediatamente rodopiou com ela pelos ares, como se ainda fosse uma criancinha. Era afilhada de Ovalle, a quem chamava carinhosamente de "tio Ioiô". Ovalle apresentou Schmidt à família:

— Este é meu amigo, o grande poeta Augusto Frederico Schmidt. — Voltou-se para a sobrinha e perguntou: — Lembra-se dele, querida?

— Claro que sim, tio Ioiô!

O olhar que Yêda lhe dirigiu o transportou àquela tarde, antes de sua temporada em São Paulo, quando a visitara no colégio Sacré

Coeur, acompanhando Ovalle. Era, então, uma mocinha de tranças, cuja beleza impressionara profundamente o poeta. Em seus olhos, vira toda a alegria e suave determinação de uma jovem feliz, sem a nuvem da morte pairando sobre sua vida. Schmidt sonhara com ela por várias noites, antes de viajar para São Paulo. No dia do primeiro encontro, era aniversário de Yêda, e Ovalle fora ao colégio levar-lhe um presente — uma caixinha de música. Yêda, maravilhada, não dera muita atenção ao amigo do tio. Agora a mocinha havia crescido. Era linda, dona de um ar decidido, muitíssimo mais bonita do que se lembrava.

Yêda examinou-o com profundo interesse. Schmidt, timidamente, sentia calafrios enquanto o olhar da "estrela" o analisava. Havia tempos não ficava tão constrangido diante de uma simples mocinha, mais do que isso, quase uma mulher, não obstante seus dezoito anos recém-completados. Única menina da família Ovalle Lemos, crescera paparicada por todos, como se fosse um bibelô de cristal. Como toda boa moça de família, havia aprendido a costurar, bordar, cuidar da casa, cozinhar, sem contar as lições de etiqueta e postura, de literatura e poesia. Os pais de Yêda tinham a mentalidade comum à alta classe média da época: deveriam preparar a filha para que fizesse um bom casamento, fosse boa mãe e esposa, dedicada ao lar e obediente ao marido. Yêda era dona de uma vontade de aço e não pensava da mesma forma. Apesar de ter devorado avidamente os romances de Jane Austen e mais uma biblioteca inteira de histórias de amor e aventuras de capa e espada, sonhava em ser dona de seu próprio destino. Nunca suportaria um marido autoritário como o pai. Queria conhecer o mundo, a Europa, seu sonho de consumo, e também a América, onde as mulheres tinham mais liberdade. Yêda gostava das coisas boas da vida.

Schmidt passou o resto do dia embevecido. A cada movimento da moça, mais encantado ficava, acreditando-a predestinada a ele. Encontrara, enfim, sua musa perfeita. Ela mostrou-se agradável e educada, parecendo interessada em conversar com o poeta, saber de suas idéias e de onde tirava inspiração. Schmidt surpreendeu-se ao descobrir que Yêda escrevia poesias:

— Apenas uns versos bobos — explicou, como que arrependida de sua confissão. — Nunca mostrei a ninguém.

Combinaram que ela enviaria os poemas a Schmidt, para que este pudesse retocá-los, embora ele se dissesse incapaz de tal tarefa. O poeta percebeu rapidamente que Yêda tinha um jeito alegre e desinibido de tratá-lo, "um pouco mais descontraído que a maioria das moças de sua idade". Parecia que se conheciam havia anos, décadas, ou até mesmo muitas vidas.

Ao entardecer, casais de meia-idade e grupos de jovens reuniram-se em volta do grande piano, no qual Yêda tocou as primeiras canções do sarau. Olhando ao redor, Schmidt podia ver o tipo de vida a que Yêda estava acostumada. Certamente, os parcos recursos financeiros de que dispunha não pagariam sequer sua modista. Era como a lua, inatingível. Tal pensamento o deixou deprimido por um instante.

Entretanto, a imagem de Yêda ao piano se fixou de tal forma no espírito de Schmidt que, ao retornar à barca com Ovalle, nem se deu conta de que não falava em outra coisa senão de Yêda, esquecido dos obstáculos imaginados. Ovalle, conhecedor profundo da alma humana, percebeu rapidamente o estado de espírito do jovem amigo. Limitou-se a dar de ombros, esperando que o destino mostrasse suas peças.

YÊDA

A promessa do envio das poesias foi o pretexto que Schmidt usou, dois dias depois, ao telefonar para Yêda. Ela o atendeu de forma simpática e cordial, sem o imaginar como pretendente. No fim de semana seguinte, lá estava novamente o poeta em Paquetá, junto de Ovalle, visitando a família.

Schmidt aproveitara uma de suas longas conversas noturnas e fizera a "sugestão" de acompanhá-lo novamente a Paquetá. O amigo, mais uma vez entendendo tudo, ligou para a irmã no dia seguinte, avisando que voltariam no próximo sábado. Foi Yêda que atendeu o telefone, parecendo feliz com a notícia da visita. Ovalle, matreiro, brincou:

— Parece que ela gostou de você, Schmidt. E olha, a Yêda é difícil de agradar. Quando ela não gosta... não há quem a faça mudar de idéia.

Schmidt ficou contando os dias para o fim de semana. Enquanto o tempo se arrastava, escreveu como nunca. Yêda era um raio de sol em sua vida, sempre tão triste e cinzenta.

O novo encontro de sábado só aumentou a paixão do poeta-livreiro. O dia em Paquetá estava claro e agradável. Passearam juntos pela praia, acompanhando em silêncio o vôo gracioso das gaivotas, para depois recomeçarem uma conversa animada sobre os animais. Yêda amava a natureza e os animais, mais do que os homens: "Os animais são mais puros do que o homem".[24]

A própria essência da vida parecia correr em suas veias, tamanhas eram a vivacidade e energia enquanto falava. Sentados em um banco de madeira, de frente para o mar, conversaram como se fossem amigos de infância. Schmidt, fascinado, procurou memorizar cada sorriso, cada pequeno gesto, mesmo os ínfimos trejeitos de Yêda. Era impossível que Deus lhe houvesse reservado tamanha graça, pensava. Por outro lado, sentiu que ela fazia parte de si, de seu destino, e essa certeza lhe dava ímpetos de beijá-la naquele mesmo instante e dizer que ela era a criatura mais divina, a mais doce e encantadora que jamais vira. A voz da musa trouxe-o de volta à realidade:

— Posso te chamar de Augusto? Schmidt é muito formal, não sei...

A certa altura, ela tocou em sua mão distraidamente, o suficiente para fazer-lhe o coração disparar. Naquele sábado, Schmidt voltou para casa nas nuvens, sentindo o amor encher seu espírito de idéias.

Passou a semana distraído, até delirante, imaginando se ela o aceitaria. Afinal era só um poeta, e um projeto de burguês, nada de grande valor — muito pelo contrário. Pressentia a longa batalha que teria pela frente: a conquista do coração de Yêda. Ela não seria facilmente seduzida, tamanha sua sede de liberdade. Yêda queria correr o mundo, conhecer as pirâmides do Egito e praias da Polinésia. Estava decidida a não se casar, pois desejava ser livre. Não se entregaria facilmente a ninguém, nem mesmo a Schmidt, por mais que ali pressentisse um grande futuro.

Porém se Yêda não incentivou Schmidt, também não o desencorajou; tratava-o como a um irmão, rindo muito de suas histórias de caixeiro e elogiando suas poesias. No auge de seus dezoito anos, tinha enorme fé no futuro. Movido pela paixão, Schmidt iniciou uma longa correspondência com Yêda, guardada por ela até o fim da vida. As primeiras cartas são contidas, vãs tentativas de esconder seu amor:

> Ontem, me lembrei muito de você. Se houver oportunidade lhe contarei um dia por quê. Só desejo que você acredite que chegou ao meu espírito uma grande serenidade e que não a esqueci.
>
> Seu amigo
> Schmidt[25]

Com o passar do tempo, a amizade estreitou-se e as cartas de Schmidt iriam se tornar cada vez mais repletas de poemas, confidências, expectativas de vida e sentimentos contraditórios, refletindo seus diferentes momentos de vida. Yêda era o éden, o sonho de um futuro feliz. Só por vê-la alguns minutos, sentia-se pronto a enfrentar o mundo, a buscar causas maiores: "A verdade é que eu vivo para você. Houve dias em que tive ímpetos de lhe telegrafar assim: 'Peço-lhe retirar-se do meu pensamento'".[26]

A musa incentivava o poeta a publicar seus poemas e a levar adiante a carreira literária. Após algum tempo, ela própria se incumbiu de organizar as poesias de Schmidt, um eterno desorganizado. Antes do lançamento de mais um livro, Schmidt escreveria à amada contando-lhe as preocupações:

> Acabo de receber da tipografia os originais do meu livro — que mandei buscar. Não tenho coragem de publicar poesia mais. Há quatro dias que estou no inferno solucionando os meus negócios e isto debaixo de um sofrimento de que não lhe posso desenhar nem os traços. Como a vida é dura! Tenho o coração pequenino. Tenho a alma diminuída. Sinto desejos de me soltar para sempre de todos esses compromissos que me afligem. Meu grande horror de que tenha algum dia de expor você a essa série de misérias me invadiu. Você não pode imaginar como me preocupa o pensamento de um dia ser vencido pela vida e arrastar você também. Só penso nisso agora e com uma força de sangue [...].[27]

Já nos primeiros encontros com Schmidt, Yêda percebeu que havia conhecido um grande homem. Era extremamente sensitiva e aprendera desde cedo a confiar em seu sexto sentido. Tinha o dom de compreender e acalmar o poeta. A certeza da admiradora sobre a grandiosidade de sua poesia daria ao poeta a força de que precisava para continuar escrevendo, apesar das críticas. Yêda o incentivaria a lançar *Pássaro cego*, finalmente publicado em 1930, organizado por um amigo de Schmidt, Rômulo de Castro, que, conhecendo o temperamento desatento do poeta, dera-se ao trabalho de reunir alguns poemas que este deixara por onde havia passado.

PÁSSARO CEGO

Sinto clamar em mim vozes tristes, chorando.
Sinto gritar em mim longos martírios
que não sofri.

Sinto que sou a forma, o lamento, a expressão
De mil tormentos mudos abafados.
De mil tormentos sem voz.
Mil tormentos sem voz!

Minha poesia é um pouco da queixa dos homens errantes,
De homens sem lar e sem repouso.
De homens que foram meus avós.
Deles herdei a angústia infinita,
Deles herdei o tédio de todas as paisagens
A inquietação de todos os momentos.

Sou a última folha de uma árvore infeliz
Que o vento rude desprendeu.

Trago comigo a desolação da pátria abandonada
E a revolta de mil incompreensões e injustiças sofridas,
Mas há em mim um infinito desejo de pacificação;
O ódio de meus avós não está comigo,

> Ficou apenas a indecisão
> Ficou apenas a instabilidade.
>
> Sou como um pássaro cego voando na eterna escuridão.
> No entanto a escuridão está em mim somente.
> Sei que fora de mim há um clima diferente,
> Sei que há céu azul, supremas claridades,
> E que as trevas estão nos meus olhos apenas.[28]
>
> . . . .

A crítica esmerou-se em comentários maldosos, tachando-o de repetitivo e de carente de imaginação. Diziam que não evoluíra nada, e seus admiradores rebatiam que já nascera pronto. Os opositores não entendiam que a poesia schmidtiana seria sempre marcada pelo lirismo e pelos temas metafísicos, independentemente de qualquer moda ou corrente ideológica. Schmidt escrevia por uma necessidade absoluta de extravasar os próprios sentimentos. Sua poesia era um momento de comunhão com Deus e com o Universo, uma eterna busca da verdade e das próprias lembranças e anseios, talvez por vontade de vencer a morte:

> Condenado a escrever. Condenado à assistir à vida. Nenhuma possibilidade de agir. Quando o silêncio e a ausência se estenderem, porém, sobre as vozes que clamaram, sobre os seres que comandaram e foram ouvidos — eu ainda estarei presente e algumas almas permanecerão longamente debruçadas sobre o meu mistério.[29]

Por outro lado, a partir desse livro, alguns antigos críticos, como Mário de Andrade, começariam a perceber seu valor. Mário, superando as divergências passadas, faria um "balanço" da obra de Schmidt até 1941, em que qualifica a sua poesia de admirável:

A sua força poderosa de generalizações dos grandes assuntos; a sua anti-tese langorosa e luxuriante, que é uma das características de seu verbalismo numeroso, suave, ondulante; prolixo, sensual em ritmo e som; e principalmente esse profundo, intenso, vibrantísimo estado de poesia, esse viver em poesia, que é qualidade especial, o valor mais admirável dos seus livros.[30]

VOANDO ALTO

O amor por Yêda desperta a ambição do jovem Schmidt. Pensando dominar os segredos da livraria, ele sonha com vôos mais altos: resolve abrir uma editora, onde publicaria os novos nomes da literatura nacional. Vários fatores indicavam que uma editora seria um bom negócio. Além disso, Schmidt percebeu que jamais conseguiria o padrão de vida necessário para conquistar sua musa Yêda somente revendendo livros.

No início de 1930, o poeta inaugura oficialmente a Schmidt Editora. "É preciso ligar a vida intelectual do país ao drama do Brasil",[31] diria, justificando a empreitada. Começando seu trabalho como editor, põe em prática um antigo plano: lança a revista *Novidades Literárias Artísticas e Scientíficas*, idealizada por ele e Jayme Ovalle. Publicada em formato de jornal, *Novidades Literárias* seria dirigida por ninguém menos que Djalma Cavalcanti, artista plástico que mais tarde ficaria internacionalmente reconhecido como Di Cavalcanti, e reuniria um grupo de primeira entre seus colaboradores: Marques Rebelo, Octávio de Faria, Tristão de Athayde, Álvaro Moreyra, Oswald de Andrade e o parnasiano Alberto de Oliveira. Novamente reforçando sua imparcialidade quanto à aceitação de correntes diversas, nasceria como um "jornal literário que, sem programa nenhum doutrinário, sem predileção por qualquer orientação artística, vai levar, de um extremo a outro do país, as notícias de toda a vida intelectual brasileira".

Schmidt, entusiasmado como criança com brinquedo novo, escreve a Yêda, poucas semanas antes do lançamento:

> O plano do jornal é formidável e me tem absorvido o tempo de maneira extraordinária. Creio que jamais se terá feito no Brasil um tão sério órgão de opinião e de orientação cultural. Há muito tempo que penso nessa publicação.
> Consegui unir os elementos mais disparatados para realizá-la.
> Que pensa você de tudo? [...] É preciso dar um sentido à vida da gente.
> Confiante nas grandes, profundas e desconhecidas virtudes de sua alma,
>
> Seu amigo
> Schmidt[32]

Durou a revista apenas seis edições quinzenais, de julho a outubro de 1930, cheia de imprevistos e tropeços. Schmidt procurava os amigos e pedia a colaboração deles e dos amigos de seus amigos, esperançoso de que a revista vingasse. Nunca ultrapassaram os duzentos ou trezentos exemplares vendidos por edição. Em 1931, Schmidt faria uma nova tentativa, lançando a revista *Literatura*, outra versão de *Novidades Literárias*. Teve a mesma sina de sua antecessora: pouquíssimas edições, publicadas por alguns meses. Nesse mesmo ano, lança seu único livro de poesia pela Schmidt Editora, *Desaparição da amada*, totalmente inspirado nas próprias desilusões de amor. Em apenas um longo poema o poeta falaria de toda a decepção com as diversas namoradas que tivera até então, e com as negativas de Yêda.

....
Morena teus olhos me matam de amores.
....
Mas não serei jamais dono das tuas delícias.
Sou filho do tempo que come a beleza,
Que as forças destrói.
....[33]

Schmidt passaria os três anos seguintes sem publicar nenhum novo livro de sua autoria. Imerso nos projetos da editora, escrevia de forma compulsiva e desorganizada. Nesse período, escreveria centenas de cartas e poesias, além de artigos de jornal, críticas literárias e algumas conferências. Porém não se sentia à vontade para publicar a própria poesia, dispersa, apesar dos cuidados da amiga Yêda.

GALO BRANCO

O ano de 1930 traria outras recordações marcantes para Schmidt, especialmente em sua busca espiritual. Apesar das eternas dúvidas em relação à religião, o jovem poeta era membro ativo da Igreja Católica. Procurava encontrar a verdade universal, mirando-se nos exemplos de conversão e fé com que se deparava.

Sedento de luz espiritual, havia se aproximado muito do padre Leonel Franca, desde a morte de Jackson de Figueiredo, um de seus grandes incentivadores na religião. A Igreja, fortemente preocupada com Getúlio Vargas, considerado ateu, mobilizava-se para se proteger do que imaginava que viria. A "ameaça comunista" pairava no ar, cabendo ressaltar que o comunismo se opunha a qualquer religião. Para a Igreja, toda ajuda contra o que se considerava "o mal pagão" seria bem-vinda. O teor místico dos poemas de Schmidt havia agradado sobremaneira à direita católica. Muitos o chamavam de "poeta bíblico". Sua amizade com padre Leonel Franca levara-o a estudar profundamente a encíclica *Rerum novarum*, do papa Leão XIII. Mais tarde, Schmidt lançaria uma tradução primorosa das Epístolas de Paulo, uma de suas únicas experiências como tradutor.

Nesse mesmo ano de 1930, o Cristo Redentor fora inaugurado no Rio de Janeiro. Nas diversas solenidades de inauguração da estátua, nada mais natural que o "poeta bíblico" fosse convidado a falar.

Passados alguns dias, Schmidt recebeu um convite para discursar em uma missa de ação de graças, na igreja de São Francisco de Paula, no largo de São Francisco. Uma semana antes da missa, o poeta conversou com Ovalle, achando-se incapaz de dizer alguma coisa grandiosa sobre Cristo. Passaram a noite discutindo os mistérios da terra e dos céus, procurando um assunto para o discurso solene. Já era madrugada quando Schmidt e Ovalle deixaram alguns amigos em uma mesa de bar e caminharam juntos pela Lapa, ainda mergulhada no escuro. A atividade era intensa àquela hora, com os feirantes organizando suas barracas, à espera do sol que traria a freguesia. Alguns, feito o trabalho, se deitavam embaixo das bancas, descansando por momentos, antes do dia cansativo. No meio desse alvoroço, eis que surge o canto de um galo. Era uma ave magnífica, com as penas inteiramente brancas e a crista de um vermelho nervoso. Aquele som agoniado, anterior a qualquer sinal do sol, despertou a atenção de Schmidt. Recordou-se imediatamente da Bíblia, em que o galo branco, ao cantar, trazia uma mensagem profética. A imagem do galo branco se fortaleceria em sua mente como a de um profeta que prenuncia os perigos.

O episódio de Pedro, a acusação do Galo soando como a consciência na hora da negação e do medo, é um episódio culminante, um instante dos mais intensos do mundo. Entre a fidelidade ao Eterno e ao Amor e os poderes da Terra, o grande Apóstolo, o escolhido para fundar o novo templo, o que era Simão e passou a se chamar Pedro, a alma ardente de Pedro hesitou na surpresa, e nessa hesitação e nessa pausa, nessa agonia (agonia que significa combate), a fragilidade venceu, o temor do sacrifício e do castigo venceu o homem escolhido entre todos para ser o mais forte. Então, meu Galo Branco, foste tu, foi o teu antepassado sem dúvida, um outro Galo Branco prisioneiro e guarda do Templo, que cantou no escuro da tragédia cristã, lembrando ao pescador a profecia da negação e do desconhecimento. — Antes que o Galo cante duas vezes, tu me negarás três vezes — dissera Jesus ao Apóstolo. E o Galo cantara pontualmente. Cantara de noite. Então, saindo, Pedro começou a chorar. E chorou ao canto do galo.

Tua voz, meu Galo Branco, feriu a fonte de lágrimas oculta no coração de Pedro; lembrou-lhe a palavra e principalmente o olhar do Renegado anunciando que despertarias para cantar quando o Medo tivesse dominado o Amor. E deixando o fogo, que o aquecia, a ele e ao seu medo, o Grande Pedro, saindo para a noite, chorou. E desse choro que a tua voz fez brotar no coração arrependido, nasceu a confirmação de um destino; e dessas lágrimas, desse amolecimento do ser pela revelação da consciência, dessas lágrimas que a tua voz, Galo Branco, fez rolar pelo rosto áspero do pescador do Mar da Galiléia, nasceu realmente Pedro em Simão e o endurecimento, de que resultou a projeção, a grandeza, a força do Apóstolo.[34]

Nascia o mito do Galo Branco, que acompanharia Schmidt, como sua sentinela, até as portas da morte.

Literatura brasileira moderna

Desde o início da Schmidt Editora, seu dono farejava novos talentos, em diferentes lugares. Choviam indicações de amigos, e muitos autores novatos, em busca de uma editora que publicasse seus escritos, procuravam Schmidt na antiga livraria Católica. Ele lia os originais e submetia alguns deles à aprovação de possíveis patrocinadores. O editor fazia assim o trabalho que seria mais tarde conhecido como "captação de recursos", sem o qual a maioria dos autores, pobres, não teria podido lançar suas obras. Em geral, amigos mais velhos ou mais bem colocados profissionalmente foram os mecenas desses lançamentos literários, e os principais deles seriam Tristão de Athayde, Hamilton Nogueira e Tristão da Cunha, ao mesmo tempo diplomata, autor e tradutor.

Um dos primeiros livros publicados pela Schmidt Editora, intitulado *Maquiavel e o Brasil*, seria a estréia de Octávio de Faria, na época estudante da Faculdade de Direito do largo de São Francisco. Schmidt o conhecera no Centro Dom Vital e com ele passara a freqüentar as reuniões boêmias dos estudantes do CAJU, famoso diretório acadêmico da faculdade. Apenas os alunos mais brilhantes, após a defesa de tese especialmente elaborada, podiam integrar os quadros do CAJU; desse grupo seleto fizeram parte, entre outros, Vinicius de Moraes, Gilson Amado, Américo Lacombe e San Thiago Dantas. A cada um desses representantes de uma geração de pensadores o futuro revelaria um destino grandioso. Naquela época, reuniam-se diariamente para discutir filosofia, religião, política e até direito, em um pequenino bar perto da faculdade.

Ninguém melhor que Jorge Amado para contar os detalhes da publicação de seu primeiro livro, *O país do Carnaval*, outro lançamento da Schmidt Editora. O episódio, contado durante uma entrevista de Jorge Amado ao jornal *O Estado de S. Paulo* décadas depois, retrataria fielmente os bastidores da editora comandada pelo poeta:

> Os originais de meu primeiro romance, O país do Carnaval, foram levados ao poeta Schmidt, com vistas à publicação, por Octávio de Faria, meu colega da Faculdade de Direito. Octávio os lera e aprovara.

> Nos fundos da livraria encontrava-se um pequeno escritório e uma grande mesa, atrás da qual o poeta aboletava-se escrevendo poemas, conversando com amigos, e sobretudo dando longos telefonemas para a namorada, sobrinha formosa de Jayme Ovalle, com quem viria a se casar.
> Nas diversas gavetas da secretária os originais propostos aguardavam a leitura e o aval do poeta (e, certamente, o dinheiro necessário para a editoração). Os originais do primeiro romance de Graciliano Ramos, Caetés, esperou numa dessas gavetas durante uns dois anos, antes de ser entregue aos leitores.
> Ali repousou também, cerca de três meses, o manuscrito de O país do Carnaval, à espera que o poeta o lesse e decidisse se merecia editoração. Jovem literato impaciente, eu começava a sofrer com as desculpas de Schmidt. "Estou lendo, já cheguei à pagina 78." Na sexta-feira, com piedade do meu nervosismo, informava: "Acabo de começar a leitura, estou na página 27". Eu purgava as penas do inferno.
> Acontece que certo dia um dos *soi-disant* financiadores da editora, Tristão da Cunha, sentou-se à cadeira da escrivaninha à espera do poeta. Sem ter o que fazer, puxou uma das gavetas, nela estavam os originais de O país do Carnaval, resolveu encher o tempo lendo algumas páginas. Schmidt demorou o suficiente para que ele se adentrasse no romance. Quando Schmidt finalmente apareceu, Tristão da Cunha perguntou quem era o autor daqueles originais. "Um rapazola primo do

Gilberto Amado; Octávio de Faria me recomendou o livro." Tristão da Cunha perguntou se poderia levá-los para terminar a leitura em casa e os levou. Devo a esse episódio ser hoje escritor com vários livros editados, privilegiado com leitores fiéis em várias línguas. Tristão da Cunha gostou do livro, incitou Schmidt a publicá-lo imediatamente. Escreveu-me elogios, jamais recebi outros que tanto me envaidecessem. Schmidt publicou em seguida *O país do Carnaval* numa edição de mil exemplares [...]. Schmidt não só publicou como prefaciou *O país do Carnaval*. [...] De qualquer maneira sou devedor ao editor Schmidt pela editoração, e ao poeta Augusto Frederico Schmidt pelo prefácio. O editor e o poeta abriram-me as portas, possibilitaram a minha travessia.[35]

A respeito do prefácio no livro de Jorge Amado, Schmidt escreveu à sua amada Yêda, atravessando um dos momentos de solidão e desespero:

> Eu estou escrevendo um prefácio para o romance de estréia de um moço cheio de esperança. O tom do prefácio era o de um espírito já cansado e descrente, numa pose de blasé. É alguma coisa de quem acabasse de chegar de bem longe, depois de ter percorrido todas as experiências humanas.[36]

Este exemplo de seu incrível "faro" literário, aliado a uma desorganização ímpar, viraria lenda no meio editorial brasileiro. Conta-se que Schmidt recebeu um relatório do então prefeito de Palmeira dos Índios, Graciliano Ramos, das mãos de José Américo de Almeida, ministro da República e autor de *A bagaceira*. Schmidt leu o relatório e concluiu: "Quem escreveu isto deve ter um romance na gaveta". O próprio ministro encarregou-se de entregar os originais de *Caetés*, primeiro livro de Graciliano, àquela época devidamente escrito e engavetado, à espera de um editor. Schmidt recebeu os originais das mãos de José Américo e saiu em seguida, indo reunir-se com os amigos para mais uma noitada na Lapa. Alguns dias depois, não conseguia encontrar o texto em canto algum. Enlouquecido, não tinha a menor idéia de onde estaria. Passados seis meses sem que Schmidt desse qualquer notícia, o autor de *Caetés* imaginou que a obra fosse ruim. Alguns amigos de Graciliano, incluindo-se aí Jorge Amado, pressionavam Schmidt para que publicasse o bendito livro ou, no mínimo, restituísse o manuscrito ao autor. Sempre que alguém tocava no assunto, Schmidt desconversava. O que ninguém imaginaria é que o editor havia perdido os originais. Só voltou a encontrá-los quase um ano depois, esquecidos no bolso de uma capa de chuva. O episódio trouxe-lhe a fama de editor bagunceiro e desorganizado. Depois disso, nunca mais aceitou receber textos que não tivessem cópia. Temia perder a "obra-prima" de alguém.

O primeiro grande sucesso literário da Schmidt Editora seria *A mulher que fugiu de Gomorra*, romance de José Geraldo Vieira, que se tornaria um *best-seller* na época. Outro grande sucesso seria o romance de Rachel de Queiroz, *João Miguel*.

Porém, a dimensão literária da Schmidt Editora só seria reconhecida anos mais tarde. Schmidt lançou, através de sua pequena editora, mais autores desconhecidos, e depois consagrados no cenário brasileiro, do que qualquer outra editora brasileira. Assim foi com Graciliano Ramos (*Caetés*), Gilberto Freyre (*Casa-grande & senzala*), Rachel de Queiroz (*João Miguel*), Marques Rebelo (*Oscarina*), Jorge Amado (*O país do Carnaval*), Octávio de Faria (*Maquiavel e o Brasil*), Lúcio Cardoso (*Maleita*), Hamilton Nogueira, entre outros. Schmidt igualmente ajudou a firmar, no panorama literário, alguns autores já iniciados na edição, como Leonel Franca (*Ensino religioso e ensino leigo* e *Catolicismo e protestantismo*), Alceu Amoroso Lima (*Problema da burguesia, Preparação à sociologia, Debates pedagógicos* e *Estudos, 4.ª série*) e Virgílio de Melo Franco (*Outubro de 1930*).

Em 1933, a Schmidt Editora lançaria o primeiro livro de versos de Vinicius de Moraes, *Caminho para a distância*, contradizendo algumas opiniões fortíssimas de que Vinicius nunca seria um bom poeta. Este foi mais um entre os muitos acertos à frente de sua editora. Décadas depois, Paulo Mendes Campos falaria da admiração de Vinicius pelo primeiro editor:

> [...] uma vez, dentro de um táxi, sem quê nem para quê, demitindo de um jato antigas críticas, Vinicius de Moraes falou de repente para mim: "Poeta mesmo é o Schmidt". Como se chegássemos a essa conclusão depois de uma conversa longa (nem mesmo falávamos de poesia), concordei com um monossílabo: "É".[37]

Por indicação de amigos, Schmidt recebeu em seu escritório, em uma certa tarde abafada, um jovem mineiro aspirante a poeta, Lúcio Cardoso, que lhe mostrou os originais de seu primeiro livro de poesias, esperançoso de que a busca por uma editora terminasse ali. Passados alguns dias, torna a procurar Schmidt para saber se já havia lido os poemas e foi surpreendido com este desafio: "Experimenta escrever um romance". Mal sabia o editor novato que Lúcio havia muito tinha o livro pronto. No dia seguinte, Schmidt recebeu os originais de *Maleita*, publicando-o no mesmo ano. Seria a estréia do autor que mais tarde se consagraria com o belíssimo e contundente romance *Crônica da casa assassinada*.

Desnecessário dizer que a Schmidt Editora seria atacada pelos opositores ferrenhos, que sempre criticariam a "pequenez" das obras lançadas. Só o tempo mostraria quem tinha razão. No fim do século XX seria impossível contestar a grandeza do regionalismo de Jorge Amado e de Gilberto Freyre, por exemplo, ou negar a importância de Rachel de Queiroz e Graciliano Ramos nas letras nacionais. Isso, sem citar Vinicius, que depois de poeta se alçou ao posto de grande estrela da bossa nova.

DESENVOLVIMENTO PELA EDUCAÇÃO

Com a Revolução de 30, Getúlio Vargas, candidato derrotado à Presidência, naquele mesmo ano é empossado "chefe do Governo Provisório". O novo chefe da nação era um jovem político do Rio Grande do Sul que havia sido ministro da Fazenda do presidente deposto, Washington Luís, e exercera até então a função de "presidente" (governador) do estado do Rio Grande do Sul. Em Manifesto à Nação, redigido por Lindolfo Collor, o "Governo Provisório" definia seus objetivos:

> A adoção de um código de trabalho que assegurasse seguro social, salário mínimo e férias a todos os trabalhadores; a reforma da lei eleitoral, do sistema judiciário e do ensino; a anistia dos revolucionários de 1922 e 1926; a liberdade de pensamento; a defesa do café e da pecuária.[38]

Ao assumir o governo, Getúlio deixou a Igreja Católica e a direita inseguras, pois dizia-se que era ateu e positivista. Com seu estilo populista, Ele governaria o país até 1945, quando seria deposto por seus ministros militares. Durante os anos em que ficou no poder, enfrentou diversas revoltas, tentativas de golpes e correntes opositoras, de diferentes ideologias, que iam desde os comunistas até os fascistas mais extremados. Getúlio Vargas se mostraria dono de uma especial habilidade para acalmar opositores, bem como para persegui-los. Conseguia impor suas vontades por meio de ágeis articulações políticas, surpreendendo até mesmo aqueles que o conheciam de perto. Pouco depois de iniciado seu governo, tudo pareceu caminhar para a normalidade e a "democracia". Vargas dá um discreto apoio aos integralistas; acalma a Igreja, decretando a obrigatoriedade do ensino religioso nas escolas públicas; alegra a classe trabalhadora com inúmeras medidas político-sociais e continua a ampliar as próprias bases de apoio político, assumindo com o dinheiro público o prejuízo das fazendas de café, para consolidar a adesão dos fazendeiros — classe política dominante.

Iniciação na política

Schmidt, agora com alguma influência no meio literário, não concorda com a "quebra da legalidade e da ordem", representada pela revolução que conduzira Vargas ao poder. Ainda no ano de 1930, o poeta, levado pelo idealismo, publica seus primeiros artigos sobre política.

Nem só a literatura lhe traria decepções. Suas escolhas políticas também lhe renderiam muita contrariedade ao longo da vida. As primeiras reações viriam do próprio meio literário, da parte de opositores, insatisfeitos com sua postura contrária ao golpe de Vargas, em fins de 1930. Aos 24 anos, Schmidt acreditava que a resposta do povo a um mau governo deveria vir das urnas, não do Exército. Grande parte da sociedade, porém, acabara apoiando a revolução, visto culpar o presidente Washington Luís pela grande crise financeira em que o país estava mergulhado. A situação lembrava a Schmidt, em alguns pontos, aquela vivida por Rui Barbosa em 1922: diante da ameaça de quebra da legalidade, Rui votara no Congresso a favor do estado de sítio, pedido pelo presidente Arthur Bernardes. Uma vez decretado o estado de sítio, o presidente proibiu a circulação da revista mensal do Partido Comunista, prendeu os jornalistas Edmundo e Paulo Bittencourt (donos do jornal oposicionista *Correio da Manhã*) e planejou outras arbitrariedades, agora com o aval da lei. Tal voto custaria a Rui Barbosa a perda de seu prestígio político diante da nação e o isolamento, por meses, antes de sua morte.

A pedido de Pedro de Oliveira Sobrinho, Schmidt escreve um inflamado artigo para o jornal *O País!*, defendendo a legalidade do governo de Washington Luís. Somente mais tarde nosso poeta, ainda inexperiente nos assuntos de política, perceberia todos os desdobramentos de sua atitude. Por causa do tal artigo, surgem um desentendimento com Mário de Andrade e um mal-estar com Manuel Bandeira, que Schmidt levou alguns meses para dissipar. Sobre Schmidt, Mário de Andrade escreveria a Manuel Bandeira:

> Outro tipo que me irrita é o nosso Augusto Frederico Schmidt, que dizem criança quando não o é mais. O tal artigo dele pró legalismo ou coisa que o valha, não li mas aqui causou uma espécie de desprezo complacente até nos que enfim tinham só suas razões pra, sem se sujarem, preferirem uma vitória do pseudo legalismo. Me irritou muito mais foi o tal "Canto do brasileiro" que é duma petulância, dum individualismo e sobretudo duma fraqueza-mãe [...].[39]

A crítica é aceita por Bandeira, que responderia a Mário:

> Vem a revolução. Schmidt não é reservista por ser arrimo de família; não se inscreveu em nenhum batalhão para defender a "ordem" do Washington Luís: pois entendeu de mostrar como falava Zaratustra e pegou a escrever artigos "pela ordem", diz que a pedido de Pedro de Oliveira Sobrinho, no jornal dos cínicos mais imundos que já exploraram o governismo no Brasil, *O País!* [...].[40]

Em relação ao episódio, Schmidt escreveria a Mário de Andrade, antes de começarem seus desentendimentos mais profundos:

> Agora o Manuel, de quem gosto tanto, está zangado comigo. É, penso, porque me meti em política, defendendo, sem ter nada com isto, a legalidade e num momento em que os meus adversários não podiam responder. Você vê que não lembrei esta circunstância, mas a feiúra do gesto ficou.

É nessa ocasião que Plínio Salgado retorna, após uma longa temporada na Europa. Voltaria encantado com a Itália pré-fascista. Chega ao país ainda mais fiel aos princípios nacionalistas e culpando o individualismo burguês pelo que chamava de "mazela comunista no mundo". A seu pedido, Schmidt iria apresentá-lo aos membros do CAJU, em sua maioria filhos da elite brasileira, de formação católica. Plínio Salgado e San Thiago Dantas se conheceriam nessa ocasião e juntos fundariam a Sociedade de Estudos Políticos e o jornal *A Razão*. Estavam iniciando uma jornada política que resultaria no movimento integralista, anos mais tarde. Em 1932, Plínio fundaria a Ação Integralista Brasileira, movimento extremamente bem-visto pelos meios católicos. Seu lema seria "Na família, pela pátria, para Deus". O movimento integralista, apesar de algumas correntes racistas radicais, conseguiria reunir expoentes da intelectualidade brasileira — até mesmo intelectuais negros — que procuravam uma saída nacional para os problemas do país.

O cenário político brasileiro pegava fogo: em São Paulo, a Revolução Constitucionalista de 1932, buscando a separação e independência do estado de São Paulo, deixaria um saldo de milhares de mortos, feridos e exilados, perseguidos e presos tratados qual animais. Horrores da ditadura... São Paulo sentia-se "humilhado" pelo novo governo, que nomeava interventores militares, alheios aos sentimentos do povo paulista. Escrevendo a um amigo, Getúlio se justificaria:

> Alguns políticos me acusam pela nomeação de militares para interventores, como se eu quisesse inaugurar no Brasil uma espécie de colonização militar... Eles (os militares) satisfazem plenamente os desejos do governo, que consistem, sobretudo, em administrar, deixando de parte os casos políticos, que só servem para criar dificuldades e entorpecer o curso normal da administração. Esses interventores, sem compromissos políticos, não visam a criar clientelas políticas, pois não são candidatos a eleições. Na época própria, quando a atmosfera estiver saneada e o ambiente fortalecido pela consciência popular, os políticos poderão ocupar as posições eletivas a que tiverem direito [...].[41]

A revolução também deixaria legados positivos: diante do duro golpe, a intelectualidade paulista, com a ajuda de diversos sociólogos estrangeiros, funda a Escola Livre de Sociologia Política, primeira faculdade de ciências sociais do país. Sua linha de pensamento era ideologicamente vinculada aos Estados Unidos, novidade na época, pois a cultura estivera, de um modo geral, ligada à Europa, berço da civilização ocidental. Quem poderia imaginar que, no fim do século XX, os Estados Unidos estariam sufocando o mundo com sua cultura de massa, através de vasto manancial tecnológico?

Getúlio, por sua vez, pressionado pelo movimento legalista que se espalhava por todo o país, promulgaria o novo Código Eleitoral, que instituía o voto secreto, a Justiça Eleitoral e o voto feminino. Convoca eleições para uma Assembléia Constituinte que, em 1934, iria promulgar a nova Constituição. Com tais medidas, consegue conquistar inúmeros opositores.

Nesse momento de grande debate político, Schmidt inicia um projeto de discussão dos problemas nacionais, com o lançamento da Coleção Azul, que, até junho de 1933, edita obras que ficariam famosas por tratarem da realidade brasileira, independentemente de sua orientação política. Entre elas *Brasil errado*, de Martins Almeida; *O sentido do tenentismo*, de Virgílio Santa Rosa; *A gênese da desordem*, de Alcindo Sodré; *Psicologia da revolução*, de Plínio Salgado, e *Introdução à realidade brasileira*, de Afonso Arinos de Melo Franco. Surgia, então, para Schmidt a certeza de que somente educação, cultura e informação poderiam mudar o destino do país. Iniciava-se ali o que viria a ser sua eterna cruzada em busca de um "Brasil grande", com os meios de que dispunha: os artigos no jornal e a Schmidt Editora.

Schmidt editou vários autores integralistas: além de Plínio Salgado (de novo com *Doutrina do Sigma* e *O que é integralismo*), Olbiano de Melo (*Razões do integralismo* e *Concepção do Estado integralista*), Osvald Gouveia (*Brasil integral*), Olímpio Mourão (*Do liberalismo ao integralismo*), Miguel Reale (*Atualidade brasileira*) e Gustavo Barroso (*O integralismo em marcha*), entre outros.

Apesar da grande importância literária, a Schmidt Editora não resistiria por muito tempo. Não há mecenas que patrocinem eternamente livros de baixa vendagem, e os poucos *best-sellers* não pagariam os prejuízos crescentes. Schmidt, muito jovem e deslumbrado com o novo estilo de vida, não dera atenção suficiente à administração da livraria e da editora, esquecendo-se inúmeras vezes de pagar direitos autorais e faturas, o que lhe renderia muitas dores de cabeça, fazendo com que a Schmidt Editora convivesse sempre com déficit financeiro. As duras e constantes críticas dos adversários às suas publicações também não foram de muita ajuda naquele momento. Na verdade, a nação precisaria de algumas décadas para entender a importância do lançamento daqueles autores em nossa história.

Em 1934, Schmidt vendeu o estabelecimento a um conhecido do comércio. Era o fim do sonho de viver de literatura. Aos amigos preocupados, Schmidt dramaticamente diria que a editora havia lhe causado inúmeras tristezas e um profundo desgosto.

A amizade com Plínio Salgado e as diversas publicações integralistas da Schmidt Editora iriam render a Schmidt a injusta fama de "fascista e reacionário", sobretudo após o "autogolpe" em 1937, quando Plínio Salgado continuou apoiando o governo Vargas. O poeta-editor tinha uma visão própria dos problemas brasileiros e democraticamente editara obras de cunho político diverso. Na verdade, acima de tudo, era a favor da ordem democrática, como tão bem demonstrara anteriormente. Não compartilhava do pensamento "os fins justificam os meios". "O horror à revolução, eis uma constante em meu espírito", diria na ocasião. Infelizmente, a calúnia não escuta os injuriados. Mesmo após sua morte, continuaram acusando-o pelo conteúdo político de algumas das obras publicadas pela Schmidt Editora, como se ele próprio as houvesse escrito.

ROMANCE

Apesar dos dissabores políticos, Schmidt tocava sua vida como sempre fizera. Encontrava-se com amigos nos cafés e restaurantes do centro, empreendia incursões noturnas à vida boêmia da Lapa, reunia-se com autores novos — e lia, lia muitos e muitos originais, a pedido de amigos e conhecidos. Entretanto, sempre tinha tempo para Yêda, seu assunto predileto desde o primeiro encontro. Quase todos os sábados, ele e Jayme Ovalle pegavam a balsa para passar o dia em Paquetá.

Quando Yêda vinha ao Rio, o poeta deixava de lado qualquer encontro marcado, só para desfrutar de algumas horas a seu lado.

Visitavam o Museu Nacional de Belas-Artes, iam ao Pathé assistir às novas fitas de Hollywood, trocavam correspondência, como namorados, sem que o fossem. A situação financeira de Schmidt e sua profissão incerta — poeta talvez? — seriam obstáculos sérios ao romance. As amigas mais próximas a alertavam: "Cuidado, Yêda, não vá se envolver com um 'poeta'".

O maior problema era a falta de interesse da musa. Yêda tinha a pressa da juventude; queria conhecer o mundo enquanto estivesse nova, saudável; não quando a energia acabasse e ela não pudesse mais desfrutar de todos os prazeres que a vida no estrangeiro poderia lhe proporcionar. Yêda queria o mundo, a liberdade, queria tudo. Para ela, Schmidt era um amigo interessante, culto, inteligente, espirituoso e apaixonado. A paixão do poeta enchia o ego da jovem imatura. Presa à gaiola paterna como se fosse um passarinho, não conhecia as armadilhas do amor. Sentia seu poder de sedução e brincava com ele, inconsciente dos perigos.

>   Yêda,
>   Os programas de cinema estão admiráveis amanhã. Alguns dos piores filmes vão ser exibidos. Se você quisesse assistir a um deles, faria feliz ao seu admirador, outra vez. Estou com medo de que estas linhas deixem uma sensação de monotonia em você. [...] Adeus! Vou fazer a caixa. Vou jantar sozinho. Vou ler. Vou escrever alguma coisa. Vou escutar a chuva bater no zinco da casa vizinha. E sempre com aquele fixo pensamento... [...] Desejo-lhe boa noite. S.[42]

Contudo, se em um encontro Yêda deixava ao poeta algum resquício de esperança, somente no intuito de lhe servir de musa, no encontro seguinte, arrependida, mostrava-se esquiva e misteriosa. O amor começava a apossar-se de seu coração, mas a jovem ainda não percebia. Fingia-se de indiferente e se justificava dizendo que era para não dar falsas esperanças ao poeta, tão bom amigo.

> Ontem, achei você tão bonita, e tão longe, que tive pena de mim! Mas é muito justo que eu tenha pena de mim. Você é que nada tem com isto. "Amam metade os que amam com esperança", diz o poeta. Eu amo você completamente.[43]

A indiferença de Yêda só fermentou a paixão do poeta, que passou a escrever cartas repletas de confissões de um amor platônico, desiludido, que não espera resposta. O tom desesperançado calou fundo na alma da musa, que guardaria as cartas como um tesouro até o fim da vida. No auge da Schmidt Editora, o poeta daria todo o crédito das realizações à força de seu amor:

> [...] me vem à lembrança como nasceu esse negócio novo, que arrisquei do quase impossível. Sua imagem está misturada com tudo isso. Tudo é muito seu. Nasceu na barca de Paquetá, quando eu voltava, pensando... Bom. Minha situação era, então, fechada inteiramente, sem possibilidade de salvação. Assistindo na Livraria, o dia inteiro, como um farmacêutico de província. Pela primeira vez, depois que conheci você, senti forças para iniciar uma nova aventura. Agora, o corpo cresceu! Sua ausência do meu futuro, às vezes, sinceramente, me entristece. Houve um momento em que tudo me pareceu vazio. Respondia às perguntas que me vinham fazer como se não fossem para mim. Estive mergulhado num desânimo atroz, de quem perdeu a vontade de chegar; felizmente, estou mais do que curado, o que pode significar, também, gentilmente, conformado apenas.[44]

Finalmente, a relutância de Yêda em aceitar Schmidt como namorado foi vencida após longo período de corte insistente. Flores, poesias, livros e doces eram apenas algumas das armas das quais Schmidt lançava mão na dura batalha pelo coração da musa. O amor de Yêda fortalecia-o. Tinha a certeza de que não seria apenas mais um ser de existência vazia e opaca; sabia que havia uma missão destinada a ele; só não sabia ainda qual era. O sentimento intenso, agora correspondido, transborda em inspiração.

Yêda,
Já estraguei cinco folhas de papel procurando lhe escrever. Não houve meio de conseguir prender no papel o meu sentimento por você. Ele se debateu e fugiu diversas vezes quando eu o procurava agarrar pelas asas. Que amor à liberdade tem ele! Como ama o espaço de que as suas asas têm sede! Como no fundo é natural, largo e forte batido de sol — e sem literatura. Hoje o sinto tão sadio que quase o não reconheço.

Você se lembra do condor que espiamos domingo e da melancolia com que ele abria as asas naquela prisão escura, em que a bobice humana desfila? Pois bem, eu ia-me aproveitar do condor e da sua condição de escravo, para fazer uma imagem — mas resolvi não fazer para que a imagem ficasse maior.

E muito obrigado por toda a luz que você me dá,
Schmidt
Meu amor
Meu amor
Meu amor[45]

DESENTENDIMENTOS

A insistência e determinação de Schmidt levaram Yêda a aceitar o namoro. Afinal, ela gostava de sua companhia e valorizava sua inteligência e potencial. Em última análise, namorando Schmidt teria mais liberdade para sair com ele. Isso era tudo que o lado "racional" lhe dizia, mas a verdade é que, se por acaso o namorado não aparecesse no fim de semana, ela certamente ficaria muito triste e aborrecida.

O estilo de vida de Schmidt fascinava Yêda, que o via como uma pessoa totalmente livre, apesar da forte ligação com a família. Schmidt já era homem feito e senhor de si. Circulava entre os nomes mais interessantes da época; em seu vasto círculo de amizades concorriam artistas, poetas, músicos, jornalistas, padres, políticos e muitos outros tipos inusitados e até excêntricos. Schmidt já versava sobre diversos temas com naturalidade e visão própria, além de um toque de humor intrínseco à sua personalidade. Yêda logo compreenderia esse senso de humor como uma proteção natural, uma forma de ser aceito pela sociedade, não obstante os defeitos pessoais e as antigas dificuldades financeiras.

Essa visão de uma personalidade de bem com a vida, gozadora, satisfeita, contrastava com o canto da poesia de Schmidt, cheio de evocações à morte, a Deus, ao sofrimento e à solidão. Quem, desavisado, o visse alegre, conversando em meio à roda de amigos, nunca imaginaria que ali estava o subjetivo poeta de "Navio perdido" que, já nos primeiros versos, relatava sua tristeza:

> Agora, neste mesmo instante,
> Nesta noite triste onde grilos cantam no silêncio vago,
> No meio deste ambiente que me é tão familiar,
> Sinto uma vontade enorme de partir.[46]

No começo do namoro, as duas personalidades diferentes, repletas de um mistério instigante, fascinavam-se mutuamente. Após um período de três anos sem publicar um único livro, Schmidt, incentivado pela namorada, lança *Canto da noite*, o de maior sucesso, publicado pela José Olympio Editora, que acabara de se instalar no Rio e se tornara ponto de encontro de vários grupos de intelectuais, entre eles os que haviam freqüentado a Schmidt Editora. Na dedicatória do novo livro, Schmidt expressa seu amor pela futura esposa:

A Yêda, para que a poesia torne à sua origem.[47]

A poesia de *Canto da noite* revelou o amadurecimento do poeta, embora se mantivesse fiel aos temas dos primeiros versos. Inspirado em Yêda, Schmidt escreveria um poema que seria considerado o melhor dentre sua vasta obra:

COMPREENSÃO

Eu te direi as grandes palavras
As que parecem sopradas de cima.
Eu te direi as grandes palavras,
As que se conjugam com as grandes verdades,
E saem do sentimento mais fundo
Como os animais marinhos das águas lúcidas.
Eu te direi a minha compreensão do teu ser,
E sentirei que te transfiguras a ti mesmo revelada,
E sentirei que te libertei da solidão
Porque desci ao teu ser múltiplo e sensível.
Quero descer até as tuas regiões mais desconhecidas
Porque és minha Pátria,
As tuas paisagens são as da minha saudade.
Quero descer ao teu coração como se descesse ao mar,
E é azul
Como este céu cortado de aves,

Como este céu limpo e mais fundo que o mar.
As tuas manhãs acordadas pelos galos.
Quero ver a tua tarde banhada de róseo como nuvens
[frágeis tangidas pelos ventos.
Quero assistir à tua noite e ao sacrifício dos teus martírios
Oh! estrela, oh! música
Oh! tempo, espaço meu![48]

Jayme de Barros, poeta e embaixador, amigo de longa data, capturaria a essência da poesia de Schmidt, utilizando esse livro como exemplo:

> Nos cânticos de Schmidt, onde encontramos imagens bíblicas e ouvimos vozes proféticas, a morte não é "um desastre para a alma" como queria Da Vinci, ao separar-se do corpo, seu maravilhoso instrumento de expressão. O autor de *Canto da noite*, quando se detém nesse momento de transfiguração, revela sentimento bem diverso:
>
> O meu corpo não será mais meu!
> O meu espírito não
> levará mais lembranças.
> Mãos estranhas levarão meu corpo!
>
> Ele insiste na certeza da libertação da alma, que voltará, sem lembranças, "à clara pureza dos céus!" [...] Apagadas todas as aflições, a alma correrá, livre, nos espaços.[49]

No rastro do lançamento de *Canto da noite,* o poeta foi convidado, por um pequeno jornal, a escrever, toda semana, uma coluna. Seria sua primeira incursão na prosa, em que trataria dos mais diversos assuntos, desde política a recordações de infância, passando às respostas a cartas de leitores e o Carnaval. Bem eclética, tal como o autor, que nunca mais deixaria de escrever para jornais.

Yêda era dona de uma personalidade forte e sabia bem o que queria da vida. Impulsiva, tomaria algumas atitudes que magoariam muito o jovem namorado. A maior das brigas teria como estopim uma dessas atitudes "impensadas". Foi em um fim de semana de verão, no início de 1935. A convite de uma amiga de escola, Yêda foi passar o fim de semana na região dos Lagos. Animada com a perspectiva de aproveitar a praia e o sol, não avisou o namorado, com medo de que este pudesse tentar impedi-la. No sábado, indo a Paquetá encontrar a namorada, Schmidt soube de sua rápida viagem com a amiga. Sentiu-se mortalmente ofendido, humilhado ao extremo. A dúvida sobre o amor de Yêda instalou-se em seu espírito. Voltou ao quartinho de pensão, desolado. Cheio de mágoa, escreveu uma carta recriminando a amada:

> Não sei, mas há um sentimento novo em mim a teu respeito. De onde vem e o que é, eu não sei. Sei apenas que é triste e traz como que um vago tom de desalento e resignação. [...] No fundo de mim, há uma grande reserva a teu respeito. Uma movimentada atitude de espreita. Será melhor morrer do que continuar assim. Procedeste com uma futilidade que eu nunca perdoarei... Nada neste mundo te deveria fazer deixar de estar comigo domingo, nesse domingo em que eu ia ter contigo, em que eu ia pensar contigo. Perdoei sempre as tuas indecisões a meu respeito, mas não posso esquecer que preferiste a mim essa vida estúpida e nua de praia de banho.
>
> É melhor não me veres mais do que me fazeres sofrer assim. Não perdôo a tua dispersão [...]
>
> Estou sozinho. Mil vezes não te tivesse conhecido. Mil vezes não tivesse encontrado essa aparência que és tu, incapaz de uma longa degradação como eu sou. O que me causa horror é o teu desapreço

por mim, homem de pensamento, a tua desatenção pelo espírito que eu sou. Que tenhas feito do homem uma longa brincadeira, está bem, é de mulher nascida de mulher, embora não seja nobre nem justo — mas que tenhas te esquecido de mim...

Schmidt.[50]

Não conseguiu ficar preso às quatro paredes do dormitório apertado; sentindo-se solitário e desapontado, foi procurar Ovalle.

BOÊMIA

Encontrou-o chorando sozinho, deitado no sofá antigo, em sua casa no meio da zona de meretrício. Misterioso, não confessou a Schmidt a origem dos problemas, o verdadeiro motivo do choro desalentado. Limitou-se a dizer que sofria de amor. No rádio, a bela Ninon Valin — a Voz — cantava, enchendo o ambiente com aquele som claro e bem modelado. Após alguma insistência de Schmidt, preocupado com o estado do amigo, Ovalle confessou seu amor pela grande cantora. Schmidt relembraria tempos depois:

> Ovalle [...] deu-me a ler alguns bilhetes que a artista lhe escrevera e que ele guardava numa velha pasta de couro trancada a chave numa mala. Revejo Ovalle me explicando como se dera o encontro aqui no Rio, as noites que esperava no sereno a grande mulher famosa em todo o mundo, a viagem que fez a São Paulo seguindo-a, inteiramente perdido, espantado de como pudera e ousara misturar a admiração pela artista e o amor pela mulher impossível ou quase impossível. Não sei o que terá acontecido entre os dois. Revestia Ovalle esse episódio de sua vida de tal segredo que não me animei ou não tive curiosidade em saber mais do que ele me oferecia. Os bilhetes revelavam que o tão

grande amor que despertara comovera, certamente, a criatura de carne e coração que não se dissociara da gloriosa cantora. Ninon Valin, com a sua letra firme e grave — consolava o seu bicho amoroso. "Mon pauvre petit, meu querido doido, é preciso conformar-se e resignar-se quando as coisas são belas e não podem durar senão alguns instantes", dizia Ninon, mais ou menos assim.[51]

Diante da tristeza de ambos, Ovalle e Schmidt resolveram sair, tomar um ar, ver a lua. Acabaram a noite em uma "casa de tolerância" da Lapa. Não era a primeira vez que Schmidt procurava os "favores" de uma profissional, nem seria a última. A mentalidade da época não só permitia como estimulava esse tipo de comportamento. Schmidt procuraria o carinho dessas mulheres cada vez que se sentisse solitário e rejeitado pela amada. A boêmia carioca começava a se reunir em bordéis, hábito que se consagraria nos anos seguintes, como tão bem registrou Darcy Ribeiro:

> Literatos invadem os puteiros da Lapa, tentando converter o bairro numa Montmartre carioca. Numa mesa Jayme Ovalle, Di Cavalcanti, Dante Milano e Sérgio Buarque bebem pernô. Noutra, Magalhães Júnior, Chico de Assis Barbosa, Clóvis Ramalhete e Luís Martins bebericam genebra, disputando mulatas com malandros. Numa terceira, Otávio Malta, Moacyr Werneck, Lúcio Rangel e Mário Lago discutem política. Saltando de uma mesa a outra, Rubem Braga, Rosário Fusco, Santa Rosa e Augusto Rodrigues namoram putas, alheios à literatura e à política. De longe, desconfiados, Orestes Barbosa, Herivelto Martins, Francisco Alves e Almirante convencem Noel Rosa a namorar Ceci: "Foi num cabaré da Lapa, que eu conheci você/ Fumando cigarro... entornando champanhe no seu soirée".[52]

Com Schmidt não seria diferente: freqüentava os "centros de amores venais" com os seus pares. Dentro do bordel, teria mais uma paixão fulminante: Josefina. Era uma jovem de tez clara e cabelos pretos. Seus olhos eram vívidos, cheios de uma experiência de décadas de vida, apesar de possuir o frescor da juventude. Naquela noite triste, em que Yêda o havia decepcionado, Josefina percebera sua tristeza. Sentara-lhe no colo, qual uma criança desamparada, e pusera-se a acarinhar seu rosto, seus cabelos, como se o poeta fosse uma criança carente. O carinho quase maternal comoveu Schmidt. Desde esse dia, toda vez que precisava de consolo feminino, procurava Josefina; nenhuma outra mais serviria. Na alma do poeta, o sentimento puro e simples valia mais do que o sexo. Inspirado em Josefina, exorcizando fantasmas e culpas, Schmidt escreveria vários versos:

LEMBRANÇA DA ESQUECIDA

E esta idéia de que Josefina está abandonada,
E esta idéia de que nos esquecemos dela.
E essa idéia de que Josefina está intacta,
Com as suas brancas e pequeninas mãos ainda puras
Dos ásperos contatos,
Com os seus pequenos seios em flor ainda intocados...

E esta idéia de que Josefina está adormecida
Naquela mesma fria noite de outrora,
Quando recebíamos, com os noturnos ventos,
O perfume das árvores resinosas...

E esta idéia de Josefina dormindo,
Com os seus pequenos pés escondidos do frio,
Com os seus doces olhos brincando nos jardins do Sonho...

E esta idéia de Josefina, que esquecemos
Nos ilumina e nos enternece.

Josefina é a nossa pátria.
Vem dela as auras encantadas,
Vem dela os sorrisos e as flores.

Ah! nós a encontraremos de novo,
Na hora em que as coisas forem verdadeiras,
Na hora em que a aurora abraçar as terras distantes,
[noturnas e tristes![53]

LIBERDADE

Morena faceira, Yêda se sentia presa no fim do mundo, em Paquetá. Tão próxima da vida borbulhante da capital do país, passava os dias a correr pelos morros, a descansar à tarde, a dormir com as estrelas. Nada mal, não é? Para Yêda, sedenta de mundo, aquela vida era muito entediante. Daí a pressa em aproveitar cada convite, cada possibilidade de abrir um pouco mais as cortinas cerradas do planeta à sua volta. Não relutou nada em viajar com a amiga, apesar de imaginar a contrariedade do namorado. Recebeu a carta recriminatória alguns dias depois, e sentiu seu coração pequenino, angustiado. Tamanha confiança sentia no amor de Schmidt que nem sequer podia imaginá-lo zangado. Implorou à mãe para passar uns dias na casa de uma outra irmã de Praxedes, que morava no Rio de Janeiro. Uma vez perto de Schmidt, poderia fazê-lo entender que viajara tão- somente para se livrar do enorme tédio que a consumia.

Praxedes, induzida pela filha única, consentiu que Yêda passasse uma semana no Rio e tratou dos preparativos, ligando para a irmã e obtendo a permissão do marido, a parte mais difícil.

Chegando ao Rio, a moça telefonou para Schmidt. Pela primeira vez, sentia um medo terrível de perdê-lo. Seriam os primeiros sinais do amor que se instalara furtivamente em seu coração? A insegurança assaltou seu espírito, antes que ouvisse a voz de Schmidt no outro lado da linha, mas a felicidade do namorado, ao telefone, tranqüilizou-a. Marcaram um encontro naquela tarde.

Com a mesma facilidade com que persuadia a mãe e os irmãos, Yêda convenceria o namorado. Schmidt, apaixonado, cederia ao menor apelo da musa. Faria todas as suas vontades — mesmo sem concordar com muitas delas. Pacientemente, aprendeu a entender e a conviver com as necessidades da jovem ansiosa. Aproveitou a reconciliação e pediu-a em casamento. Yêda aceitou. Quando se despediram já era noite e nem haviam percebido o tempo passar. Deixou-a na casa da tia, contrariada pelo horário avançado. O noivo, alvoroçado, voltou para o quarto, mas não conseguia dormir e aproveitou para extravasar os sentimentos no papel:

> Quando sua tia me disse que você estava junto do telefone — eu que não tinha lá muito desejo de ouvi-la, naquele momento fui tomado de saudades suas, mon enfant e ma reine [...].
>
> Há, neste momento em que me levanto da cama para te escrever, uma grande, indizível luminosidade dentro de mim. Nenhum sentimento menor, nenhum desejo menos espiritual. Amo-te com a força da minha mais completa aspiração de bondade e salvação. Amo-te tanto quanto desejo ter uma alma imortal. Tu estás em mim neste momento, contida na minha alma — e sinto que não há mais nada em mim que não sejas tu. Todas as fontes da minha poesia se resu-

mem em ti, todo o meu pensamento está voltado para a tua lembrança, como as águas do mar, para os longínquos azuis.

Quero que sintas como te adoro! E que não há em meu amor por ti, nada que não seja real e verdadeiro. Acabo de chegar da tua comunhão e tenho um grande desejo de não ver mais nada. Acabo de te olhar, entre outras meninas, e sinto uma certeza, que até então me abandonara, de que existe Deus, e de que ele conservará a pureza e a solidão da tua alma para sempre.[54]

Não obstante o apoio da família, Yêda tinha dúvidas se deveria realmente se casar com Augusto. Temia que seu amor exagerado e os ciúmes a tornassem prisioneira em outra cela: a residência do marido. Suas amigas continuavam a adverti-la sobre os perigos do casamento com um boêmio. Por mais de um ano Yêda relutaria em marcar a data, alegando estar preparando o enxoval. Schmidt, resignadamente, esperava a definição da noiva, enquanto ascendia socialmente através dos amigos e dos novos negócios que surgiriam.

Ao lado dos negócios e encontros com a noiva, Schmidt continuaria próximo à Igreja Católica, escrevendo artigos para a revista *A Ordem*. A pedido do padre Leonel Franca, iria dirigir por um período curto de tempo a biblioteca do Centro Dom Vital, que ressurgiu em 1934. Continuava buscando a fé.

NOVOS NEGÓCIOS

O fim da Schmidt Editora não pegara seu dono totalmente desprevenido. Apesar da péssima administração, Schmidt tinha plena consciência da situação financeira em que a empresa se encontrava. Antes que estivesse novamente desempregado, começou a procurar uma oportunidade no comércio. Mais do que nunca precisava ganhar um bom dinheiro, se quisesse continuar a sonhar com Yêda. Certamente não poderia tirá-la da casa dos pais para lhe oferecer uma condição humilde de vida, condição à qual não estava acostumada. Yêda merecia o melhor. A necessidade de enriquecer surge pela primeira vez em sua vida, com uma força poderosa.

A essa altura, meados de 1934, Schmidt já era uma personalidade famosa e controvertida. Dono de um vasto círculo de amizades — e inimizades —, não tardou a encontrar um novo negócio. Juntou-se a Luiz Aranha, irmão do velho amigo Graça Aranha, fundando sua primeira empresa de sucesso: a Metrópole Seguros. Schmidt conhecera seu primeiro sócio quando ainda morava em São Paulo e trabalhava como caixeiro-viajante; Luiz Aranha fazia parte do grupo de amigos de Mário e Oswald de Andrade, idealizadores da Semana de Arte Moderna de 1922.

A experiência com a Schmidt Editora o ajuda dessa vez, e em pouco tempo Schmidt começa a juntar fortuna. Para alguém tão bem relacionado, não era difícil vender seguros. Nem descobrir negócios promissores.

Dono de uma inteligência múltipla, Schmidt nunca seria fiel a uma só atividade. Sentia que podia alçar vôos maiores, ajudar no crescimento do país, fazer a diferença. Inicia uma série de viagens aos Estados Unidos, em busca de oportunidades. O estilo de vida do povo americano marca profundamente as impressões do poeta. Torna-se cada vez mais convicto de que o Brasil teria um futuro grandioso se fosse tirado do atraso e da estagnação em que se encontrava. A solução para a crise seria o desenvolvimento. Somente isso poderia gerar riquezas, melhorando a qualidade de vida do povo brasileiro. Convencido de suas idéias, passa a trabalhar compulsivamente em negócios diversos. Inicia empresas em ramos distintos, com os sócios mais variados, pois conseguia agregar as pessoas em torno de suas idéias e, dessa forma, podia trabalhar em meios tão díspares. Procurava sempre cercar-se de assessores competentes, especialistas nos assuntos vitais para cada empresa, assuntos que ele mesmo desconhecia e procurava aprender com seus parceiros. Assim, conciliando o capital de homens empreendedores com a experiência de especialistas, os negócios prosperavam sempre. Atuaria, nos anos que se seguiram, nos ramos de cimento, pneus, construção, seguros e até aviação, além do ramo têxtil. Nem sempre se firmava por muito tempo nesta ou naquela empresa, oscilando entre umas e outras conforme seus interesses.

Assim seria com a Panair, primeira empresa de aviação genuinamente brasileira a fazer vôos internacionais. Schmidt foi um dos sócios fundadores, com uma pequena participação acionária, que venderia algum tempo depois devido a outros interesses.

Entre todos os negócios, dois seriam suas meninas-dos-olhos. Em primeiro lugar, o setor de alimentação, iniciando as atividades com uma indústria de enlatados, para terminar como pioneiro das cadeias de supermercados no Brasil. A idéia fixa com a distribuição de alimentos — uma forma de acabar com a fome que assolava o povo brasileiro — só seria igualada à preocupação com a química, em especial com os minerais atômicos, objetos de estudo de sua empresa Orquima.

Intentona Comunista

No ano de 1935, parte significativa da sociedade brasileira estava insatisfeita com o regime ditatorial de Vargas. Luiz Carlos Prestes, o Cavaleiro da Esperança, exilado desde antes da revolução de Getúlio, retorna ao país, convencido pelo líder do PCB, conhecido como Miranda, de que o partido era composto por 100 mil militantes e estaria pronto para tomar o poder. Voltou apoiado pelo jornalista

Carlos Lacerda, que leria, da sacada do jornal *O Globo*, um manifesto em que acusava Getúlio de tentar implantar uma ditadura fascista no país. O resultado imediato foi o fechamento da Aliança Nacional Libertadora, recém-fundada por Prestes para congregar voluntários à sua causa. Os aliancistas promovem a revolução, confiantes de que o país estava maduro para o comunismo. Porém as estatísticas de Miranda eram inexatas, e a revolução comunista foi abafada. Seus líderes seriam presos, torturados ou fugiriam para o exílio. A famosa Intentona Comunista, como ficaria conhecida, aumentaria muito a repressão do governo aos seus opositores.

O cenário internacional andava bastante confuso: a ameaça da Segunda Guerra Mundial crescia na Europa, com o nazismo de Hitler na Alemanha e o fascismo de Mussolini na Itália. Juntos, os dois ditadores produziriam uma época de horror, dizimando milhares de vidas e perseguindo implacavelmente o povo judeu. Levas e levas de imigrantes saíam diariamente da Europa em busca de um novo lar. O Brasil, um dos principais destinos, assim como os Estados Unidos da América, recebe centenas de imigrantes, que se instalariam principalmente nas regiões Sul e Sudeste. Entre eles, citando apenas alguns que fariam diferença em nosso meio cultural, Otto Maria Carpeaux — que se tornaria amigo íntimo de Schmidt —, Paulo Rónai e Ziembinsky.

CASAMENTO

O sucesso nos negócios alargou enormemente os círculos sociais de Schmidt. Próspero empresário, passou a freqüentar o Jockey Club, onde se reunia a nata da sociedade carioca. Ao mesmo tempo, os novos conhecidos ampliavam-lhe as oportunidades de negócios, como num círculo vicioso. No fim de 1935, o poeta-empresário possuía um belo saldo bancário e um apartamento pronto para acomodar sua futura esposa e ele. Cada detalhe do apartamento — incluindo-se o próprio imóvel — fora escolhido a dedo pela noiva, que ainda insistia em não marcar a data. Diariamente, Praxedes procurava aconselhar a filha a se definir, visto que a situação poderia gerar muito falatório, mas Yêda não dava ouvidos a ninguém. Quando o noivo a pressionava a marcar a data, desconversava. O amor se instalara silenciosamente em seu coração e tal descoberta tornava-a insegura; nunca sentira algo semelhante antes. Não podia sequer imaginar-se tomando o passo decisivo que, em menina, havia jurado nunca dar: o casamento. Um novo incidente, no entanto, mudaria sua opinião.

Em fevereiro de 1936, Schmidt viu-se obrigado a viajar até São Paulo para resolver alguns negócios urgentes da seguradora. Muitos problemas o levaram a permanecer por lá mais tempo do que o planejado, retornando ao Rio somente depois de terminado o Carnaval. De São Paulo, ligou para a noiva informando que não poderiam ir ao baile do Teatro Municipal, como haviam combinado. Recém-criado pela grã-finagem carioca, esse baile já se tornara, para os ricos e famosos, o ponto alto da festa. Era a Década de Ouro do rádio, e todos os grande artistas da Rádio Nacional estariam lá. O Carnaval daquele ano prometia ser ainda mais animado que o do ano anterior, quando a música "Cidade Maravilhosa" fora lançada com sucesso estrondoso. No início, apesar da extrema dificuldade, Yêda conseguira a permissão paterna, ante a promessa da companhia do noivo. Entretanto, estando Schmidt impossibilitado de ir, não houve jeito de convencer o severo coronel Caio Lemos a permitir que sua filha fosse ao baile em companhia de amigas.

Yêda não se deu por satisfeita com a proibição do pai. Com a conivência de Praxedes, arquitetou um "plano perfeito": combinou passar o Carnaval na casa de uma amiga do colégio, no Rio. Foi ao baile com a amiga e seu irmão mais velho, esbaldando-se ao som de "Pierrot apaixonado", sucesso imediato de Heitor dos Prazeres e Noel Rosa. No início do dia seguinte, como era de se prever, um dos muitos amigos do coronel Caio, presente ao baile, contou-lhe a aventura de Yêda. Assim que soube da novidade pelo telefone, seriamente contrariado, o coronel mandou a esposa ir buscar a filha, e, quando chegou em casa, Yêda encontrou-o no auge da irritação. Se havia alguém capaz de impor medo à jovem decidida era o pai. Incapaz de qualquer ato de violência física, o antiquado coronel proferiu palavras duras e a pôs de castigo no quarto. Yêda não poria o pé fora de casa enquanto o noivo não soubesse de sua estripulia. Schmidt estranhou quando, ao telefone, soube que Yêda estava de castigo, impossibilitada de falar com ele. De volta da viagem, apressou-se a rever a noiva. Na enorme sala da Vila Lote, foi recebido pelo coronel Caio, que contou as "estripulias" da filha. Yêda, ciente da chegada do noivo, espionava escondida no alto da escada. Ouviu Schmidt dizer ao futuro sogro:

— Coitadinha, coronel. Yêda é apenas uma menina querendo se divertir. Tenho certeza de que não fez por mal... Peço ao senhor a bondade de aliviá-la de um castigo tão severo.

As palavras de Schmidt tiveram um profundo efeito em Yêda. Compreendeu que ele não seria um marido possessivo; ao contrário, seria um companheiro, um incentivador, alguém que daria asas a seus sonhos. Na mesma semana, marcaram a data do casamento, que se realizaria dali a três meses, no mosteiro de São Bento.

Casaram-se com toda pompa, diante de uma igreja repleta de convidados. A recepção, nos salões do Copacabana Palace, foi comentada em todas as colunas sociais da cidade. Nela se reuniram, democraticamente, políticos, artistas, escritores, intelectuais, militares, membros do clero e boêmios, estudantes etc. A alegria de sua união com Yêda era tão grande que Schmidt convidava todos os conhecidos que encontrava pela rua para a cerimônia. A lua-de-mel foi em Teresópolis, no aconchego do frio da serra fluminense. Por uma semana, permaneceram isolados do mundo, descobrindo-se um ao outro e a si mesmos. Nada mais poderia afastá-los, nada seria mais forte do que sua união. Somente a chegada de um herdeiro, ou melhor, muitos herdeiros, poderia melhorar ainda mais a vida do jovem casal, tarefa a que se dedicariam com afinco pelos próximos anos. Como presente de casamento, Schmidt comprou um terreno na rua Paula Freitas esquina com a praia, em Copacabana. Nesse terreno ergueria um prédio onde viveria com a amada.

III

O EMPREENDEDOR

O CASAMENTO COM YÊDA marca o começo de outra fase de vida para Schmidt. Iniciando sua escalada rumo ao sucesso material, mais que nunca, tem os portões da sociedade abertos para si: além do vasto círculo de amizades, a família de sua esposa era bem-aceita nos salões mais finos e tradicionais da sociedade carioca.

Os recém-casados foram morar em Copacabana, perto de Tetéia e Chiquinha. Schmidt inicia uma rotina que se manteria ao longo de quase toda a vida. Despertava sempre antes da alvorada, velho hábito que adquirira nos tempos de rapazinho, e dormia pouquíssimo. Mesmo quando transpunha a noite conversando com os amigos, eram raras as ocasiões em que se permitia levantar mais tarde.

O casal freqüentava os elegantes e concorridos salões da cidade: a Sociedade Hípica Brasileira, o Cassino da Urca, o Copacabana Palace e o Jockey Club. Schmidt levava a esposa somente aos locais mais respeitáveis, como mandava o figurino. Não deixou, porém, de se encontrar com os amigos nos cafés literários, no teatro de revista, nas reuniões de boêmios, sempre inventando alguma desculpa de negócios para deixar a esposa em casa. Yêda concedia total liberdade ao marido, desde que este lhe fosse fiel.

Foi exatamente em uma festa de um desses "salões finos", no início de 1937, que Schmidt conheceu Paulo Bittencourt, o polêmico dono do jornal *Correio da Manhã*. Paulo, descendente da realeza européia, era inteligente e culto, dois atributos altamente considerados por Schmidt. O famoso jornalista vivenciara algumas passagens marcantes da história do país e já havia sido preso várias vezes por sua atitude de oposição a diversos governos. Paulo convida Schmidt a redigir semanalmente uma coluna em seu jornal. O convite foi prontamente aceito, e o poeta-cronista escreveria para o *Correio da Manhã* até o fim de sua vida. Aquele jornal era então um dos principais do país, e escrever em suas páginas daria enorme poder de divulgação aos ideais de Schmidt.

O início das atividades no *Correio* lhe renderia a inimizade do combativo jornalista Carlos Lacerda, dono do *Tribuna da Imprensa*. Carlos Lacerda, membro da tradicional família Werneck, tinha uma legião de admiradoras. Além de bonito, era grande orador. Schmidt, extremamente leal aos amigos, não fugiria dessa briga, que duraria décadas.

Turbulências políticas

O casamento de Schmidt e seu ingresso no *Correio da Manhã* coincidem com um período de extrema turbulência no país: Getúlio Vargas, tendo subjugado a Intentona Comunista de 1935, ainda se preocuparia com os integralistas — que se multiplicavam e fortaleciam a cada dia — e os liberais, outra vertente da oposição. Preocupado com a continuidade do sistema, Getúlio daria o famoso "autogolpe" em 1937, saborosamente explicado por Darcy Ribeiro:

"Getúlio inventa o autogolpe, funda o Estado Novo e a sacanagem política".[1]

Após o "autogolpe", Getúlio implantou um governo com tendências fascistas, a começar pela "nova Constituição", escrita por Francisco Campos. Para garantir o "Estado Novo", suspendeu as eleições e os partidos políticos, anulou as liberdades públicas, proibiu o integralismo, apesar de adotar alguns de seus valores, e rompeu definitivamente os últimos laços com o movimento tenentista, que o havia levado ao poder. Do governo anterior, ficou o Getúlio populista e sua postura nacionalista, sendo o novo mandato garantido pela repressão. Nos anos seguintes, Getúlio caminharia lentamente para a democracia, até integrar o eixo contra o nazismo, na Segunda Guerra Mundial, ao lado dos Estados Unidos e da França.

Em 1939, com a eclosão da Segunda Guerra Mundial, a intelectualidade brasileira divide-se em direita e esquerda. A guerra provoca um enorme êxodo de intelectuais europeus, muitos dos quais vêm para o Brasil. Getúlio ainda não havia decidido que lado iria apoiar. A tensão interna aumentaria em relação direta à sua indecisão.

Da herança positiva de quinze anos de governo Vargas (tempo total de seu primeiro "mandato") constariam significativos avanços para o proletariado. Entre eles: a criação do Ministério do Trabalho, do salário mínimo, da Justiça do Trabalho e da licença-maternidade; o estabelecimento da jornada de oito horas, férias anuais e salários iguais para as mesmas atividades. As classes empresarial e industrial, sem força política, não gostaram nada dessas medidas e tacharam o presidente de comunista. Porém, ao mesmo tempo em que adotara uma política paternalista para com os barões do café, Getúlio passaria a proteger a nossa incipiente indústria diante das multinacionais, fortalecendo-as. Em atitude corajosa, decretou a moratória da dívida externa, de 267 milhões de libras-ouro, renegociando-a somente dois anos depois, melhorando os prazos e condições de pagamento.

NOVA YORK

No fim de 1939, Schmidt e Yêda se mudariam para Nova York, onde o poeta havia arranjado um bom emprego em uma seguradora de Wall Street. Vários fatores colaboraram com esse "auto-exílio" do casal, que durou quase um ano. Um deles seria a ditadura de Getúlio, que impedia Schmidt e uma geração inteira de intelectuais de ter pretensões políticas. Todos estavam impossibilitados de exercer qualquer papel no cenário político brasileiro, pois novamente a quebra da ordem e da legalidade se instalara, suspendendo o processo democrático. Para o poeta, o caráter nacionalista era o maior mérito do governo de Getúlio. O nacionalismo buscava o desenvolvimento como única solução para o país, e Vargas estimulou a indústria nacional, além de tentar reverter o quadro de subserviência do Brasil ao mundo desenvolvido, dando proteção às nossas riquezas minerais, sobretudo com a criação de comissões técnicas especializadas que visavam ao estudo e à melhoria de cada área especificamente.

Outra razão que facilitou a ida do casal para Nova York seria a situação estabilizada de sua família. A avó Chiquinha e tia Tetéia continuavam com boa saúde, morando juntas e dando a impressão de que jamais morreriam. Schmidt nunca perdera o hábito de telefonar-lhes todos os dias e de visitá-las ao menos uma vez por semana. Magdalena havia retornado da longa temporada com o marido na Europa, mãe de uma menininha e esperando o segundo filho. Seu marido era membro de destaque da sociedade carioca, e o casal desfrutava de intensa vida social, mas, como boa neta e sobrinha, Magdalena sempre encontrava tempo para se desdobrar em cuidados com as velhas senhoras. Já Anita, ainda decepcionada com o término do romance proibido, se casaria com o jornalista e compositor Ary Kerner, apaixonadíssimo por ela. A família suspirou aliviada após o casamento, acreditando ter resolvido definitivamente o problema da rebeldia da caçula. No entanto, o casamento de Anita nunca seria um mar de rosas, pois seu marido, ciumento, vivia desconfiado de encontros com o antigo amante às escondidas, como Anita já fizera no passado.

Finalmente, o fator decisivo para a mudança temporária de país foi um triste episódio. Após três anos de casamento, a tão esperada gravidez de Yêda se concretizara. O futuro pai mal podia acreditar em tamanha felicidade; um filho seria a realização de seu maior sonho, a maior bênção que Deus poderia lhe dar.

Tudo corria às mil maravilhas, o casal passava os dias em êxtase, à espera do bebê. No início do quarto mês de gestação, aproveitando um belo fim de outono, Yêda resolveu fazer uma viagem rápida a Petrópolis, acompanhada de uma prima que possuía casa na cidade. Passeando pelas alamedas que cercam o Palácio de Cristal, a futura mãe distraiu-se observando uma borboleta azul. O vôo leve entre as flores por instantes desviou-lhe a atenção dos degraus da escada que vinha descendo. Foi o suficiente para se desequilibrar e rolar até o chão. A prima chamou um táxi e ordenou que se dirigissem ao hospital mais próximo. Como a gestante parecia estar bem, o jovem clínico geral imaginou que não houvera seqüelas maiores e deu-lhe alta, recomendando-lhe que repousasse e procurasse o médico particular quando chegasse ao Rio.

No mesmo dia, Yêda retornou ao Rio de Janeiro, mas ainda na viagem começou a sentir dores muito fortes. A prima levou-a às pressas diretamente ao hospital, de onde telefonou para Schmidt. Este, no seu escritório no centro, em meio a uma reunião de negócios, ao receber a notícia do acidente, correu para o hospital, mas já não havia mais o que fazer: Yêda sofrera um aborto.

— Seriam gêmeos — disseram os médicos, aumentando a dor do pai.

O trágico incidente abalaria profundamente o casal. Apoiados pela família, tentariam superar a crise, esperando por novas chances de atingir o tão esperado sonho. Depois de alguns dias de repouso sob o sol da região dos Lagos, Yêda voltou mais animada. O sol recarregava suas baterias; o bronzeado lhe transmitia vigor e jovialidade. Os amigos próximos também colaboraram, convidando o casal para programas divertidos. Luiz Aranha, preocupado com o sócio, levou-o para o Club de Regatas Botafogo. Luiz era botafoguense fanático. Paralelamente às atividades empresariais, foi "patrono da equipe de natação do Botafogo, e ainda presidente do Conselho Nacional de Desportos e da Confederação Brasileira de Desportos".[2] Foi o primeiro dirigente esportivo de natação do país, senão da América do Sul.

O bom amigo do poeta parecera adivinhar, pois Schmidt havia sido sempre um aficionado de esportes e pessoas. Contagiado pela paixão do sócio, filiou-se ao Botafogo. E, como em tudo na sua vida, não se conformou em ser um mero "sócio", entregando-se à causa de corpo e alma. Daria início a uma bela jornada, que marcaria a história do clube.

Ainda assim, para ele foram duras as primeiras semanas depois de se terem esvaziado as expectativas imediatas de paternidade. Convidado pelo padre Leonel Franca a fazer palestra sobre Péguy e Barrès no Centro Dom Vital, Schmidt expôs, logo no início da palestra, as preocupações que lhe passavam pelo espírito:

Os tempos têm agora uma intensidade tal, que vivemos numa perpétua desorientação. O mundo está mudando vertiginosamente e todos os dias somos desmentidos no que afirmamos, e submetidos à humilhação de nos sabermos iludidos e enganados. O que nos parece vivo, muitas vezes não é senão forma do que já foi e simples aparência. E à luz crua e reveladora da verdade, onde há pouco víamos uma palpitação, uma flama, reconhecemos apenas ruína, cinza e morte.

Seria mais aconselhável o silêncio a nós que temos o destino desgraçado de não guardar jamais o que pensamos e sentimos. Seria melhor o silêncio para não ficar provado que vivemos na contradição e que não somos sequer contemporâneos de nós mesmos.

É possível que tudo esteja certo e que o mal, o verdadeiro mal resida na nossa falta de força para acompanhar a marcha da humanidade para os seus novos destinos. É possível que sobre a ruína e a morte do que amamos cresçam as grandes coisas que virão libertar o homem, salvá-lo, ou pelo menos atenuar as injustiças sociais, condenadas de maneira veemente pela Igreja, e mantidas pelo nosso egoísmo, pela dureza dos nossos corações e pela resistência dos nossos hábitos.

É possível que esta vitória da força, esta terrível vitória, tenha a sua razão em si mesma, tenha o seu sentido fecundo, tenha a sua justiça — mesmo porque o que para nós significava o espírito, as forças eternas, o que amávamos, não se soube defender com heroísmo, com espírito de decisão e com desespero.

É possível que a glória de Deus acabe melhor servida com o que aconteceu, do que se outros tivessem sido os resultados verificados.

É possível que tudo isso nos surpreenda ainda um dia para a nossa alegria e para o nosso bem. Como é certo que devemos nos voltar um pouco mais para nós mesmos, para os nossos problemas, para os nossos perigos, para o nosso destino, para o trabalho da formação de nosso mundo ainda intacto, para a criação da nossa cultura.

Em todo o caso, contra todas as razões, contra todos os interesses, contra o próprio dever de não olhar para trás, a tristeza é uma realidade que não se esconde [...].[3]

Estrela solitária

A tristeza com a interrupção da gravidez fortaleceu a antiga vontade do casal de sair do país, coincidindo com o convite, prontamente aceito, para Schmidt trabalhar em Nova York.

Em Wall Street, o poeta escreve intensamente. Além de manter longa correspondência com diversos amigos no Brasil, depois de um período meio improdutivo, escreve poesias como nunca. De lá sairia seu novo livro, *Estrela solitária*, que publica no mesmo ano no Brasil, com a ajuda e insistência do amigo Aurélio Buarque de Holanda. A este que anos mais tarde viraria sinônimo de "dicionário", que se tornou um grande amigo e seu grande incentivador, Schmidt dedicaria o seu *Estrela solitária*: "A Aurélio Buarque de Holanda — a quem tanto deve este livro".

Após um período de seis anos de "entressafra criativa" do poeta, *Estrela solitária* é muito bem recebido pela crítica no Brasil:

Estrela solitária

Ó Estrela solitária dos céus!
Ó Estrela que o mar parece convidar
Para um encontro impossível!
Ó Estrela impassível,
Estrela dos abismos, Estrela dos abismos!
Há quanto desafias o tempo!
Há quanto esperas o fim dos tempos!

>   Estrela, que o mar convida
>   Para um encontro fatal,
>   Por que nos olhas assim, tão tristemente?
>   A nós, tu pareces, solitária Estrela,
>   A imagem de um desespero sem forma,
>   A imagem de uma suprema tristeza.
>   Em torno de ti está o silêncio, o grande silêncio;
>   Em torno de ti está o frio irreparável.
>   Não descerás jamais aos móveis abismos,
>   Ó Estrela dos abismos!
>   Ficarás com a tua viva luz,
>   Enfeitando as estradas sem termo.
>   As frias flores, salvas da morte,
>   Estão dançando nos caminhos do céu.
>
>   Ó Estrela fonte da glória dos mundos,
>   Estrela dos abismos, Estrela dos abismos!
>
>   Poesia — Estrela solitária do meu céu![4]

Para o livro *Estrela solitária*, Schmidt, além da longa série inicial de cinqüenta poemas, escreveu "Poemas em louvor de Jesus Cristo", conjunto de quatro poemas: "O nascimento", "O calvário", "A morte" e "O túmulo". Escreveu ainda o "Ciclo de Josefina", que Mário de Andrade destacaria como "série de poemas admirável, do melhor e do mais puro A.F.S.",[5] em que cantava o amor e a culpa em relação a Josefina, a amante "profissional da vida". Porém, para alguns, os sonetos com que encerra o livro seriam o melhor de toda a sua poesia:

Rosas

Frágeis filhas da Aurora e do Mistério,
Rosas que despertais virgens e frescas,
Sorrindo entre os espinhos e as folhagens,
Nos roseirais sadios e viçosos

Rosas débeis, que os ventos assassinam,
Sois a forma e a expressão do próprio efêmero.
Na luta natural incerta e cega.
Sois o instante de Pausa e Sutileza.

Rosas que as mãos da noite despetalam,
Sois o triunfo do Amor e da harmonia
Sois a imagem tranqüila da Beleza.

Rosas que alimentais meu olhar enfermo,
Rosas vós sois da terra humilde e escura
Um gesto puro, um alto pensamento![6]

O "Ciclo de Josefina" marcaria inúmeros autores brasileiros. Sobre esses versos, escreveria Darcy Ribeiro:

[...] vim de noturno lendo Augusto Frederico Schmidt. *Estrela solitária*. Minha edição incluía o "Ciclo de Josefina", que me empolgou, mas também me tirou o sono. Até hoje tira:

Eu vi o lírio debruçado sobre a escura terra,
Eu vi o lírio manchado e murcho.
Eu vi o lírio perdido para mim e perdido para os tempos.[7]

DE VOLTA

Em meados de 1940, Schmidt está de volta ao Rio de Janeiro, com as energias recarregadas, embora Yêda houvesse detestado Nova York. De formação clássica, ela preferia a cultura antiga do "berço da civilização ocidental". Voltou convicta de que gostava, de fato, de Paris.

Para Schmidt, porém, a temporada nos Estados Unidos alargara seus horizontes de empresário, despertando-lhe os sentidos para novas oportunidades e caminhos. Ao contrário dos sentimentos implícitos em *Canto do brasileiro*, quando dizia querer "se perder no mundo", com o passar do tempo Schmidt preocupava-se cada vez mais com a terra natal. Acreditava que o Brasil poderia crescer e se tornar uma grande potência mundial. Voltou disposto a contribuir para esse crescimento. Tinha consciência de que o empresariado, ao contrário do que tantos pregavam, era a grande alavanca que poderia impulsionar o país rumo à geração de riquezas. Se o país tivesse uma indústria forte, estaria gerando empregos e divisas. Poderíamos exportar produtos manufaturados, em vez de gastar nossas divisas com os mesmos produtos, comprados a peso de ouro. A Segunda Guerra ajudaria a indústria e a balança comercial: o Brasil exportava como nunca e não podia importar nada, situação tão *sui generis* que não perduraria por muito tempo.

O Quinto Recenseamento Geral do Brasil, concluído em 1940, mostrava que a população brasileira ultrapassava os 41 milhões de habitantes, sendo a metade analfabeta. O nacionalismo de Getúlio atingia índices de popularidade nunca vistos, através da criação do Departamento de Imprensa e Propaganda (DIP), poderosa agência de censura e marketing pessoal do presidente. Fazia um hábil trabalho, patrocinando de livros escolares a grupos de música, incluindo farto material na imprensa diária. Também se encarregava de censurar a imprensa oposicionista. O DIP criou a Rádio Nacional, com elenco fulguroso de estrelas em seus quadros, lançando a primeira radionovela brasileira, *Em busca da felicidade*, e iniciando nossa atração por folhetins. O cinema brasileiro vivia, como nunca antes, um momento de expansão, através das chanchadas da Atlântida, que revelaram o talento extraordinário de Oscarito e Grande Otelo. O Rio de Janeiro também estava mudado, com as obras que demoliram o morro de Santo Antônio para dar origem ao aterro do Flamengo. Pouco depois, as obras para abertura da avenida Presidente Vargas seriam iniciadas, mudando definitivamente as linhas arquitetônicas do centro do Rio.

É nesse clima que Schmidt volta ao Brasil com Yêda, agora para se instalar em um apartamento recém-construído, de frente para o mar de Copacabana. Todo dia o poeta recebia em casa seu barbeiro Geraldo, hábito que se estendeu por trinta anos. Não raro, antes de o barbeiro iniciar os trabalhos, jogavam uma partida de damas, e depois Geraldo fazia-lhe a barba e cortava-lhe os cabelos, enquanto falavam de futebol. Era Fluminense doente e gostava de implicar com o Botafogo, time recém-adotado por Schmidt. Sentado em sua poltrona, vestindo um *robe de chambre* de seda, cheio de espuma de barbear no rosto, Schmidt brincava bem-humorado:

— Geraldo, enquanto você estiver com essa coisa na mão, eu concordo com tudo que você disser: sou tricolor desde pequenininho.

Terminado o ritual, o poeta-empresário tomava um banho e, depois, o café-da-manhã com Yêda. A essa altura já havia pessoas esperando por ele, geralmente pedintes atrás de favores, ou jornalistas, amigos, sócios, enfim, uma legião de visitantes diários, que Schmidt recebia pacientemente na ampla biblioteca, logo à entrada do apartamento. O telefone tocava sem parar, dos recantos mais variados. Schmidt tomaria certos cuidados ao atender ligações na presença de terceiros; desenvolveria um código, com o qual apelidava seus oponentes. De acordo com esse código, por exemplo, Carlos Lacerda era "a ave".

Yêda vivia lendo romances e nunca interrompia uma reunião do marido. Quando precisava falar-lhe, estando ele na biblioteca, mandava a criada levar um bilhete; procurava assim não se misturar com os negócios de Schmidt. Esta havia sido uma das primeiras preocupações de Augusto: não importunar a amada com os problemas da vida prática, o cotidiano do comércio. Continuaria sendo mimada por ele, como fora pelos pais e irmãos.

Em agosto de 1940, Schmidt foi convidado a iniciar um ciclo de palestras sobre Rui Barbosa, na casa onde este vivera em Botafogo. Na palestra, além de ressaltar os velhos ideais do Águia de Haia, Schmidt faria um admirável relato dos extremismos da própria geração e suas conseqüências:

> É que dois novos rios ideológicos já principiavam a dividir a geração, a que pertence quem vos está falando; que era a mocidade brasileira, reflexo de todas as outras mocidades do mundo. Um dos rios corria para a direita e outro para a esquerda; e ambos se confundiam, afinal, no mesmo áspero mar de ódio definitivo ao palavreado liberal, no mesmo desdém pelo tão proclamado direito do homem, na mesma incompatibilidade fundamental com o famoso individualismo, palavra que marcava aos nossos olhos toda a infâmia do denominado "estúpido século XIX". [...]
>
> De um lado e de outro, da direita ou da esquerda, a minha geração principiou a conceber o mundo dentro de uma espécie de adoração pelo Estado, que se realizava ou em si mesmo, ou na figura de um chefe, que procurávamos inutilmente, e que encarnava tudo e a tudo resumia.
>
> Cansados da liberdade de gritar, de clamar, de protestar, voltamo-nos todos nós, mocidade preocupada com tais problemas, para as fór-

mulas extremas, para os regimes absolutos, para a novidade da anulação da vontade e das prerrogativas do soberano Estado, senhor das vidas, dos bens e das inteligências. Fascismo ou comunismo eram os pólos de atração. [...]

O que pensamos, porém, meus senhores, um dia, de Rui Barbosa, e o que passamos a pensar em seguida, pouco importa. As gerações estão em face dos grandes homens, como os trens que contemplam as paisagens, que passam correndo. Às vezes elas nos aparecem tocadas pelo sol, maravilhosas de graça, surpreendentes nas suas formas, luminosas e esplêndidas; outras vezes, porém, quando o tempo é diverso, são elas monótonas, infelizes e tristes de olhar. É que em tudo sempre estamos dependendo da hora, do que ela nos dá ou nos nega, da luz que contém ou das sombras que a envolvem e sepultam.

Estamos diante dos grandes homens como trens atravessando trechos de estradas e cidades. Tudo passa aos nossos olhos, mas, na realidade, nós é que passamos. O que é efêmero somos nós, o que é fugaz são os nossos julgamentos. O grande homem permanece e está fixado. Umas gerações o reconhecem e se maravilham diante dele; outras se recusam a olhá-lo. [...]

Se ainda estivesse entre nós, teria assistido ao nascimento do que, segundo ele [Rui Barbosa], se denominaria decerto nova barbaria. Preconceitos de raça; perseguições; a falência dos regimes democráticos; o domínio definitivo da força sobre o direito, enfim, a instituição de uma nova ordem de coisas que se pretende fundada, sem dúvida, num sentido mais realista e orgânico da vida e do mundo. O direito de opinião não mais considerado propriamente um direito, mas quase sempre uma provocação e um crime contra a estabilidade do "deus-Estado", senhor dos bens e de vidas, distribuidor de pão, de idéias e de justiça! [...]

Como as sementes que precisam morrer para que a vida surja delas e se processe na própria morte, a Revolução Brasileira de 1930 resultou ainda da ação doutrinária contínua de Rui, mas quando este já era desaparecido. É certo que essa revolução tomou, depois de vitoriosa, um caminho diverso e contrário do caminho indicado por ele, hesitando, primeiro, entre as tendências mais extremas, e terminando por encontrar com o que era em verdade a própria realidade brasileira. Mas o sopro violento, meus senhores, que derrubou as velhas situações, ainda era precisamente o mesmo que Rui Barbosa soprara sobre o Brasil. As idéias que serviram para unir, em torno do fato revolucionário, as forças saudáveis e vivas da nacionalidade, eram ainda as mesmas forças subconscientes e secretas, trabalhadas há longo tempo pela preparação ruísta. E a própria linguagem usada na campanha das armas, as idéias pregadas e esposadas, as promessas feitas de respeito à verdade eleitoral, de descentralização política, de garantias efetivas das liberdades públicas, de direito das minorias, de todo o programa, enfim, [...] tudo isso trazia a marca de Rui Barbosa e vinha originalmente dele. [...]

Rui Barbosa, defensor do homem! É preciso repetir isto. Campeão do abolicionismo na hora ardente da primeira mocidade, grande cruzada que libertou o Brasil da mancha escravista. Defensor dos humildes, defensor das causas da liberdade, defensor do cidadão ameaçado nos seus direitos, sua figura é sempre grande e inalterável [...].[8]

Novos amigos

Schmidt seguia escrevendo para o *Correio da Manhã*, quando surgiu o convite para colaborar no jornal *O Globo*. O poeta-empresário havia conhecido Roberto Marinho na Sociedade Hípica Brasileira. Yêda, devido à sua paixão por animais e por esportes, adorava equitação, exercitando-se na Hípica no mínimo três vezes por semana. Possuía, nesse esporte, a destreza e o trato tão necessários com os cavalos, que a tornavam uma grande amazona.

Roberto Marinho era um exímio cavaleiro e Schmidt, grande apreciador dos animais e das competições. Na primeira ocasião em que conversaram, Yêda havia se apaixonado por um dos animais de Roberto, que o marido procurou comprar para agradar-lhe. Assim, Schmidt ficou conhecendo o futuro "rei" das comunicações no Brasil, tornando-se amigos para toda a vida. Admiravam-se mutuamente como homens idealistas que eram e ainda tinham em comum a perda prematura do pai e a vontade de mudar a face do país. A amizade do jornalista com o poeta seria marcada pela ajuda mútua: Schmidt daria sugestões inspiradas ao novo patrão, como o nome de "Coluna do Swan" à coluna social que se destacou por décadas seguidas no jornal. Além disso, Schmidt, fazendo jus à sua afiada visão de empresário, auxiliaria Roberto na fundação da Rede Globo de Televisão, no Rio de Janeiro, na década de 1960. Durante o governo de Juscelino Kubitschek, o poeta intermediaria a concessão do canal junto ao governo e ainda ajudaria o amigo na escolha, negociação e compra do terreno no Jardim Botânico onde seria construída a sede da emissora. Como faltassem recursos ao dinâmico empreendedor das comunicações, Schmidt também o auxiliaria na difícil tarefa de reunir o capital necessário.

Quando a Rede Globo de Televisão foi inaugurada, em 1965, uma das maiores tristezas de Roberto Marinho foi o fato de o amigo não estar vivo para ver a estréia da rede que tanto havia lutado para ajudar a criar e que se tornaria a maior emissora de televisão brasileira e uma das maiores do mundo.

Por outro lado, o espírito incomum de Roberto Marinho, a liberdade que concedia a seus jornalistas e a postura correta, mesmo nas piores situações ao longo de décadas de convivência, só fariam Augusto Frederico Schmidt admirá-lo e considerá-lo como a um irmão.

Além do jornalismo, Schmidt continuava em febril atividade empresarial. Extremamente preocupado com o problema da seca no Nordeste, discutido havia anos, começa a pesquisar sobre a questão da fome, intrinsecamente ligada à escassez de água naquela região. Estudava um meio de criar uma indústria de alimentos desidratados ou supercongelados, tendência que havia observado nos Estados Unidos. Dentro em pouco se envolveria na indústria de alimentos enlatados, mas a de alimentos congelados só se desenvolveria após o advento do freezer doméstico, algumas décadas depois. Enquanto isso, Schmidt interessa-se por múltiplos negócios e, nos anos seguintes, continuaria sua escalada financeira.

As numerosas atividades não o afastariam, porém, da poesia. Em 1942, lança mais um livro, *Mar desconhecido*, dessa vez aclamado pela crítica, que reconhece o amadurecimento da obra do poeta, agora mais "contido" em suas repetições.

MAR DESCONHECIDO

    Sinto viver em mim um mar ignoto,
    E ouço, nas horas calmas e serenas,
    As águas que murmuram, como em prece,
    Estranhas orações intraduzíveis.

    Ouço, também, do mar desconhecido,
    Nos instantes inquietos e terríveis,
    Dos ventos o guaiar desesperado
    E os soluços das ondas agoniadas

    Sinto viver em mim um mar de sombras,
    Mas tão rico de vida e de harmonias,
    Que dele sei nascer a misteriosa

    Música, que se espalha nos meus versos,
    Essa música errante como os ventos,
    Cujas asas no mar geram tormentas.[9]

Schmidt passaria os sete anos seguintes sem publicar livros, embora escrevesse alucinadamente. Não suspendeu suas colunas nos jornais nem as participações — a pedidos — em outros periódicos.

Órfão às avessas

Em meados de 1941, um novo golpe abalaria o casal Schmidt: Yêda perde outro filho, dessa vez um menino, logo no início da gestação. Essa perda deixaria seqüelas, pois Yêda nunca mais teria filhos. Ficou algum tempo internada na clínica São José, onde o marido a visitava diariamente, levando flores, bombons, perfumes e poesias, para agradar-lhe.

De volta à casa, a tristeza de ambos era indisfarçável, apesar da força que Schmidt fazia para superar a própria dor e alegrar a esposa. Estava acostumado aos reveses da vida e possuía muito mais resistência do que ela. Yêda, criada em uma redoma de cristal, nunca havia enfrentado maiores contrariedades. Mesmo depois do casamento, Schmidt procurara poupá-la de todos os pequenos detalhes tão aborrecidos do cotidiano, como assinar o talão de cheques ou fazer depósitos em bancos. Contratara empregados para todo o serviço da casa, liberando-a dos afazeres domésticos, tão monótonos. Dera-lhe todas as regalias, para que pudesse dispor de seu tempo da forma que melhor lhe aprouvesse. A musa passava os dias lendo, conversando com as amigas, algumas vezes ia ao cinema ou a chás de caridade. Mas procurava estar sempre disponível para o marido. Nunca perderia o hábito de organizar suas poesias, sempre descuidadas pelo autor. Após o casamento, passara a se encarregar da correspondência pessoal de cada um e do casal, que era intensa. Respondia às cartas, selecionava os convites e eventos a que deveriam comparecer, cuidava para que nada faltasse ao bem-estar do marido. Schmidt era um homem liberal e não se incomodava que Yêda fizesse pequenas viagens à região dos Lagos, acompanhada por alguma amiga, ou que visitasse a mãe em Paquetá. Mais do que gostar de sol, Yêda necessitava de sol, como do ar que respirava. Era extremamente vaidosa e não se descuidara da aparência após o casamento, nem mesmo quando perdera o bebê; estava sempre elegante e perfumada. Em suas viagens ao exterior, o poeta nunca deixava de comprar perfumes para a esposa.

A perda dos gêmeos fora uma fatalidade, dolorida, mas superada após alguns meses de compras, livros e tédio em Nova York. Porém a interrupção da segunda gravidez e a incapacidade permanente de gerar um filho foram demais para ela, flor de estufa em meio a um vendaval. A agonia era ainda maior por saber da ansiedade de Schmidt em ser pai. Mergulhou então em profunda depressão, de onde só sairia depois de grande esforço do marido atento. Schmidt procurava animar a esposa com pequenos detalhes, palavras doces, atitudes gentis. Evitava chorar diante da convalescente, procurando não falar do ocorrido. Não falava de tristezas, não comentava suas preocupações com o país, muito menos com os negócios. Magdalena, vó Chiquinha e tia Tetéia procuravam se revezar na companhia de Yêda, evitando deixá-la sozinha. Mas a tristeza persistia.

Dona Praxedes, convocada pelo genro, veio passar uma temporada com a filha no Rio de Janeiro. Depois, por alguns dias, foram ambas para a famosa cidade de Araxá, em Minas, no circuito das águas. Preso a compromissos no Rio, Schmidt demorou-se um pouco a se encontrar com a esposa. Estava carente, esgotado de tanta tristeza. Procurava passar os dias com o trabalho e as noites com os amigos. Parafraseando Machado de Assis, dizia-se um órfão às avessas, e assim extravasaria a dor em seus versos:

Meu coração paterno está vazio.
Ninguém o virá habitar!
A ninguém transmitirei esse amor
Puro e perfeito, que nada exige ou reclama.

A ninguém poderei dar o meu carinho paterno
E a minha experiência de criança voltará comigo
Para a grande noite próxima.[10]

Em sua prosa:

"Os que não têm filhos são órfãos às avessas", escreveu Machado de Assis, creio que no *Memorial de Aires*. Não raro invejo os patriarcas, os que reúnem em torno da mesa familiar os seres novos, misteriosamente surgidos, que ontem não estavam e, de repente, passam a opinar sobre coisas diversas.[11]

Ou ainda:

Só os que não me conhecem é que me podem supor alguém que venceu, que atingiu a sua meta. Imaginem que surpresa teriam esses observadores se me surpreendessem de luzes apagadas, no terraço de minha casa, a espiar, num apartamento vizinho, um pai que acompanha os preparativos de uma criança de seis ou sete anos, que se apronta para o sono e, depois de vestir a camisa de dormir, agarra-se ao pescoço paterno e conta-lhe ainda segredos. Tudo o que sou e o que me coube na partilha de bens terrenos (na verdade, coisa reduzida) eu daria, sem hesitação, em troca do que possui o meu vizinho, o homem que vive mediocremente e é um desconhecido.[12]

Nessa hora de enorme tristeza, pequenas alegrias vêm dos mais chegados. Manuel Bandeira, antigo amigo, irá presenteá-lo com um soneto:

SONETO EM LOUVOR DE AUGUSTO FREDERICO SCHMIDT

Nos teus poemas de cadências bíblicas
Recolheste o som das coisas mais efêmeras;
O vento que enternece as praias desertas,
O desfolhar das rosas cansadas de viver,

As vozes mais longínquas da infância,
Os risos emudecidos das amadas mortas:
Matilde, Esmeralda, a misteriosa Luciana,
E Josefina, complicado ser que é mulher e é também o Brasil.

A tudo que é transitório soubeste
Dar, com tua gravidade melancólica,
A densidade do eterno.

Mais de uma vez fizeste aos homens advertências terríveis.
Mas tua glória maior é ser aquele
Que soube falar a Deus nos ritmos de sua palavra.[13]

BOTAFOGO

Atormentado pela dor, o poeta tratou de ocupar o tempo. "Mente vazia, celeiro do demônio" era dito popular. Eclético em todos os aspectos de sua personalidade, desde pequeno Schmidt adorava futebol. Lembrava-se de, ainda meninote, ir ao campo do Fluminense nas Laranjeiras, todo domingo, levado pelo avô. Alimentava o sonho, comum nos meninos de hoje, de ser um grande jogador, mas desde cedo fora gordinho e, apesar da atração que sempre sentira pelos esportes, estes nunca seriam seu ponto forte.

Depois que Luiz Aranha o introduziu nos círculos do Botafogo, Schmidt "vestiu a camisa". Nunca o tricolor Azevedo poderia imaginar que o neto se tornaria botafoguense, como fora seu genro Gustavo Schmidt.

Por causa dessa paixão, em 1941 tornou-se presidente do Club de Regatas Botafogo, que era ainda, na época, um clube independente do Botafogo Football Clube. O local era palco de atividades bem ecléticas e reunia entre seus sócios ampla gama de artistas, intelectuais e políticos. Em seus salões tocaram grandes músicos como Donga e Pixinguinha, e havia mesmo quem contasse que a primeira apresentação pública de Carmen Miranda se dera ali, no Salão Social do Botafogo de Regatas.

Muitos de seus membros haviam participado de uma ou mais revoluções brasileiras, como a Intentona Comunista, a Revolta dos Dezoito do Forte e até mesmo a Intentona Integralista. Essa diversidade fazia do Botafogo o ambiente perfeito para Schmidt se sentir à vontade. Todas as semanas havia intensa programação cultural nas dependências da sede social, com noites dançantes, sessões cinematográficas, representações teatrais, apresentações musicais, chás beneficentes, entre outras atividades escolhidas ao sabor da moda.

Assim como sempre foi nos diferentes campos em que atuava, Schmidt marcaria presença na história do clube. Era um antigo sonho de alguns sócios do Botafogo de Regatas, bem como de alguns do Botafogo Football, fundir os dois em um só clube, pois, além do nome, compartilhavam do mesmo amor pelo esporte. A oportunidade de fusão surgiria durante a partida final do Campeonato Carioca de Basquete, em 12 de junho de 1942, quando o

Botafogo de Regatas e o Botafogo Football disputavam o título de campeão. Havia anos que os dois times vinham liderando a tabela de basquete estadual, revezando-se nos primeiros lugares. O Football liderava a partida por 23 X 21, quando um de seus jogadores, Armando Albano, desmaiou na quadra e morreu, vitimado por uma síncope. Jogo suspenso, os dois times compareceriam em peso ao velório, quando Augusto Frederico Schmidt, emocionado, pronunciou algumas palavras:

> E comunico, nesta hora, a Albano que a sua última partida resultou numa nítida vitória. O tempo que resta do jogo interrompido, nossos jogadores não o disputarão mais. Todos eles e nós todos queremos que o jovem lutador desaparecido parta para a grande noite como um vitorioso. E é assim que o saudamos.

Diante do belo gesto do poeta, o presidente do Botafogo Football, Eduardo Trindade, enviou seus agradecimentos, afirmando:

> Nas disputas entre os nossos clubes — o Botafogo de Regatas e o Botafogo de Football — só pode haver um vencedor: o Botafogo![14]

A partir daí, os dois clubes articulariam sua fusão, surgindo o novo Botafogo de Futebol e Regatas, a 8 de dezembro de 1942, tendo Trindade como presidente e Schmidt como vice-presidente, cargo no qual permaneceria até 1945. Durante sua passagem pela administração do clube, o Boletim Interno do Botafogo de Futebol e Regatas dava conta das melhorias realizadas pela diretoria: contínuo esforço na contratação de jogadores para a equipe de futebol e de novos contratados para a equipe técnica, como médicos, entre outros profissionais. Houve grande estímulo a diversas modalidades de esportes, nas quais o clube iria se destacar em campeonatos regionais, nacionais e até internacionais. Entre os esportes, além do futebol e do remo — que trouxeram longa série de títulos e vitórias ao clube —, natação, basquete, vôlei e até mesmo arremesso de disco.

O empresário e o jornalista

Schmidt passaria os anos seguintes mergulhado no trabalho empresarial e jornalístico. Estava mais amadurecido e, depois dos problemas do casamento, diminuíra a vida noturna, procurando ficar mais em casa, em companhia da esposa. Trabalhava intensamente. Por causa da guerra, apareceriam inúmeras oportunidades de negócios para o Brasil, e Schmidt saberia aproveitar cada uma delas.

No início da Segunda Grande Guerra, Getúlio manteve uma postura imparcial, evitando tomar parte no conflito. Sua postura mudaria após o bombardeio de alguns navios brasileiros por submarinos alemães, quando resolve, finalmente, apoiar os Aliados (Estados Unidos, Inglaterra e França). O presidente negociou então um acordo, permitindo a instalação de bases norte-americanas em três cidades das regiões Norte e Nordeste, condicionando, porém, a venda de borracha e minério de ferro — de que os americanos precisavam muito — à devolução das jazidas de ferro de Minas Gerais, pertencentes aos ingleses, e à construção, pelos americanos, da nossa primeira grande siderúrgica, a Companhia Siderúrgica Nacional. A CSN seria instalada em Volta Redonda, cidade do interior fluminense, e permitiria a expansão da industrialização nacional. Ainda seguindo seu ideal de industrialização do país, Getúlio implantaria o Plano Rodoviário Nacional, destinado a criar estradas, visando ao escoamento da produção industrial. No mesmo intuito, o governo criaria inúmeros aeroportos e incrementaria a malha rodoviária do país.

Percebendo a crescente industrialização, crescem as esperanças de Schmidt, que reinveste os próprios lucros na ampliação de seus negócios ou na construção de novos. Sabia antever as oportunidades e por isso investiria nos ramos de borracha, cimento e construção civil. Seu "faro" extraordinário o faria ganhar mais dinheiro do que nunca.

No fim da Segunda Guerra, a popularidade de Getúlio Vargas havia crescido consideravelmente, pois o país se desenvolvera de forma notável. Porém a vitória dos Aliados também ajudou o fortalecimento dos conceitos de democracia e liberdade no seio da população e o conseqüente repúdio à ditadura. Entrava em discussão a legitimidade do governo Vargas, independentemente das controvérsias em torno de sua administração.

As Forças Armadas pressionavam o presidente, pedindo eleições diretas. O *Correio da Manhã* foi o primeiro jornal a romper a censura imposta pelo DIP, iniciando uma série de artigos que se manifestavam contra a ditadura. Schmidt participou ativamente desse momento, apoiando Paulo Bittencourt e escrevendo artigos violentíssimos contra o regime. Novamente via-se às voltas com a questão da ordem e da legalidade democráticas.

Ainda em 1945, Schmidt participaria, como delegado do Distrito Federal (na época, o Rio de Janeiro), do I Congresso Brasileiro de Escritores, realizado em São Paulo. Os anais do congresso seriam um manifesto contra a censura e a ditadura do Estado Novo.

Diante da proximidade do caos, o presidente tentava remediar a situação com uma série de medidas que ficariam conhecidas como a "democratização". Uma carta interessantíssima do capitão Carlos Vergara, secretário direto de Getúlio, datada de fins de 1944, nos dá a visão governista do momento:

Presidente,

O que vou lhe dizer nestas linhas não poderia ser dito completamente de forma clara e completa. Depois das comemorações de 10 de novembro [comemorações do dia da República] ocorreram-me alguns "palpites" que, por descargo de consciência, não devo deixar de trazer ao seu conhecimento. A nossa situação interna não me parece satisfatória do ponto de vista político. Os elementos de agitação não têm cessado de trabalhar, aproveitando as circunstâncias que atravessamos de inquietação generalizada diante das dificuldades atuais e dos imprevistos do futuro, isto é, do que sobrevirá quando terminar a guerra. De uma parte, a paixão política, sob o pretexto de reivindicações eleitorais ou da chamada "legalização dos poderes públicos", acende por todos os cantos focos de excitação facciosa, de que participam os remanescentes extremistas, principalmente os simpatizantes do sovietismo, agora sob a proteção da Rússia vitoriosa; de outra parte, o ambiente de descontentamento das camadas médias e inferiores da sociedade, que vêm suportando de frente as restrições criadas pelo Estado de guerra, a escassez e encarecimento de gêneros de primeira necessidade, racionamento, filas, etc.; e, finalmente, a ação negativa de alguns setores administrativos, confiados a agentes incapazes ou inidôneos, reconhecidos e apontados como tais pela opinião pública — tudo isso concorreu para a situação a que chegamos de mal-estar e desconfiança, alguns aspectos de revolta latente, capaz de explodir sob qualquer pretexto e a qualquer momento. É claro que entram em conta para a criação desse "clima de excitação" fatores de diversas ordens e de origens várias: uns inevitáveis e irremovíveis, porque resultam da subversão profunda e extensa imposta pela conflagração mundial e que só desaparecerão com ela; outros de natureza simplesmente social e política, que a ação firme e bem orientada do poder público pode reduzir a um mínimo de nocividade ou amortecer-lhes os efeitos por processos diretos ou indiretos, através de providências administrativas eficientes e oportunas ou de reajustamento psicológico dos espíritos, vale dizer, da coletividade [...].

Do ponto de vista do secretário de Getúlio:

> Tudo é preferível à pasmaceira, ao mar-morto e à estagnação, que anunciam ou precedem o processo de decomposição no mundo social. [...] Nessas condições, se o presidente desse uma sacudida na árvore governamental, pondo no chão os ramos secos e os frutos podres [...] as Forças Armadas, o povo, os próprios eleitoralistas [...] o aclamariam para continuar democraticamente governando o país [...].[15]

Talvez Carlos Vergara tivesse razão, mas o fato é que Getúlio demorou a tomar as resoluções que o secretário lhe indicava. Sua famosa "democratização" só começou a ser posta em prática no ano seguinte, 1945, e algum dos "aspectos de revolta latente, capaz de explodir sob qualquer pretexto e a qualquer momento", finalmente explodiu sob o pretexto da nomeação de Bejo, irmão de Getúlio, para o cargo de chefe de polícia. Esse cargo era de confiança, vinculado diretamente ao presidente da República. Os ministros militares, liderados pelo general Góis Monteiro, tentaram inutilmente forçar Getúlio a revogar a nomeação. Nesse peculiar episódio da história brasileira, Getúlio Vargas acabou forçado — por seus próprios ministros militares — a "renunciar" ao mandato, a poucos meses da eleição. Escoltado por soldados, foi levado por um avião do Exército ao exílio em seu sítio de São Borja, no interior do Rio Grande do Sul.

Eleições

O novo presidente — José Linhares, presidente do Supremo Tribunal Federal — realizou as tão esperadas eleições livres no dia 2 de dezembro do mesmo ano. Concorreriam o brigadeiro Eduardo Gomes, pela União Democrática Nacional (UDN), partido oposicionista, dos empresários liberais de direita; o general Eurico Gaspar Dutra, pelo Partido Social Democrata (PSD), partido apoiado pelo governo, e Yedo Fiúza, pelo Partido Comunista Brasileiro (PCB), apoiado por Luiz Carlos Prestes. Dutra foi eleito, com o apoio de Getúlio, para o cargo de presidente da República. O próprio Getúlio se elegeria senador, com mais de 1 milhão de votos.

Mais confiante do que nunca, Schmidt decidiu se candidatar a uma vaga na Câmara dos Deputados. Acreditava reunir as condições ideais para ser um representante do povo: começara a vida como caixeiro e sabia das dificuldades da classe trabalhadora; conseguira vencer por seus próprios méritos; era reconhecido como poeta; era casado, católico, honesto, culto e bem-intencionado. O que mais se poderia exigir de um candidato?

Iludido pelos colegas de partido, acreditava que venceria o pleito com facilidade. Ainda assim, não poupou esforços — nem dinheiro — em sua campanha.

A realidade se mostraria bem diferente das expectativas do poeta. Abertas as urnas, uma grande decepção poria fim às pretensões políticas de Schmidt. Prometeu que nunca mais concorreria a nenhum cargo público, promessa que cumpriria cabalmente até o fim da vida. Desiludido da política, resolve dedicar-se, única e exclusivamente, a sua família, aos negócios e à literatura. Felizmente isso não seria possível.

ORQUIMA

Em 1946, Schmidt se envolveria em um negócio que se tornaria sua "menina-dos-olhos". A empresa era a Orquima, fundada em 1942 por imigrantes europeus, na maioria químicos, que, fugidos da guerra, haviam fincado raízes no Brasil. Liderados por Paulo Assunção, empresário amigo de Schmidt, fundariam a nova indústria, iniciando-se em várias atividades, sendo a principal delas a produção de cafeína. Quando a Orquima foi inaugurada, o Brasil era grande importador de cafeína, passando em pouco tempo ao status de maior exportador do mundo, utilizando matéria-prima genuinamente brasileira, a torta de cacau. Também desenvolveram um método inteiramente novo para fabricar fios de náilon a partir da mamona, abundante no país. O náilon, muito procurado durante a guerra, era utilizado na fabricação de cordas e pára-quedas. Ao iniciar as atividades, a Orquima contratou e treinou levas de técnicos e químicos, tornando-se um verdadeiro centro de formação de profissionais no país. A guerra a beneficiaria, pois os principais líderes da produção de cafeína, na maioria países europeus, ficaram impossibilitados de produzi-la. As multinacionais estrangeiras, inconformadas, prontamente iniciaram uma campanha de difamação da indústria brasileira, o que, felizmente, não teve maiores repercussões internacionais. Porém, com o fim da guerra, os países europeus reativam suas produções, voltando com carga total, e a Alemanha começa a produzir cafeína sintética. A diretoria da Orquima viu-se forçada a diversificar, buscando novas oportunidades, novos nichos de mercado que pudessem ser explorados.

Depois da destruição de Hiroshima e Nagasaki pela "bomba atômica", a comunidade científica internacional discutia ansiosamente a nova forma de energia e seus possíveis usos. Nessa época, Schmidt visitou a Société de Terres Rares (Sociedade de Terras

Raras), em Paris, juntamente com o dr. Kurt Weil, diretor da Orquima. O próprio Schmidt narraria esta passagem, quase uma década depois, para a Comissão Parlamentar de Inquérito (CPI) na Câmara dos Deputados:

> Um dia o Dr. Weil e eu, em Paris, entramos em contato com Josef Blumenfeld, um dos fundadores da Sociedade [...]. Solicitaram-nos que primeiro obtivéssemos a exportação de areias monazíticas para as atividades industriais deles. Respondemos, já naquela ocasião visando o interesse do Brasil, que a aplicação do trabalho desses técnicos como industriais deveria ser feita aqui e começamos a trabalhar.
> Depois, o Conselho de Segurança Nacional, consultado sobre a possibilidade da exportação de areias monazíticas, o Conselho de Minas e Metalurgia nos incitaram, nos convidaram a fazer aqui a indústria. [...] O Dr. Krumohlz [outro membro da diretoria da Orquima] e seus companheiros eram homens de formação, capazes, químicos especializados, estudaram o problema e puderam deixar a química orgânica e passar à química mineral. [...]
> Isso levou algum tempo, mas eles não só exerceram suas atividades como transformaram a Orquima numa espécie de escola de química.[16]

De volta ao Brasil, Schmidt consultou o Conselho de Segurança Nacional sobre a possibilidade de exportação das areias monazíticas. Foi surpreendido, algumas semanas depois, com uma carta do general Alcio Souto, do Conselho de Minas e Metalurgia, convidando-os a instalarem no país uma indústria com tal finalidade. Num período de dois anos, a Orquima se estruturou, construindo um equipamento — inteiramente nacional — que satisfazia às novas necessidades. Em 1948, a empresa iniciou a extração de tório e cério das areias monazíticas de Itabapoana, no litoral do Rio de

Janeiro. O principal produto industrializado era o cloreto de cério, que, entre outras funções, era utilizado na fabricação de pedras de isqueiro. O óxido de tório, subproduto da industrialização do cloreto de cério, era usado para fazer camisas fluorescentes, mas estava sem mercado desde o fim da iluminação a gás, apesar de especulações de que no futuro seria um excelente combustível nuclear.

Em seus três primeiros anos de atividades com areias monazíticas, a Orquima teve pouquíssimos pedidos de exportação, sendo a maioria feita pela Société de Terres Rares, para fins de pesquisa. A legislação em vigor permitia a exportação de areias monazíticas e nem sequer falava de minerais atômicos — assunto muito novo no cenário internacional. Ainda assim, a Orquima se recusava a vender as areias monazíticas *in natura*; ao contrário, defendia que somente o produto industrializado deveria ser exportado. A extração de minérios das areias do litoral fluminense seria o começo dos problemas de uma das primeiras indústrias químicas brasileiras.

Lembranças de um Carnaval distante

O ano de 1946 traria outro acontecimento marcante para Schmidt, dessa vez no âmbito familiar. Tia Tetéia faleceria no dia 18 de abril, data do aniversário de quarenta anos do sobrinho-neto, para seu enorme desgosto. Naquela noite, Schmidt deveria ser homenageado com um jantar no restaurante do Jockey Club, marcado com semanas de antecedência. A notícia da morte de Tetéia impossibilitou-lhe qualquer comemoração. Dirigiu-se rapidamente para a antiga casinha da rua Hilário de Gouveia, onde Magdalena já o aguardava. A surpresa maior ainda estava por vir, minutos depois. Preparando o corpo da tia para a longa viagem, Magdalena descobriu, embaixo de seu travesseiro de moribunda, um pacote cuidadosamente embrulhado em papel de seda. Dentro, havia uma velha fantasia de alpinista, que fora de Schmidt. Tetéia havia guardado aquela fantasia — uma recordação — com o maior cuidado do mundo, por mais de trinta anos. Somente naquele momento Schmidt percebeu o tamanho do amor que a velha tia sentira por ele. A fantasia, um tanto desbotada, trazia à tona uma antiga história de Carnaval, que Schmidt se apressou a colocar no papel, em forma de prosa cheia de saudade:

A FANTASIA DE ALPINISTA

Vestiu-me de alpinista, a minha tia Tetéia: calça de cetim preto e um coletinho verde; na cabeça um chapéu enfeitado com penas, também verdes. A fantasia era uma idéia sua.

Poucos dias antes desse Carnaval (de 1910), fora eu mordido por um grande cão, o Paraíba, que por sinal já andava meio triste e esquisito, quando me atacou; por isso mesmo tive de submeter-me a uma série de injeções preventivas, no Instituto Pasteur. [...]

Quando o Carnaval chegou, caí doente, talvez devido à reação a tantas injeções anti-rábicas: cheguei a ter febre de quarenta graus... [...]

Minha tia era anticarnavalesca por excelência, gabava-se mesmo de jamais haver tomado parte em nenhuma folia, nenhum entrudo, nem mesmo quando mocinha; trancava-se nesses dias em que Momo reinava por toda parte, acendia as lamparinas dos santos e rezava sem parar. [...]

Só hoje avalio, reconhecendo-a tão infensa aos folguedos carnavalescos, o que representou de amor e sacrifício por mim a sua colaboração para que eu tivesse a minha fantasia de alpinista, nesse ano de 1910 que foi o do meu Carnaval doente. Na tarde de domingo saíram todos — meus pais, meus avós, as duas irmãs pequeninas — todos foram fazer o corso. É verdade que eu estava apenas meio jururu, abatido pela febre que só me atacaria à noitinha; a tomar conta de mim, ficaram apenas minha tia e uma empregada. E eu, vestido de alpinista, de apito na boca, não saí dos meus domínios que era o quarto de dormir. [...] O que se guardou, porém, mais fundamente em minha memória foi a imagem de minha tia, em sua cadeira de balanço, os olhos azuis muito pálidos, cabelos já grisalhos, rosário na mão. Do Carnaval, que reinava ruidoso no centro da cidade e insinuava-se não sem barulho por toda parte, o único sinal presente era a minha fantasia [...]. Mesmo quando o febrão voltou com os seus fogos, não consenti que me despojassem da alegre indumentária, que só conseguiram tirar-me quando caí no sono [...]

Contemplando-lhe o corpo vestido para a viagem, sobre os ombros frágeis o xale preto com que costumava sair para a igreja, logo a deixei onde estava e fugi para o domingo carnavalesco remoto [...].[17]

Para o poeta, a morte de Tetéia pesava como chumbo em sua alma, em seu "cemitério espiritual". A partida de um ser tão querido, tão presente, ressuscitaria dores de outras despedidas. No momento, a ausência da tia era uma carga que lhe oprimia o coração. Sentia com força maior — se isto era possível — a solidão dos seres.

Mesmo envolvido em inúmeras atividades, Schmidt nunca deixara de falar com Tetéia diariamente. A tia ligava muitas vezes ao sobrinho, ora solicitando emprego para um de seus protegidos, ora assistência para outro, e assim por diante. Ligava também para dar conselhos: "Augusto, tome cuidado... Não esqueça seu guarda-chuva". Até os últimos dias continuou administrando seu "centro de caridade pessoal", de dentro de casa.

Durante várias semanas, a tristeza se apossava subitamente de sua alma, mesmo em meio a uma reunião de negócios, ou a uma conversa informal com amigos. Fugindo da sensação de desamparo, que o fazia se sentir órfão novamente, o poeta-industrial viajou várias vezes com Yêda. De cada viagem, traria muitos versos e pequenas anotações, lembranças para um livro de prosa, que já tomava vulto em seu espírito.

CIVILIZAÇÃO

O fim da guerra permitiu a retomada das viagens ao antigo continente europeu. Schmidt, bem mais tranqüilo com suas finanças, podia realizar o antigo sonho de rever locais que sorrateiramente, e com uma freqüência um tanto indesejável, voltavam-lhe à memória. Organizou os negócios de forma que pudesse despender algum tempo longe de tudo e acompanhado por Yêda foi à Europa, à América do Norte, à Ásia.

De Bali, na Indonésia, o casal traria um filhote de galo. Era uma ave de penas brancas e crista vermelha, igual à que o poeta vira aquela única vez na Lapa, com Ovalle. A partir de então, criaria o animal dentro de um cubículo envidraçado, em seu apartamento na rua Paula Freitas, para escândalo dos vizinhos. E o galo cantava, todos os dias, antes da alvorada chegar. Yêda o chamava de *coq* e não se incomodava com o bicho — belíssimo, por sinal — dentro do apartamento, tamanha era a satisfação do marido. O "galo branco" se tornou um símbolo, verdadeiro fetiche, servindo de inspiração para prosa e poesia.

Nas viagens, Schmidt procurava conciliar todas as inclinações; além de procurar escritores que admirava, divertia-se muito com a esposa, ora visitando museus, ora freqüentando concertos, teatros e óperas, ora esquiando na neve, atividade que Yêda amava, ora jantando em restaurantes caros. Se acaso Schmidt fosse encontrar escritores que admirava, ou tratar de negócios, Yêda aproveitava para procurar algum lugar calmo e ler, ou fazer compras nas lojas mais sofisticadas. Jayme de Barros, antigo amigo, poeta e embaixador do Brasil, em seu livro de memórias, falando de Schmidt, relata sua eterna sede de cultura:

> Augusto Frederico Schmidt, companheiro e amigo de todas as horas, chegara a Paris e ia buscar-me à tarde, no consulado, para passearmos juntos. Sempre interessado em livros e obras de arte, entramos em uma livraria especializada em obras raras e de alto preço, na rue de Seine. Schmidt era especialista na descoberta de criaturas singulares. Anacréon, já começamos pelo nome, parecia uma figura saída de um desses romances picarescos comuns na literatura francesa. Pequenino, gestos e atitudes esquisitas, a voz fina e cantante, agitado e nervoso, gesticulava, ria e falava sem parar. Eletrizado, movia-se entre as altas estantes, mostrava livros preciosos, mencionando cifras astronômicas, que nos deixavam perplexos. Nem sabíamos que havia livros por tal preço. Schmidt não se animava a comprar nenhum. Brincava com Anacréon, dirigindo-lhe frases maliciosas que o faziam gesticular e rir ainda mais.[18]

Schmidt estava sempre atento a tudo o que acontecia à sua volta; observava os mínimos detalhes e depois se inspirava nos acontecimentos mais comuns para escrever ou tirar impressões da vida e dos negócios. Seu "tino comercial" era ainda mais incrível do que seu "faro editorial".

Profundo conhecedor da literatura européia e eterno apaixonado pela poesia de Péguy, Schmidt aproveitou uma longa temporada em Paris para freqüentar algumas reuniões da Sociedade de Amigos de Charles Péguy. Lá, travaria conhecimento com Albert Béguin e Daniel Halévy, outro famoso poeta francês, ambos profundos conhecedores e admiradores da obra de Péguy. Em 1952, Béguin viria ao Rio e seria ciceroneado pelo poeta brasileiro, que também se tornaria amigo íntimo da família Mauriac, recebendo Claude Mauriac em suas viagens à Cidade Maravilhosa.

Schmidt era considerado pelos amigos estrangeiros um anfitrião encantador; não só por lhes mostrar as belezas naturais da cidade, mas principalmente pela cultura e generosidade que possuía. As viagens, cidades e pessoas que conhecera tornaram-se assunto de suas colunas nos jornais. Sobre a ânsia em conhecer seus ídolos, escreveria:

> Dominava-me àquela época, uma furiosa mania literária. Sonhava com livrarias e escritores. Procurava contatos, e os obtinha, com os grandes nomes das letras francesas. Sentia-me feliz em almoçar com Claudel, em visitar Mauriac na redação do *Figaro*, em viajar até Vichy para conhecer Valery Larbaud, em ver Colette já octogenária, com uma fita nos cabelos, no seu apartamento no Palais Royal, em assistir a Léon-Paul Fargue, hemiplégico, tomar a sua massagem. Tornei-me conhecido, onde quer que houvesse livros.[19]

O escritor Josué Montello falaria em artigo para o *Jornal do Brasil* da relação entre Schmidt e Mauriac, anos após a morte do poeta brasileiro:

> Em relação a Augusto Frederico Schmidt, tive recentemente uma surpresa, ao ler o longo diário de Mauriac, *Le Temps immobile* (Grasset, Paris, 1977). Logo às primeiras páginas do livro, quem é que encontro? O nosso poeta — vivo, loquaz, veemente. Sim, o nosso querido Schmidt, tal como o conheci — com o mesmo riso largo, o mesmo interesse pelos problemas universais, a mesma capacidade de comunicação efusiva. [...]

Claude Mauriac diz-nos no seu diário que Schmidt conhecia mais que ele a moderna literatura francesa [...]. Schmidt, em pouco tempo, é íntimo da família Mauriac [...]

André Maurois guardou-lhe a imagem no capítulo Intermezzo, da segunda metade de suas memórias, quando recorda de uma de suas viagens ao Rio de Janeiro. Por sinal que estropia o nome das duas pessoas que fidalgamente o acolheram: Rodrigo Otávio, que o saudou na Academia, e que aparece como Roderigo Ottavio e Schmidt, que comparece como Federico Schmidt. Deste último diz apenas "um poeta maciço e encantador, Federico Schmidt, que me diz rindo: 'Eu sou o Barnabooth de Valéry Larbaud', se fez meu guia e me mostrou o Brasil".

Novo trecho de *Les Temps immobile*, volve Mauriac a fixar a figura de Augusto Frederico Schmidt, quando este torna a encontrar-se com o romancista de *Genetrix*, que chega cansado e desanimado, à casa de um amigo comum, a queixar-se da vida, queixar-se dos homens, a queixar-se da França.

E logo Schmidt toma a palavra, com seu vozeirão persuasivo:

— O senhor não está falando da França...

E ante a resposta afirmativa de François Mauriac, nosso Schmidt lança este argumento: não está ali como poeta — mas como industrial, e para citar fatos, que se opõem às desesperanças do romancista. E é todo um hino à França, aos seus cientistas, aos seus técnicos, aos seus inventores, aos seus operários, aos seus heróis, que Schmidt entoa, numa voz tenaz (o adjetivo é de Mauriac), até calar o velho escritor.[20]

Após longa temporada em Portugal, Yêda convenceu-se de que gostava era mesmo de Paris. Pedia ao marido, insistentemente, que se mudassem para lá, mas Schmidt se negava a deixar o Brasil, convencido, por sua vez, de que seria capaz de colaborar para o engrandecimento da nação. Começariam então os primeiros desentendimentos do casal. Yêda não compreendia o comprometimento de Schmidt com os rumos do país e, mais do que isso, sentia que o marido teria enormes decepções na política. Acostumada a ter todos os pequenos caprichos satisfeitos, brigava com Schmidt, mas este mantinha-se irredutível. Não conseguindo convencê-lo a deixar o Brasil, Yêda concordou em comprar um pequeno apartamento em Paris, onde poderiam ao menos passar longas temporadas, confortavelmente instalados. Assim acertados, voltaram às boas.

Governo Dutra

O início do governo do general Eurico Gaspar Dutra daria outros rumos ao país. Getúlio Vargas, seu antecessor, beneficiando-se das excepcionais oportunidades econômicas que surgiram durante a guerra, havia liquidado nossa dívida externa. Conseguira reverter o saldo da balança comercial, exportando como nunca e não importando nada. A indústria, assim como toda a nação, foi largamente beneficiada nesse período. De devedores, passamos a credores da Inglaterra, fato inédito em toda a história da nação brasileira.

Os ingleses, por sua vez, declararam uma espécie de "moratória disfarçada", na qual afirmavam que deviam sim, e pagariam quando pudessem. Seguiram-se meses e meses de longas negociações internacionais. A declaração do ministro da Fazenda, Correa e Castro, dá uma boa idéia da ideologia do novo governo:

> É da essência da economia latino-americana, e o Brasil está integrado neste conjunto, certa concentração de esforços na exportação de matérias-primas e de gêneros alimentícios, bem como na importa-

ção de ampla variedade de artigos manufaturados e de comestíveis industrializados.[21]

Como sempre o povo não perdoa, e o sucesso do Carnaval era a marchinha "O cordão dos puxa-sacos" (cada vez aumenta mais...). O governo Dutra se mostraria coerente na prática: promulgaria várias leis de apoio às empresas estrangeiras, em detrimento das nacionais. Entre elas, a liberação da importação de inúmeros produtos, um golpe duro para os industriais brasileiros. Schmidt, paladino do desenvolvimento e defensor da indústria brasileira, denunciaria uma dessas "negociatas" em sua coluna no *Correio da Manhã*:

> Há poucos dias, na tribuna do Senado, o sr. Arthur Santos expunha [...] o caso da indústria de madeira compensada que o Ministério da Fazenda procura misteriosamente estrangular, favorecendo, ao mesmo tempo, a exportação para a Argentina da matéria-prima dessa indústria (madeira em toras) e proibindo a exportação dos produtos brasileiros, em certas ocasiões. [...]
> O caso da indústria da madeira compensada é um dos numerosos indícios da surda campanha pelo empobrecimento brasileiro. [...]
> Um país não pode viver como vamos vivendo. Lutar contra o comunismo não é, em si mesmo, uma finalidade, mas uma circunstância e um acidente. Há, dominando e destruindo o governo do probo e patriótico Gaspar Dutra, um tal primado da incompetência, do descaso, da falta de sentido construtivo, uma ausência tão grande de instinto do que ao Brasil convém, que não é possível evitar, se as coisas continuarem como estão, se o ambiente não se renovar, um colapso terrível. A crise vai se agravando dia a dia.[22]

MAIS LITERATURA

A essa altura, Schmidt tinha muitos inimigos, apesar de jamais, em toda a sua vida, ter agredido ou prejudicado alguém deliberadamente. É certo que o tom e o teor de alguns de seus artigos não agradavam a todas as parcelas da sociedade, muito longe disso. E o poeta-jornalista seguia os princípios que havia aprendido com a família, de amor à verdade, à justiça, ao respeito pelo ser humano. Procurava ajudar todos que passavam por seu caminho. Tinha uma compaixão especial pelos mais pobres, pois conhecera de perto as agruras da falta de recursos. Seu coração generoso o faria seguir, a seu modo, a lição de tia Tetéia, atendendo a dezenas de pedidos todos os dias. Precisou até providenciar um escritório especialmente para tratar dos interesses daqueles a quem ajudava, pois tornara-se impraticável receber tamanha romaria em casa. Com isso, dava mais liberdade à esposa. Deixava para receber em casa apenas os mais chegados — o que já não era pouco.

Schmidt não só atendia às solicitações de emprego — tia Tetéia era uma das que sempre pediam ao sobrinho para colocar alguém — como ainda concedia verbas para instituições de caridade, contribuições para clubes e agremiações, entre outras providências de cunho financeiro.

Também muitos poetas novos, e até mesmo escritores já com alguma fama, pediam ao poeta recomendações à sua obra. Segundo Ruy Castro, o próprio Nelson Rodrigues, encontrando enorme dificuldade para encenar sua mais nova criação, *Vestido de noiva*, havia pedido a Schmidt, dentre outros intelectuais de sucesso, uma crítica. *O anjo pornográfico* ganhou do poeta um significativo bilhete, posteriormente utilizado: "É mais que uma peça. É um processo e uma revolução".[23]

Dono de enorme prestígio no meio literário, Schmidt almoçava quase diariamente na famosa confeitaria Colombo, com um grupo de jornalistas de peso: Nelson Rodrigues, Prudente de Moraes Neto, Otto Lara Resende, Carlos Castello Branco, Otto Maria Carpeaux, Pompeu de Souza, Paulo Mendes Campos (então crítico de teatro) e San Thiago Dantas. Andava sempre bem informado de tudo que acontecia no país. A amizade com profissionais de diversos jornais se prolongaria indefinidamente, fazendo com que Schmidt se tornasse conhecido por sua enorme "rede de informações", que se estendia a todos os órgãos do governo. Uma vez amigo de Roberto Marinho, falavam-se diariamente, trocando informações. Tinha amigos nas mais diferentes esferas da sociedade. Essa "teia de informantes" lhe possibilitava uma boa base para enxergar oportunidades de empreendimentos, antecipando-se à concorrência com astúcia e visão. Seus negócios expandiam-se cada vez mais, como uma verdadeira bola-de-neve. Porém a personalidade de homem de negócios viajado e conceituado nunca suplantaria o lado poeta, o mais ingênuo, como nos registraria Cláudio Lacombe, seu amigo de infância:

> Um dia, como diretor de uma companhia, Schmidt teve uma reunião com vários advogados, para discutir os planos de lançamento de um novo produto. Após a reunião, um dos advogados se dirigiu ao escritório de uma companhia concorrente e ofereceu os planos discutidos há pouco. Por acaso, o diretor desta companhia era amigo de Schmidt e telefonou para ele contando tudo. Schmidt, feito uma fera, manda chamar o advogado traidor e, furioso mesmo, pergunta: "Por que você me traiu?". Resposta: "Foi o demônio".
>
> Schmidt se esqueceu totalmente da companhia, e passou duas horas tentando descobrir como o demônio tinha se apossado da alma do seu advogado.[24]

A verdade é que tamanho prestígio, associado a boatos desencontrados e inverídicos sobre o montante de sua fortuna, não esquecendo o reconhecimento literário e um excelente casamento, era, de fato, motivo suficiente para atrair invejosos. Fariam tudo para derrubá-lo. Felizmente Schmidt era bom de briga e possuía amigos leais. Com sua generosidade, tentava compreender e perdoar:

> Piedade pelos maus, pelas almas devoradas de inveja, pelas almas duras, pelos que conhecem a tristeza da consciência insensível e sentem a inconfessada e viva repugnância de si mesmos.
>
> Piedade pelos que não se conformam com o que o mundo lhes deu e vivem a revolta cotidiana. Piedade pelos que sentem a necessidade de destruir e torturar os seus semelhantes e nisso apenas encontram consolo e reparação.
>
> Piedade pelos que não podem voltar à infância e são homens, adultos, acabados, irretratáveis.[25]

Em 1948, Schmidt lançaria o primeiro livro de memórias *O galo branco*, recheado de lembranças da primeira infância e juventude, de familiares e velhos conhecidos. Em sua prosa, exercitada por anos em artigos de jornais, voltaria a tentar exorcizar seus fantasmas. Fala de seus sentimentos, de pequenos acontecimentos, de momentos do mundo. São anotações como as de um diário de impressões, idéias que jorram de sua mente:

> A piedade para com os animais, o amor aos animais. É possível conhecer um homem, uma natureza, um coração, pela maneira de sentir os animais.
>
> Que parecem alguns deles dotados de alma é impossível duvidar. Olham-nos, às vezes, os cães de maneira que nos assustam pelo que há de compreensão e julgamento nos seus olhares. E de bondade

também, de uma bondade extraordinária que nos penetra insensivelmente.[26]

Nada para mim é mais triste do que o sofrimento de um animal. [...]

Vontade de mudar de nome, de cidade, de vida. Vontade de ser totalmente desconhecido, de existir apenas em silêncio. Vontade de uma profissão modesta, de residir num bairro distante, numa casa humilde, com um pequeno jardim de uma só roseira. Vontade de estar abrigado das invejas, dos julgamentos fáceis. Vontade de não ter amigos nem inimigos, de não ser louvado, de não ser discutido. Vontade de morrer sem notícia nos jornais e de ter um pequeno enterro. Vontade de ser chorado por um só coração fiel, por um só coração longamente chorado.[27]

[...]

Estranha disposição para escrever, para fixar as minhas impressões da vida e dos seres. A pena desliza rápida sobre o papel, sem nenhuma hesitação. Dêem-me um assunto qualquer e discorrerei sem demora sobre ele. Sinto-me capaz de falar da guerra, da morte, da vida, de uma das gardênias que estou vendo a envelhecer num copo, mas que ainda conservam a brancura ideal [...] ou capaz de todos os exercícios literários neste momento. Nunca me senti tão escritor e tão ágil como hoje, nesta hora. No entanto, faz pouco, estava irresoluto, e julgava-me mais pesado que nunca. Procurava distrair-me e sentia em volta o meu grande tédio de tudo. Que alma, a minha alma! Como varia todas as horas, como é mutável à ação do que vem de fora, do que se passa perto de mim, e do que acontece longe e atua e influi e decide o tempo em mim![28]

Uma das passagens mais marcantes de O Galo Branco seria a introdução, onde Schmidt explica o mito do galo:

És, meu Galo Branco, uma sentinela, uma candeia no escuro, e a tua voz queima. Estás em guarda contra as falsificações que se instalam e crescem em nós. De repente, cantas fora das horas de cantar; no escuro a tua voz protesta e treme indignada. Inutilmente buscamos nos céus a justificação da aurora. Procuramos explicar o teu canto, mas sentimos apenas que nos perturbaste, porque acusas a presença do mal — com a pontualidade e o rigor da nossa consciência. Quantos não suspendem a negação e não choram como Pedro ao ouvir o teu grito de guerra! Quantos não sentem o sabor desconhecido das lágrimas, quantos não tentam fugir do destino, Galo Branco, quando cantas, quando a tua voz atravessa a noite como uma espada!

Por que não canta o Galo Branco, por que não o ouço cantar, se a antemanhã já chegou? É preciso que o acordem para que o seu canto suba aos céus ainda indecisos. É preciso que o acordem ao meu Galo Branco, tão exato em me avisar e assistir. Ele deve estar cego, para não despertar logo. É possível que esteja cego. Desçam, e acordem o meu Galo Branco, e que domine os ares a sua voz viril! [...]

Despertem o meu Galo Branco, pois o sono do Galo Branco é o meu próprio sono e a sua morte será a minha morte.

Despertem o meu Galo Branco: ele está certamente cego, mas a voz ainda vive na sua garganta como o fogo no fundo das cinzas.

Acordem o meu Galo Branco; do contrário não poderei sair deste silêncio, do contrário adormecerei, e a minha cabeça cansada cairá sobre o silêncio e será levada para o abismo, para o nunca mais e para a morte.

JORNAL DE LETRAS

Em meados de 1949, eis que os irmãos Condé, jornalistas e literatos, surgem com a idéia de fundar um jornal literário, um mensário de arte e cultura. João Condé era o famoso autor da coluna "Arquivos Implacáveis", no suplemento literário do jornal *A Manhã*. Seus artigos, de enorme popularidade, eram dedicados a entrevistar intelectuais, artistas, autores e poetas bem-sucedidos. Tinha extremo poder de organização e guardava poemas e textos inéditos de seus muitos amigos, vasto material sobre escritores, poetas, artistas, intelectuais e outros, entre fotos, recortes, cartas e bilhetes, tendo seu arquivo pessoal alcançado enorme fama. Entre estes documentos, centenas de originais de Schmidt, que o próprio Condé recolhia na cesta de lixo do escritório do poeta, ao longo de anos de amizade. Após a morte do amigo, o famoso arquivista gostava de contar o seguinte episódio, que expressa tão bem a dualidade do poeta:

> Fomos passar o dia em Teresópolis — Schmidt gostava muito de jogar roleta — e na volta, descendo a estrada de automóvel, ele lembrou-se de uma parenta que estava muito mal, e morava por lá. Ele virou-se para o chofer e pediu que esperasse um pouco enquanto visitava a parenta. Daí a uns quinze minutos, voltou ao carro aos soluços, amparado pelo marido da enferma. Chorando, abraçou-se comigo. Nisso, o carro vai andando e ele pediu ao chofer que ligasse o rádio. Era época de carnaval e estava tocando "Nós, os carecas". Schmidt veio cantando até o rio, esquecido da parenta, de morte, de tudo.[29]

Os irmãos Condé conseguiram reunir uma seleção e tanto para os quadros do novo jornal: Di Cavalcanti, Pancetti e Santa Rosa eram os ilustradores; Schmidt, Álvaro Lins, Carlos Drummond, José Lins do Rêgo e Manuel Bandeira formavam o (pasmem só) "conselho fiscal"; Ledo Ivo e Willy Lewin eram redatores; e Acioli Neto fazia a crítica de teatro. Entre os colaboradores esporádicos: Cornélio Pena, Gilberto Freyre, Ciro dos Anjos, Aníbal Machado,

Tristão de Athayde, Graciliano Ramos, Rachel de Queiroz, Luís Viana Filho, Paulo Rónai, Brito Broca, entre outros.

Com essa equipe, o *Jornal de Letras* só podia dar bons frutos, e marcaria época, não só devido ao efetivo valor literário, que posteriormente seria utilizado como fonte para inúmeros críticos e historiadores, como também à qualidade superior do projeto gráfico e do material de impressão.

Um dos primeiros incentivadores do jornal, Schmidt conseguiria um "patrocínio" importantíssimo da Orquima, que permitiria seu lançamento.

Condenado a escrever

Em 1949, foi editado *Fonte invisível*, proclamado pela crítica como seu melhor livro de poesias. Homem maduro, poeta experiente, Schmidt reafirma seus temas universais e o estilo de escrita que iria marcar as novas gerações:

Fonte invisível

Ouço uma fonte
É uma fonte noturna
Jorrando.
É uma fonte perdida
No frio.

É uma fonte invisível.
É um soluço incessante,
Molhado, cantando.

É uma voz lívida.
É uma voz caindo
Na noite densa
E áspera

É uma voz que não chama.
É uma voz nua.
É uma voz fria.
É uma voz sozinha.

É a mesma voz.
É a mesma queixa.
É a mesma angústia.
Sempre inconsolável.

É uma fonte invisível,
Ferindo o silêncio,
Gelada jorrando,
Perdida na noite.
É a vida caindo
No tempo![30]

Os versos de abertura de *Fonte invisível* iriam inspirar o poeta Carlos Drummond de Andrade, que publicaria um artigo sobre Schmidt, anos após sua morte:

> O melhor Schmidt jorra de uma fonte invisível, oculta no ponto em que o poeta alcança finalmente farto exercício com as palavras, e aí o etéreo substitui o compacto. Divisamos então a estrela solitária, que não é só um título, mas a figura mesma de sua poesia, tão alta e distante dos cuidados terrestres a que o poeta se entregava, na contin-

gência de ser dois na Terra, o homem que agia e o homem que sonhava. Essa fonte, dediquei-lhe há muitos anos num verso de circunstância, que me apraz lembrar aqui, por minha vez em grata repetição:

> Fui à fonte de Schmidt
> beber água, lá fiquei.
> Quedava bem no limite
> do reino de onde-não-sei.
>
> Na sua linfa sensível,
> água da mais pura lei,
> brilhava o raio invisível
> do amor. Como esquecerei?[31]

Drummond ainda escreveria uma sensível quadra, versos póstumos, dedicada ao poeta de *Mar desconhecido*:

AUGUSTO FREDERICO SCHMIDT, DEZ ANOS DEPOIS

> Veleja o Poeta em mar desconhecido?
> Bebe de novo em fonte invisível?
> Schmidt inquieto, nunca adormecido,
> Brinca talvez na linha do horizonte.[32]

O velho amigo Jayme de Barros também registrou a evolução do novo livro:

Pode-se observar acentuada evolução da poesia de Schmidt em *Estrela solitária*, onde os transbordamentos incontidos, o pródigo desperdiçar das palavras, o tumulto de idéias cedem lugar a formas definitivas de expressão. Desaparecem os sentimentos metafísicos, o estilo mais claro expande-se num sentimento viril:

> Seios túmidos, reais, seios mórbidos, pequenos,
> Seios de sol e espuma, amargos infinitos
> Seios para os grandes saltos solitários![33]

Eclético

Os anos seguintes serão de intensa produção para o nosso poeta-jornalista-empresário, em todas as frentes de atuação, e mais algumas que ainda ia descobrir. No fim do governo Dutra, Schmidt utilizaria sua coluna no jornal para analisar acontecimentos que a sociedade discutia; as relações internacionais do Brasil com a Inglaterra e, principalmente, com os Estados Unidos seriam alguns dos assuntos de maior enfoque. Suas justas preocupações com os rumos do país tornavam-se, em muitos casos, proféticas. Sua inteligência e cultura privilegiadas aliavam-se ao manancial de informações que Schmidt recebia das mais diversas áreas, dando-lhe a capacidade de prever os acontecimentos futuros de uma forma que assombrava os amigos mais chegados. Um pequeno exemplo, ínfimo diante de seus proverbiais *insights*, seria este, sobre o desenrolar da dívida da Inglaterra com o Brasil, quando em uma de suas crônicas alerta quanto ao futuro prejuízo:

> É preciso, enquanto é tempo, prevenir aos que lidam com os interesses da economia brasileira para o que certamente vai acontecer com os nossos congelados na Inglaterra e em outros países da Europa [...] Enquanto é tempo, é preciso salvar a nossa herança e não trocá-la por um prato de lentilhas, sacrificando tudo mais uma vez [...][34]

A atualidade de muitos dos temas tratados ainda incomoda quem os lê hoje, como, por exemplo, quando trata do aumento da remuneração dos deputados federais:

> Enganam-se os que imaginam e cuidam que diante do eleitorado diminua a cotação dos deputados que se batem pelo aumento do próprio subsídio, isso contra a letra expressa da Constituição, letra e naturalmente espírito. Veremos que, por entre aplausos, serão reeleitos, na próxima legislatura, os principais autores dessa façanha que é dispensável classificar.[35]

E ainda quando o presidente Dutra visita seu colega, o presidente Trumann, em busca de um empréstimo:

> Só há duas formas de recebermos dólares: ou por negócios que os norte-americanos queiram fazer por aqui, ou por pressão de uma guerra próxima em que lhes possamos prestar auxílio passivo mas eficiente. [...] De resto, não há fórmula ou maneira de nos ser fornecido dinheiro. O dinheiro que poderia nos vir de lá é o dinheiro privado, o dinheiro dos homens da indústria e das empresas particulares, mas por enquanto, e muito por nossa culpa, esse dinheiro prefere hoje a Libéria e regiões assim ao Brasil, que é entre os países considerados não desenvolvidos um dos mais difíceis, um dos mais ressentidos em relação ao capital estrangeiro, considerado aqui necessário e ao mesmo tempo odiado.[36]

O governo Dutra, que teria entre suas medidas mais polêmicas o fechamento dos cassinos e a proibição do jogo do bicho, criou várias "comissões" para estudar os problemas nacionais: uma delas, a Comissão de Investimentos, que tinha, entre suas atribuições, a captação de capital estrangeiro; e a Comissão Mista Brasil–Estados

Unidos, criada com a finalidade de ajudar no desenvolvimento desses países. Para desempenhar bem seu objetivo, trouxe ao país, em 1948, a Missão Abbink, composta por técnicos americanos, responsável por elaborar um relatório com os principais problemas brasileiros. Sobre a missão, Schmidt escreveria:

> Discutamos com Abbink seriamente, não lhe servindo o Brasil como serviram a Salomé a cabeça do Batista, em pratos de ouro. É tempo de termos juízo, de nos respeitarmos, de sabermos conversar com homens de negócio a linguagem do negócio, a linguagem do interesse nacional.[37]

Os técnicos americanos declararam que precisávamos de um bom arrocho salarial, aliado a cortes corajosos no orçamento público, para evitar a tão temida inflação que alarmava a sociedade brasileira, como Schmidt já denunciara nos jornais: "E a vida aumenta, e a vida se torna entre nós cada vez mais cara. E os problemas de transporte e de habitação, e os problemas de toda sorte crescem, se ampliam, caminham para a insolubilidade".[38]

O relatório final da missão, publicado em 1949, condicionava o apoio americano às mudanças na legislação trabalhista, como o fim da estabilidade no emprego. Schmidt, irritado, escreveria:

> Se o país tivesse gente capaz de conversar, de falar serena e polidamente, mas de maneira compreensível, os americanos atenderiam melhor às nossas pretensões. Mas enquanto durar o reino dos incapazes, dos que vão para os postos porque pedem, porque são parentes e amigos dos poderosos, enquanto vivermos nesse mormaço, neste compadrio, nesta melancólica mediocridade, não obteremos sequer que nos entendam, seremos considerados pelos americanos como são considerados os chineses, ou pior ainda.[39]

Mesmo com Schmidt fazendo forte oposição ao governo de Dutra, a diretoria da Orquima foi convidada a integrar a Comissão Atômica da ONU, criada, a pedido dos Estados Uidos, para regular e discutir o uso da energia atômica e suas tecnologias. O encarregado pela comissão seria o comandante Álvaro Alberto, professor de Física da Escola Nacional, que se incumbiu de criar um Conselho de Física Nuclear, surgindo daí o convite à diretoria da Orquima, uma das poucas empresas a tratar do assunto em território brasileiro. Seria a primeira participação oficial de Schmidt no governo.

Gegê volta

O ano de 1950 seria de dificuldades, tanto para o governo como para o povo. Este último, em especial, teria uma grande decepção com a derrota da seleção brasileira para o Uruguai, na final da Copa do Mundo, no Maracanã recém-inaugurado, repleto de torcedores brasileiros.

A humilhante perda do troféu, porém, era insignificante diante do grave problema da seca no Nordeste, que já forçava milhares de famílias a procurar melhores oportunidades nas grandes capitais do país. Sem água, o sertanejo via-se obrigado a deixar sua terra e procurar trabalho em outras paragens. Os retirantes, muitas vezes despreparados para os empregos oferecidos na cidade grande, se amontoariam em favelas, inchando as metrópoles e aumentando, conseqüentemente, a violência urbana. A passagem do tempo só agravaria a situação; inúmeros estudos, planejamentos e propostas de reforma agrária, ao longo de governos posteriores, não trariam solução para o problema crônico, que persiste até nossos dias, transformando o sertão nordestino em um eterno flagelo para sua minguada população, a cada geração mais fraca e subnutrida.

Em dezembro, o general Dutra realizaria eleições diretas para presidente. Getúlio Vargas candidata-se novamente, e o país se divide entre os cidadãos a favor de Getúlio e os contra ele. Carlos Lacerda, seu oposicionista convicto, daria o tom da campanha e da posse, na *Tribuna da Imprensa*: "O senhor Getúlio Vargas, senador, não deve ser candidato à presidência. Candidato, não deve ser eleito. Eleito, não deve tomar posse. Empossado, devemos recorrer à revolução para impedi-lo de governar".[40]

Entretanto, apesar da ferrenha oposição, Gegê (apelido popular de Getúlio Vargas) vence as eleições, pelo voto de quase 50% do eleitorado, retorna consagrado, é devidamente empossado e retoma sua política nacionalista e protecionista. Agora se preocuparia principalmente com duas questões que julgava fundamentais para o desenvolvimento econômico do país: transporte e energia.

De volta ao poder, Getúlio teria alguma dificuldade para restabelecer a ordem econômica. Iniciou uma longa batalha cujo alvo era a ganância do capital estrangeiro, que crescia vertiginosamente no país, e que culminaria com a instituição do monopólio estatal do petróleo e da Lei de Lucros Extraordinários — que regulava a remessa de lucros das multinacionais — e ainda disciplinaria rigidamente as importações, tudo para estimular a indústria nacional. Como resposta, os Estados Unidos acabariam com a Comissão Mista Brasil–Estados Unidos, iniciada no governo Dutra. Pela primeira vez, Schmidt parece acreditar no futuro do país, apesar dos pesares:

> Não vejo razões para pessimismo com relação às atividades essenciais do governo Vargas. Saímos dum período estéril em que a preocupação geral era aumentar os encargos do Tesouro público com despesas improdutivas e inúteis; e vamos agora, bem ou mal, entre inúmeras dificuldades naturais que não faltam neste dificílimo país, iniciando uma

batalha que será decisiva para os destinos do Brasil — a batalha do enriquecimento, da regeneração pelo enriquecimento nacional.[41]

Schmidt continua trabalhando ativamente na Comissão Atômica da ONU, defendendo os interesses nacionais nas negociações com os americanos, que pretendiam explorar eles mesmos os nossos minérios, ou comprá-los *in natura*. A proposta brasileira, absolutamente contrária, fazia a defesa da reserva e do monopólio estatal dos materiais estratégicos, como os minérios radioativos e o petróleo.

O industrial sentia-se extremamente identificado com a postura de Getúlio perante o desenvolvimento e a industrialização do país, apesar de discordar veementemente de questões como o monopólio estatal, pois acreditava na livre concorrência entre empresas nacionais para determinadas atividades. Expõe suas opiniões nos jornais, preocupado com o "Brasil Grande":

> Em que consiste a luta contra o colonialismo?
>
> É simplesmente a batalha pelo enriquecimento do país, do qual tudo depende: nossa cultura e principalmente uma vida digna da condição humana, para uma das mais pobres, mais abandonadas e mais tragicamente desvalidas populações que se contam no mundo [...]
>
> Os adversários internos são numerosos, e estão disseminados por toda parte: [...] São todos os que pretendem, por estupidez ou ressentimento, embargar as *salidas*, os impulsos da iniciativa privada, que é em verdade a única de ação eficiente e energética... São os ignorantes e exacerbados, que praticam, como finalidade da vida, a diatribe e a maldade sistemática.
>
> Adversário são os que não sabem o que é o Brasil nem o que se pode fazer dele, se houvesse uma sadia revolução na mentalidade gentia, uma renovação, um esclarecimento que o arranque à sombra em que tem demorado.[42]

Ainda assim, Schmidt colocava os interesses da nação acima de todos os outros e trabalhava arduamente em todas as ocasiões. Uma de suas sugestões foi o condicionamento da venda do tório à aquisição, em iguais proporções, de subprodutos resultantes do processamento do tório. O almirante Álvaro Alberto, na época ainda comandante, seria considerado *persona non grata* pelo governo dos Estados Unidos, por suas posições firmes a favor do Brasil. O esforço da delegação brasileira não seria em vão, e, após longo período de negociações, o governo brasileiro venderia, acima do preço do mercado internacional, algumas toneladas de minérios radioativos para o governo americano, beneficiando não só a Orquima, como as outras duas empresas brasileiras que trabalhavam no setor, além dos cofres públicos, claro. Getúlio Vargas só fecharia o primeiro acordo porque o governo norte-americano, em contrapartida, se comprometeria a liberar um financiamento ao Brasil de 250 milhões de dólares, muito necessários, naquele momento, para a construção de refinarias de petróleo em alguns estados brasileiros, estratégia fundamental ao desenvolvimento nacional. Essas primeiras negociações seriam apenas uma pequena mostra do que esperava por Schmidt, poucos anos depois, como embaixador do Brasil junto à ONU.

Disco

Como membro da delegação brasileira junto à Comissão Atômica da ONU, Schmidt iniciaria uma série de viagens aos Estados Unidos, custeando sozinho todas as suas despesas. Durante sua estada por lá, teve o interesse despertado pelas redes de supermercados, que visitou até a exaustão. De volta ao país, Schmidt começou imediatamente a trabalhar no projeto de criação de uma organização similar no Rio de Janeiro. À época, as pessoas adquiriam os diversos gêneros alimentícios em armazéns, quitandas ou feiras livres. A falta de estrutura para distribuição e armazenamento dos produtos gerava grandes perdas na produção. Schmidt calculava que a compra e venda em grandes quantidades acabaria por baratear o custo final do produto, tornando o alimento mais acessível para o consumidor. Surgia, desta forma, a Rede Distribuidora de Comestíveis, que se popularizaria como Disco. Foi a primeira rede de supermercados do Rio de Janeiro (senão do país) e abriria sua primeira loja no bairro de Copacabana, em 1952.

No fim de 1950, Getúlio voltara a trabalhar com as comissões técnicas para o desenvolvimento de diversas áreas, criando uma especial para analisar o problema da fome — bem antigo — no país: a Subcomissão das Indústrias de Alimentação. João Neves da Fontoura, ministro das Relações Exteriores, tendo conhecimento das atividades de Schmidt em indústrias de enlatados de tecnologia de ponta, convidou-o para tomar parte na referida subcomissão. Iniciando os trabalhos, Schmidt requisitou a contratação de uma grande consultoria estrangeira que prestava serviços de análise estrutural para diversos países, ajudando-os a se recuperarem de crises econômicas. A subcomissão encarregou a Klein & Saks de fazer um estudo sobre a situação alimentar brasileira. O relatório final do estudo sairia em 1954, às vésperas do suicídio de Getúlio.

MULTITAREFA

Mais uma vez, no início da década de 1950, Schmidt mostraria todo o seu potencial de realização em campos diferentes. Mesmo gerenciando diversas empresas, colaborando na criação de novas e ainda participando de duas comissões do governo — uma nacional e outra internacional —, o poeta não pararia sua produção artística e jornalística.

Além das colunas nos jornais, nesse ano Schmidt publicaria "Mensagem aos poetas novos", um longo poema onde se destacava a poesia:

> Agora sei que é simples a poesia
> E que é a própria vida:
> Antes julgava apenas que era morte,
> Quando nada vivera e não sentira
> Senão o desfolhar das aleluias.[43]

Ainda em 1950, lança seu segundo livro de memórias, *Paisagens e seres*, em que conta, através de sua prosa poética, as impressões de cidades que visitou, de momentos de íntima reflexão e de pessoas que conheceu:

> A noite é nobre e profunda. Sou uma ilha e as águas me cercam e me confiam grandes segredos.
>
> Conforta-me o sentimento de ser capaz de perceber tudo o que me oferece o dia presente, com os engenhos que atingem os sidéreos campos e os numerosos milagres da ciência e da técnica, que tudo — os espaços reduzidos e o tempo subjugado — é menor que a Acrópole, mais fácil e bem menos importante do que estas pedras, a indicarem à raça dos homens, no seu progresso sem fim, um caminho desvendado um dia e logo perdido para sempre.
>
> Canto no ar, neste dia glorioso de Londres, um alegria singela e inquietadora, mas só para mim, pois ninguém sentirá esse toque de despedida de um mundo que repercute no âmago do meu ser.
>
> As luzes de Paris acendem-se aos poucos [...]. É a hora das lobas noturnas, dos que cantam os vícios com voz cariciosa; é a hora dos

teatros, dos clubes, dos restaurantes; é a hora dos demônios soltos e das expansões desesperadas; é a hora dos loucos, dos esquisitos, dos que perderam tudo e necessitam recuperar pelo menos uma falsa alegria, um interesse mascarado em sensações perigosas, em apelos ao desconhecido.

[...] sabemos que Villa-Lobos foi não somente o nosso maior músico, mas também, de todos os nossos artistas, o mais fiel ao que há de verdadeiramente substancial e autêntico na alma e na terra do Brasil [...]

Guardei de Albert Camus uma impressão de dureza, de implacabilidade. Deixou-me a idéia de ser incapaz de um passo no sentido de compreender a posição dos outros, e que a sua maior demonstração de tolerância consistia em ignorar, em desconhecer. Possivelmente me terei enganado. Somos todos cegos e não vemos ninguém. Pensamos que vemos os seres, mas a verdade é que procuramos a nós próprios nos outros.

Falar de Alceu, crítico literário, é voltar a mim mesmo... E de que maneira! Devo imensamente, talvez como nenhum outro, aos seus rodapés dominicais no *O Jornal*. Lia-os avidamente. Se alguém valeu de fato para mim, nos primeiros anos de juventude, foi esse homem, esse escritor, justo, corajoso, correto. Aprendi muita coisa e recebi uma lição de honestidade pessoal.

Grande é somente Deus, no alto do céu... esse Deus que é tão vário através de suas insignificantes criaturas...[44]

Encerrando o ano com chave de ouro, Schmidt tem a primeira edição de versos seus vertidos para o espanhol em *Tres poetas del Brasil*, juntamente com Manuel Bandeira e Carlos Drummond de Andrade. Era o reconhecimento internacional. No ano seguinte, 1951, publicaria mais um poema na forma de livreto:

Ladainha do mar

> Salve mar,
> Salve estrela-do-mar,
> Salve Rainha — estrela.
> E senhora do Mar. [...][45]

Passaria os dois anos seguintes sem publicar nenhum livro, dedicando-se com mais intensidade aos negócios e às colunas nos jornais. Continua debatendo os grandes temas do país em suas crônicas. Yêda, extremamente preocupada com seu envolvimento com o governo, adverte-o de que a política trará novos dissabores, mas Schmidt continua firme em seus propósitos. O casal tivera algumas brigas, pois Schmidt passava muito tempo fora de casa. A partir de então, a musa passaria longas temporadas na Europa, longe dos comentários maldosos da imprensa e longe do marido.

Schmidt voltou a se corresponder com a esposa, ora exaltando sua falta, ora recriminando-a pela ausência:

> Meu amor querido,
> Sempre encontrei um jeito de descobrir onde estavas e te escrever.
> A saudade, a angústia que a tua partida me deixou não tem limites. Fiquei desarvorado — e perdido [...], como um órfão, como alguém que não tem destino.
> Minha vida és tu mesma, com todos os tormentos que me dás, com todas as alegrias e preocupações que a tua inquietação exerce sobre a minha inquietação.
> Tenho trabalhado terrivelmente. Um mundo de negócios está surgindo e eu dentro dele, procurando viver, sentir e respirar.
> A tua falta é uma solidão enorme.
> Teu Schmidt[46]

Problemas nucleares

No início da década de 1950, cresceram enormemente as especulações em torno do potencial radioativo do tório, que até então tinha pouco valor no mercado, multiplicando, conseqüentemente, seu preço internacional. Havia uma grande discussão nacional sobre a conveniência de exportarmos ou não material radioativo e outros minerais considerados estratégicos, como o petróleo e o minério de ferro. O ano de 1951 traria muitos problemas para a Orquima. Em janeiro, seria promulgada a Lei 1.310, que proibia a exportação de tório, urânio e outros minerais estratégicos, como o minério de ferro, a não ser de governo para governo. A nova lei não garantia, em contrapartida, a compra dos minérios produzidos pelas indústrias brasileiras, praticamente acabando com o mercado de minerais atômicos e areias monazíticas. A legislação surpreendeu os diretores da Orquima, que, após alto investimento (aproximadamente 60 milhões de cruzeiros) para a construção e instalação dos equipamentos necessários à nova atividade a convite do próprio governo federal, viram-se, de uma hora para outra, sem nenhum mercado para vender seus produtos. No ano seguinte, os governos brasileiro e americano firmariam um acordo comprometendo-se a não vender minerais estratégicos para os países comunistas.

A Orquima, empresa voltada basicamente para a exportação, possuía enorme quantidade de tório estocado e ainda sofreu com a baixa nos preços do cério no mercado internacional. O Congresso Nacional, consultado sobre a compra da produção brasileira de minerais atômicos para fins de pesquisa, negou a verba necessária para tal finalidade. Os reveses não desanimaram a diretoria da empresa, que continuou variando sua linha de produtos — iniciando a produção de detergentes, entre outros — e lutando pelo estabelecimento de nova legislação, que não dizimasse a indústria nacional.

Nesse mesmo período, iniciando suas atividades na Subcomissão de Indústrias Alimentícias, Schmidt encarregou Klein & Saks de informar a Orquima sobre o mercado internacional de minérios estratégicos. Desta forma, sabiam de todos os negócios e preços da área química e nuclear e estavam a par de novas oportunidades, principalmente nos Estados Unidos.

Em 1952, em meio à intensa campanha de difamação da Orquima nos jornais, Schmidt escreveria uma carta ao presidente Vargas, relatando os problemas que a indústria vinha enfrentando com a proibição da exportação dos minérios. Desde o fim do ano anterior, os representantes norte-americanos da Comissão Mista Brasil–Estados Unidos já vinham requisitando ao governo brasileiro a compra de tório e urânio. O presidente Getúlio Vargas, fiel a seus princípios de industrialização e desenvolvimento do país, através do acordo de venda de trezentas toneladas de minérios radioativos, não só conseguiria os empréstimos internacionais de que precisava, como ainda socorreria a Orquima, chegando mesmo a visitar suas instalações, poucos meses antes de sua morte, onde discursou:

> A energia nuclear para fins pacíficos, para o enriquecimento dos países e o equilíbrio de uma relação que faz coexistirem lado a lado nações todo-poderosas e nações à beira da miséria, essa energia é patrimônio do mundo, e ninguém, sob pretexto de nacionalismo ou qualquer outra coisa, poderá recusar-se a ajudar, com o que possua, a causa comum, seja com caráter técnico ou de matéria-prima.[47]

Em 1954, após a morte de Getúlio, o governo de Café Filho fecharia mais um acordo de venda de minerais estratégicos para os

Estados Unidos, no qual havia uma cláusula que permitia o pagamento em trigo, em lugar de dólares. Os dois acordos de venda de minérios radioativos seriam objeto de investigação de CPI. Aproveitando-se da situação, os adversários e inimigos do governo e de Schmidt intensificam a campanha difamatória, acusando-os de "entregarem as riquezas nacionais a preço de banana", esquecendo-se de que a legislação proibia qualquer venda direta das citadas "riquezas" por parte da iniciativa privada.

Algumas alegrias

Se a Orquima vinha atravessando uma "maré de azar", a rede de supermercados Disco, em compensação, não parava de crescer. A tese de barateamento de preços por volume de compras mostrava-se inteiramente verídica, e a população carioca apressou-se a conhecer a novidade. O empresariado local comentava que Schmidt era um "homem de visão", impressão nem sempre compartilhada. Porém o lado poeta iria prevalecer sempre, como ocorreu na ocasião da leitura do primeiro balanço anual da rede Disco, no fim de 1953. A reunião transcorria normalmente, como todas as reuniões de negócios. Iniciadas as primeiras leituras, de repente, a voz forte de Schmidt ecoou pela sala: "Pára tudo! Isso é muito enervante! Vamos ler uma poesia".[48]

A atuação empresarial e a "governamental" não atrapalhavam a produção literária, e Schmidt continua escrevendo suas colunas para diversos jornais e, à noite, poesia, ao som de Brahms, Beethoven, Villa-Lobos ou Mozart. Yêda se encarregaria de escolher e preparar o ambiente, para que o marido pudesse ter a paz necessária para escrever.

Assim surgiriam, no ano de 1953, mais dois longos poemas, editados em forma de pequenos livros: *Morelli* e *Os reis*.

Em *Morelli*, longa saga de um homem contada em vários sonetos e poemas de versos mais contidos, Schmidt voltaria a tratar dos temas da solidão, da noite, da natureza e do filho perdido:

>Canção do berço. A noite é longa.
>O amor se foi, nada mais resta.
>Quem canta agora? A primavera
>viaja, não voltará jamais.
>
>Canção do berço, ouço-a: o silêncio
>Nunca chegou tão triste assim
>A voz de embalo sobe do fundo
>ermo e distante da lembrança.
>
>Quem canta em mim? Que voz é essa?
>Sei que estou só e vou dormir,
>o leito vai servir de túmulo.
>
>Quem canta assim? É a voz do vento
>a velha voz que vem trazendo
>cinza e poeira dos caminhos?[49]

Em *Os reis*, volta a louvar Deus e a poesia, ainda usando versos mais curtos e contidos:

>Poema, outono de palavras
>Sem viço e sem forma,
>Espelho de confusão,

Flagrante de agonias;
Pobre coisa nascida
Para desfazer-se, efêmera
Coisa feita de verbo
Todavia frágil.
Matéria passageira
Entre todas — que dizem
Os versos deste poema?
Não, sentido não há...
Não são lições de quem sabe;
São balbucios de quem viu
Apenas as paisagens deste mundo,
Sem saber ao menos quem é.[50]

O SUICÍDIO DE GETÚLIO

O fim do governo Getúlio Vargas iria marcar profundamente o espírito de Schmidt, que ia conhecendo de perto as agruras da política. Schmidt foi uma das últimas pessoas a serem recebidas pelo presidente, na véspera de seu suicídio. Um ano depois, descreveu as impressões da "última audiência" no jornal:

> Há um ano, precisamente 23 de agosto de 1954, comparecia eu ao palácio do Catete, a fim de entregar ao presidente Vargas o relatório da Missão Klein & Saks sobre o problema da alimentação no Brasil. A hora era trágica; o governo parecia prestes a naufragar, pobre barco com os mastros quebrados, a água a entrar pelos porões.
> Estranhei, diante da convocação recebida, que me quisesses ver Getúlio Vargas, num momento tão decisivo de sua vida — quando

restavam poucas esperanças, quase nenhuma, de que se mantivesse ele no poder [...]

Lembro-me que encontrei o Palácio quase vazio, nessa tarde triste e incerta de agosto. Medidas de defesa tinham sido tomadas, e o ambiente era de nervosismo contido. [...]

Ao saudá-lo, observei seu abatimento físico. Estava quase magro, a fisionomia cansada, mas serena. Nenhum sinal que indicasse sentir-se o presidente assustado ou nervoso. Nenhuma impaciência, nenhuma demonstração de fuga de atenção. [...] Disse-me então textualmente: "Quis recebê-lo logo, para que o senhor não me julgasse indiferente ao assunto de que estamos tratando e ao senhor pessoalmente". Agradeci ao presidente, embora achando estranha a gentileza. [...]

O assunto que nos reunia era o problema da alimentação no Brasil. Levava-lhe eu o relatório da missão de técnicos norte-americanos Klein & Saks. Getúlio Vargas estava interessado em conhecer as conclusões e pediu-me que resumisse o que havia de mais importante.

"A mais importante das conclusões do relatório, presidente, é que, por enquanto, produzimos o necessário para que se alimentem todos os brasileiros", disse-lhe eu. "O que nos desgraça é a falta de transporte dos perecíveis e a inexistência de silos para armazenamento e conservação."

Getúlio Vargas parecia refletir sobre o que eu lhe dizia. E, de repente, pediu-me que lhe mostrasse o capítulo do relatório Saks referente à industrialização do pirarucu e que lhe lesse mesmo o que os americanos escreveram a respeito. Comecei a leitura, mas lia mal. Eu sabia que Getúlio Vargas se encontrava deposto, praticamente, que sobre sua cabeça pesavam graves ameaças, que, de uma hora para outra, poderiam sobrevir acontecimentos gravíssimos, decisivos. [...] Disse-lhe então:

"Não posso ler isso, presidente. Como vai a situação? Que está acontecendo?"

Getúlio Vargas esboçou um sorriso e afirmou-me que estava tranqüilo.

"Como tranqüilo!", exclamei.

Então o homem que vivera a mais estranha, a mais extraordinária aventura política de todos os tempos no Brasil, que errara e acertara tantas vezes, que parecia identificado com a própria sorte deste país, que fora em tantas ocasiões sagaz e iluminado e, noutras, cego, destituído de qualquer malícia, mal informado e ingênuo, esse homem, que era toda uma época de nossa história republicana, falou-me com uma intimidade triste:

"Não me faço ilusões sobre o momento. Conheço a gravidade de tudo, mas estou assim mesmo tranqüilo. Não são os acontecimentos de fora que nos perturbam, mas o que está em nós mesmos. O difícil, o que provoca a indecisão, é a necessidade de tomarmos um rumo, uma resolução. Mas quando, enfim, decidimos e sabemos para onde vamos e o que devemos fazer, isso nos tranqüiliza. Eu sei o que devo fazer e para onde vou e é por isso que lhe digo que estou tranqüilo. Vou numa só direção e para frente."

E fez um gesto que procurava exprimir certeza e convicção. Com as duas mãos abertas, em forma de asas, indicava um rumo no ar, uma espécie de vôo. [...]

Nunca tive a menor ligação política com o senhor Getúlio Vargas. Nunca fui jamais dos seus familiares. Nada lhe pedi para mim, pessoalmente, nem ele me ofereceu coisa alguma jamais. Nomeou-me, sem ônus para o Tesouro, por indicação e iniciativa do então ministro do Exterior, doutor João Neves da Fontoura, delegado a uma conferência em Washington. Não sendo — Deus louvado — político, votara eu, no entanto, em Eduardo Gomes e, como jornalista, pusera-me exaustivamente a serviço das duas campanhas do Brigadeiro, a quem conheço vagamente. Vi Getúlio Vargas sempre oficialmente, em audiência, para tratar, de modo exclusivo, de problemas do desenvolvimento nacional, e posso depor que ele era um homem aberto ao entendimento de muitos assuntos vitais para o país e que, no entanto, não interessavam absolutamente aos seus adversários e inimigos.

Reservara-me o destino vê-lo, observá-lo, sentir o seu drama no momento em que a sua estrela extraordinária se estava apagando...

[...] Olhando de perto o rosto emagrecido do homem que pareceu dispor, durante tantos anos, de uma inesgotável proteção do destino, senti que se operara em Getúlio Vargas uma transformação completa, uma diferença impressionante. [...] não era o homem que, em outras ocasiões, me recebera para tratar de assuntos sempre apolíticos. Havia nele alguém que eu não conhecia, que o Brasil não conhecia, alguém que não era, como diziam, o monstro de habilidade, o devorador de adversários, o frio, o calculado, o insaciável degustador do poder, nem o pai dos pobres ou o excitador dos trabalhadores. A meu lado, fitando de vez em quando, pelas janelas abertas, o jardim do Palácio, onde dentro em pouco se iriam acender as luzes, anunciando a chegada da noite, que seria a noite de sua agonia final; observando-me, dizendo-me que "o ódio era implacável mas que ele o suportava de ânimo sereno", perto de mim, quem estava não era mais Getúlio, como todo o país o chamava, mas um homem apenas. O político desaparecera como por encanto, como se uma onda agressiva tivesse lavado a sua fisionomia de qualquer sinal inautêntico, de qualquer artifício. O homem verdadeiro, o homem eterno, o homem humanamente envolvido em sofrimento, mergulhado na desdita, cercado, prisioneiro das fúrias que ele próprio contribuíra para desencadear, mais por omissão do que pela ação — e também pelo sentido inegável de sua missão no Brasil, o homem que o político desterrada, afastara e vencera, emergia então, voltava à superfície, retornava à sua verdade.[51]

JUSCELINO KUBITSCHEK

Morto Getúlio, o vice-presidente Café Filho assume a Presidência da República e convoca novas eleições. Juscelino Kubitschek, político mineiro, ex-governador de Minas, é eleito presidente, e João Goulart, vice-presidente.

Mineiro de Diamantina, médico por profissão, havia iniciado a carreira política na Revolução Constitucionalista de 1932, quando atuou como médico, fazendo inúmeras amizades que lhe valeriam por toda a vida. Finda a Revolução de 32, Benedito Valadares, nomeado interventor de Minas Gerais pelo Governo Provisório, convidaria o novo amigo para o cargo de secretário do governo de Minas Gerais, no qual foi empossado em fins de 1933. Em 1934, Juscelino foi eleito deputado federal, tomando posse em 1935, mas teve seu mandato extinto em 1937, pelo Estado Novo, aliás, como todos os membros do Congresso Nacional àquela ocasião. Juscelino voltou a Minas decidido a se afastar da vida pública, dedicando-se exclusivamente à Medicina. Mas sua carreira política estava apenas se iniciando: em abril de 1940 seria nomeado "prefeito" de Belo Horizonte. Inteligentíssimo, já em seu primeiro gabinete cercou-se de intelectuais, na maioria escritores e poetas. Autran Dourado, secretário de imprensa do presidente JK, daria sua explicação para tal preferência:

> O que deseja um escritor no poder ou nos seus subúrbios? Pouquíssima coisa, se ele é honesto; alguma projeção para o seu nome e tempo para se dedicar futuramente mais à sua literatura. JK, que tinha mania de escritor [...] nunca teve nenhum problema de corrupção com qualquer dos seus escritores de estimação.[52]

A partir de 1940, sua carreira deslanchou: em dezembro de 1945, é eleito deputado federal pelo Partido Social Democrata (PSD);

em outubro de 1950, elege-se governador de Minas Gerais e em 1955 toma posse da Presidência da República. Extremamente dinâmico, em todas as suas administrações havia despendido muitos esforços em três pontos que considerava principais: a cultura, as obras públicas e a assistência às classes menos favorecidas. Tinha ímpetos de grandes realizações, de deixar grandes obras.

Conversador e dono de enorme carisma, JK havia deixado um vasto eleitorado ao fim de seu mandato na Prefeitura de Belo Horizonte e, mais tarde, no governo de Minas Gerais. Assim, não foi surpresa quando, já no fim de seu mandato de governador, Schmidt apoiou a candidatura de Juscelino à Presidência, escrevendo vários de seus discursos e, ainda mais, conseguindo o apoio do dono do jornal *Correio da Manhã*, Paulo Bittencourt, que se mostraria de importância fundamental para sua eleição e posse. Tinha como adversários Ademar de Barros, candidato pelo PSD, Juarez Távora, pela UDN, e Plínio Salgado, pelo Partido Integralista.

Novamente a campanha eleitoral correria em clima de "não vai levar". Dessa vez, muitos jornais atacavam João Goulart, candidato a vice-presidente, considerado o herdeiro político de Getúlio. A *Tribuna da Imprensa* publicaria uma carta altamente comprometedora — a Carta Brandi — que revelava negociatas de João Goulart com o propósito de insurgir as tropas militares para que impedissem a eleição presidencial em novembro. Depois, ficou comprovado que a carta era falsa. O ambiente eleitoral não podia ser mais polêmico.

Nesse momento de extrema tensão, Schmidt escreveria o famoso discurso proferido por Juscelino Kubitschek na sede do PSD carioca, e publicado em diversos jornais no dia seguinte, repudiando as tentativas da oposição, onde proclamaria a frase que se tornaria histórica: "Deus me poupou do sentimento do medo".

Apesar de toda a controvérsia, Juscelino e Jango (apelido popular de João Goulart) venceram as eleições, com 36% dos votos, quase meio milhão de votos a mais que o segundo colocado, Juarez Távora. A Constituição de 1946 estabelecia que a eleição de presidente e vice não se faria por meio de uma chapa única, e sim como votações separadas, o que permitia colocar no poder dois completos estranhos. A oposição não se conformou com a derrota nas urnas. A *Tribuna da Imprensa*, mais uma vez, lideraria o ataque, publicando um editorial intitulado "Kubitschek e Jango não podem tomar posse".[53] Iniciam-se conspirações para o golpe, segundo alguns historiadores, com a participação do próprio presidente Café Filho.

Com a ajuda do ministro do Exército, general Teixeira Lott, que se encarregaria de manter a ordem pública e garantir a sucessão presidencial, Juscelino tomaria posse no início de 1956. Logo começaria seu Plano de Metas, um ousado plano de desenvolvimento econômico para o país, em que prometia fazer o Brasil saltar "50 anos em 5".

Uma de suas metas mais ambiciosas e polêmicas, também conhecida como "meta síntese", era a construção de uma nova capital em pleno Cerrado, no planalto Central. Cidade belíssima desenhada por Oscar Niemeyer e Lúcio Costa, teria a finalidade de ser um ponto de integração das diversas regiões do país. Reza a lenda que JK havia decidido criar Brasília ainda durante a campanha eleitoral, quando soube, num comício realizado no interior de Goiás, que a nossa primeira Constituição, redigida por José Bonifácio e promulgada em 1823, já previa a construção da capital no centro do Brasil.

Depois da campanha eleitoral acirrada, o governo de JK também enfrentaria muitos problemas, entre revoltas e greves, mas nada disso, nem as intervenções do recém-criado FMI, iriam demovê-lo de suas metas. Logo no ano da posse teria de enfrentar a forte oposição à criação de Brasília, uma conspiração de oficiais da Aeronáutica e mais um escândalo que visava a comprometer politicamente seu vice, Jango, por meio de documentos falsos. O ano seguinte, 1957, seria marcado por greves, passeatas e boicotes. Os constantes ataques da UDN a JK inspirariam o poeta Ricardo Galeno a escrever o samba "Deixa o Nonô trabalhar", um pedido de trégua à oposição.

Durante o mandato de Juscelino, Schmidt teria uma intimidade com o poder como jamais antes. Ainda assim, continuou fiel à antiga decisão de não entrar para a política, recusando sempre os diversos cargos que o amigo JK lhe oferecia, preferindo atuar nos bastidores, chegando a ser conhecido como "eminência parda" do governo. Aos que perguntavam por que não ocupava nenhum cargo público, Schmidt contava sempre a mesma historinha:

> Era uma vez um político por vocação que jamais fora sequer vereador. Formado, ainda jovem, voltando à terra natal, fora convidado para candidatar-se a vereador. Achou pouco: ainda se fosse para deputado estadual... Anos depois, convidaram-no a candidatar-se a deputado estadual: "É pouco. Ainda se fosse federal...". E assim deixara de começar.[54]

Murilo Mello Filho, jornalista e acadêmico, que conheceu Schmidt por ocasião do governo de JK, definiria bem a posição do poeta como o "Richelieu brasileiro":

> [...] não gostava de atuar ostensivamente, preferindo agir na retaguarda e nos espaços laterais. Como se fosse um Richelieu reditivo, tinha o gosto de manipular nos bastidores os cordões da cena brasileira e foi uma das vozes mais influentes de seu tempo [...].[55]

A amizade entre os dois, iniciada nessa época, mesmo sendo Murilo jornalista da *Tribuna da Imprensa*, velho veículo opositor do governo e de Schmidt, cresceria a ponto de o poeta, anos depois, superando certo "pânico" de avião, viajar para Brasília exclusivamente para batizar a filha do amigo, a quem dedicaria um exemplar de *O Galo Branco*: "A minha afilhada muito querida, que me lerá quando eu não mais existir".

CPI

No ano da posse, a Câmara dos Deputados implantaria uma Comissão Parlamentar de Inquérito sobre o problema da energia atômica no Brasil (CPI da Energia Atômica). A satisfação com o nascimento e os desdobramentos desse e de outros projetos importantes seria constantemente abafada, com a criação dessa CPI, sob a presidência do deputado de oposição Gabriel Passos. Procurava-se estabelecer uma política para o uso de minérios radioativos e investigavam-se os dois acordos que o Brasil havia feito com os Estados Unidos para venda de areias monazíticas, minérios radioativos e minério de ferro, acordos considerados, por alguns, contrários aos interesses nacionais. Corria o boato de que Vargas decidira vender os minérios radioativos porque havia negado o pedido do então presidente norte-americano Trumann para que enviasse tropas brasileiras à Guerra da Coréia.

O ministro do Exterior, João Neves da Fontoura, em seu depoimento à CPI, esclareceria que tal acordo fora fruto, única e exclusivamente, das garantias de financiamento dadas ao governo brasileiro, uma "contrapartida" necessária à implantação de diversas refinarias, uma de suas metas desenvolvimentistas. Vargas utilizaria os minérios como moeda forte de troca, uma vantagem para conseguir apoio financeiro e tecnologia.

Schmidt e Paulo Assunção, diretores da Orquima, convocados a depor, compareceram, acompanhados de outros membros da diretoria da indústria, à Câmara dos Deputados, no dia 3 de maio daquele ano. O poeta-industrial seria o primeiro a depor, por longas horas, nem sempre muito agradáveis. O presidente da comissão, deputado Passos, abriria os trabalhos explicando o motivo da convocação:

> [...] o objeto desta Comissão é colher dados e informações, os mais exatos e completos, possíveis, para que a Câmara tome conhecimento da política que o Brasil deve desenvolver em relação aos minerais atômicos.
> Tratando-se de uma pesquisa e de uma exploração novas na vida dos povos e, sobretudo, de minerais da mais alta importância para o futuro, como reserva de energia que necessita a humanidade, estamos desenvolvendo um trabalho de investigação sobre todos os aspectos do problema. [...] Um aspecto que, para nós, tem também suma importância é o aspecto da exploração dita comercial, ou seja, da atividade privada, em relação a esses minerais.[56]

Durante os depoimentos, o deputado Dagoberto Sales, relator da CPI, mostrou-se o mais acirrado opositor da exportação dos minérios brasileiros, o que, por diversas vezes, gerou debates animados entre ele e a "testemunha". Ele iniciaria as interpelações, deixando claras suas impressões pessoais sobre Schmidt:

> Considero seu depoimento de uma importância excepcional, não só as ligações que V. Exa. tem com o assunto, em virtude de sua posição como diretor da Orquima, mas também pela extraordinária pro-

jeção social de V. Sa. V. Sa. é homem que se pode chamar de influente; V. Sa. goza de uma posição social e distinta; prova é a extraordinária afluência que temos a honra de presenciar hoje nessa Comissão de Inquérito. Há menos de um mês, se não me falha a memória, V. Sa. foi, por ocasião do seu qüinquagésimo aniversário, homenageado com um banquete em que compareceram figuras da mais alta projeção social, mostrando a quantidade de amigos e a larga influência que V. Sa. glosa em nosso país.[57]

Diante de início tão promissor, Schmidt não se conteve e pediu um aparte, afirmando que não dispunha de tamanho poder e nunca havia usado a "suposta" influência em benefício próprio. A prova maior era estar a Orquima na situação em que se encontrava, secionada em sua capacidade de negociar. Ao longo do depoimento, a divergência de idéias e a animosidade entre os dois ficariam patentes. Um dos pontos mais polêmicos do depoimento seria a insistência do relator em obter o nome de todos os sócios da Orquima, fato impossível naquele momento, além de ilegal, pois se tratava de uma sociedade anônima, com ações ao portador. Schmidt aproveitaria todas as oportunidades para defender a indústria, destacando seus benefícios para o país e contestando a visão, de muitos, de que o Brasil não deveria exportar:

> Pela primeira vez no mundo, se conseguiu fabricar, em escala mundial, európio. [...][58]
> Graças à competência técnica do grupo da Orquima, o Brasil é já produtor, em escala industrial, de um dos produtos contidos no cloreto de terras raras, o que significa uma espécie de revolução, neste ramo. Quer dizer, estamos nitidamente adiantados [...]. A Orquima trouxe à indústria nacional, neste ramo, um avanço grande. [...] nosso processo de fabricação de tório, elaborado na Orquima, foi levado à

Conferência de Energia Atômica, em Genebra, como contribuição brasileira [...] está educando uma geração de químicos, a fim de que ela, Orquima, continue a viver, se isto lhe for permitido. [...]

Estamos confiantes em que raie o bom senso sobre este país e que ele não se sacrifique completamente com as teorias suicidas de que o Brasil não pode exportar, de que não pode industrializar as suas matérias-primas. São teorias que consideramos suicidas e que um dia o bom senso há de vencer. Somos um país sem divisas, um país que vem sofrendo grandes tormentos por falta de industrialização. [...]

Caminha-se para o sufocamento das indústrias.[59]

A ingenuidade do poeta, sua insistência em esperar "raiar o bom senso", acabaria por facilitar as coisas para a oposição. Em 1957, o Congresso Nacional proibiria a exportação de tório e outros minérios. A Orquima continuaria com a produção de detergentes, mas não teria vida longa como sociedade anônima. Tempos depois do golpe de 1964, a indústria seria "encampada" pelo governo militar, que a considerava de importância estratégica para o Estado. Felizmente o poeta não viveu para ver o desfecho trágico de sua indústria química, uma das pioneiras do país.

Apesar dos problemas empresariais, foi no governo Kubitschek que Schmidt teve a oportunidade de colocar em prática e defender pessoalmente uma de suas maiores idealizações, a Operação Pan-Americana (OPA). Entre seus desdobramentos, destacam-se o Banco Interamericano de Desenvolvimento (BIRD) e o Mercosul.

CINQÜENTA ANOS

Durante o governo de Juscelino o país viu surgir a bossa nova, com o lançamento de pérolas da música popular brasileira como "Desafinado" e "Samba de uma nota só", para mencionar apenas duas do saudoso Tom Jobim, um dos expoentes do novo gênero, ao lado de João Gilberto e Vinicius de Moraes. Aqui, uma geração inteira de novos artistas surgiu, deixando marcas indeléveis na história da música brasileira. A literatura ganhou obras definitivas, como *Morte e vida severina*, de João Cabral de Melo Neto, *Grande sertão: veredas*, de Guimarães Rosa, e *Gabriela, cravo e canela,* de Jorge Amado. Na televisão, Abelardo Barbosa, o Chacrinha, iniciava uma longa carreira em programas de auditório, com o famoso bordão "quem não se comunica se trumbica". O país, que em 1955 contava com mais de 141 mil aparelhos de televisão, atingiria, em 1961, a marca de 1 milhão de televisores instalados. Porém o fato mais marcante para o povo brasileiro, naquele mandato presidencial, foi a conquista, pela seleção brasileira de futebol, de sua primeira Copa do Mundo, em 1958, na Suécia, com um time de "estrelas" inesquecíveis, como Garrincha e Didi, além do genial Pelé, estreando aos dezessete anos.

No ano da posse de JK, 1956, Schmidt completaria cinqüenta anos. Em comemoração, estimulado pela esposa e por vários amigos, lançaria sua antologia poética, *Poesias completas,* e uma segunda edição ampliada de *O Galo Branco*, ambas pela José Olympio Editora. Pouco depois, *50 poemas escolhidos pelo autor* seria publicado pela editora do Ministério da Educação e Cultura. Nessa ocasião, em entrevista a João Condé para seus "Arquivos implacáveis", Schmidt responderia a duas perguntas:

— Que fizeste da vida, Augusto Frederico Schmidt?
Dou graças a Deus por ter nascido de gente boa e sensível. Tive um infância sobressaltada. Minha mãe, que faleceria tendo eu dezesseis anos, esteve ameaçada pela morte durante todo o tempo da minha infância. Comecei a trabalhar aos quatorze anos de idade, por-

que não dava para os estudos. Vivi repartido entre duas velhas mulheres a quem devo o melhor que há em mim mesmo: minha tia-avó Filomena de Menezes Miranda e minha avó Francisca Menezes de Azevedo. Fui viajante. Vendedor de aguardente e álcool. Trabalhei numa serraria em Nova Iguaçú. Casei-me com a mulher que amei. Consegui o que todo mundo acha uma contradição: ser poeta e homem de negócios. Tive muitos amigos, a alguns dos quais me conservo ligado a despeito de toda a sorte de divergências. Vi surpreso surgir em meu caminho uma coorte de inimigos sem que conseguisse saber por que o eram. Nunca fiz até hoje conscientemente mal a ninguém. A poesia tem me dado as maiores e melhores surpresas da minha vida. Também as maiores tentações. Tenho viajado muito. Ao completar cinqüenta anos, tenho uma sensação de surpresa: nunca esperei viver tanto.

— Dez conselhos aos jovens poetas:
1) Fugir da poesia política;
2) Repetir-se o mais possível;
3) Fugir das teorias;
4) Não temer a decadência;
5) Confiar os originais a João Condé, porque serão reencontrados um dia;
6) Não ambicionar prêmios;
7) Deixar a Musa descansar de noite;
8) Não perseguir o pitoresco;
9) Conter-se diante das seduções da Musa;
10) Esperar, porque a glória virá se tiver de vir.[60]

Ainda na onda das comemorações de seus cinqüenta anos, daria outra entrevista, na qual explicava por que quase não escrevia mais poesia:

> Considero-me um poeta acabado. Pode ser que eu me engane, mas tenho a impressão de que já dei forma a todos os espantos, todas as minhas surpresas. Minha poesia sempre foi isso: a resposta a certos encontros, surpresas que a vida me deu. O maior desses encontros foi com a Morte. Foi um encontro terrível, que a minha poesia registrou. Agora tenho poucos encontros novos com a poesia. Raros. Porque não tenho quase mais surpresas. E as que tenho, não me animo a fixá-las. [...] Tenho muito mais medo da poesia do que dos negócios. Acho muito mais fácil fazer um negócio do que fazer um poema. Mas não vejo conflito entre uma coisa e outra. Quando a poesia tem que vir, posso estar onde estiver, no meio do maior negócio, vem mesmo.[61]

Com meio século de vida, tendo conquistado excelente situação financeira, casado com a mulher que amava, viajado, lido, escrito, sendo amado e odiado, Schmidt, ainda assim, não se sentia plenamente realizado. No ano anterior, 1955, havia perdido a avó, Chiquinha, que morrera após uma longa velhice. Seus últimos meses de vida foram de imenso sofrimento para os netos. Para o poeta, a decadência física da velha senhora era motivo de dor. Tendo conhecido as agruras da perda, ainda na infância, via novamente a morte rondando à sua volta, dessa vez ameaçando tirar o último ser que o vira nascer.

> Vendo-a, através da cortina de matéria plástica da tenda de oxigênio, respirar ainda, mas já meia adormecida e meia ausente, quase do outro lado, tive a impressão de que minha avó vinha se aproximando de uma praia, depois de longa travessia. Parecia não mais nadar, mas, exausta, ter-se entregue ao impulso das ondas. Já não reagia mais, já não era mais alguém que resistisse à morte. Flutuava, balançada pelas águas, já prestes a vencer uma pequena distância e atingir o descanso final. Seus cabelos brancos davam a impressão de tocados

e embaraçados por um vento que não sabíamos de onde vinha. A boca sempre aberta mais parecia um bico. Contava 91 anos e apalpava com as mãos enrugadas a eternidade.[62]

A morte de Chiquinha, em maio de 1955, trouxe à tona a dor de todas as outras perdas anteriores, de todas as mulheres que povoavam suas lembranças mais remotas:

> Com essas velhas mulheres de minha família, aprendi algumas coisas fundamentais que me deram um conhecimento melhor da vida e a noção dessa cultura, a mais autêntica e verdadeira, que tem seu fundamento e origem na compreensão dos sentimentos e da misteriosa grandeza do ser humano, cultura que o conhecimento puramente teórico e os livros não nos dão jamais. Péguy dizia que tivera a revelação da beleza, e do lado mais vivo e verdadeiro da língua francesa, graças à sua avó, mulher simples, que não sabia ler nem escrever. Minha avó, a quem um dos seus mais queridos amigos, Edmundo da Luz Pinto, chamava de "espiã do céu", ensinou-me muitas coisas, as melhores coisas que eu sei deste mundo: ensinou-me a desprezar os tiranos, os orgulhosos, os duros de coração, os moralistas desalmados, os que não se inclinam jamais para a caridade ou para o amor do próximo. Ensinou-me que é um dever a solidariedade com os dramas e as dificuldades alheias; ensinou-me que não se nega pão e consolo a ninguém — tudo enfim o que considero e sei mesmo que é a verdadeira essência da civilização cristã, base de toda a cultura, fundamento de todo o humanismo. Se não aprendi melhor, não foi senão por minha própria culpa. A mestra era excelente.[63]

O sentimento de orfandade retoma seu coração cansado e o poeta sofre de uma depressão profunda por longos meses. Não bastassem os problemas familiares, os inimigos, aproveitando-se de sua ligação com o presidente, lançariam notinhas anônimas nos jornais de oposição:

> Um inimigo do povo
> Esse que aparece aí ao lado é um inimigo do povo. Seu nome? Não precisamos escrevê-lo aqui. Muitos leitores o conhecem. Outros, mesmo sem saber o nome, saberão ver nele o símbolo de tudo que é negativo e pessimista, do lado sombrio do Brasil. [...] Traidor da inteligência que Deus lhe deu, ele a utiliza para influenciar amigos no poder e para desorientar jornais desprevenidos ou de fraca direção intelectual, através dos quais destila o permanente veneno do seu ódio ao povo, ao progresso e à liberdade.[64]

O constante ataque dos adversários o desilude profundamente. A pregação freqüente de que era um inimigo do povo e de que utilizava sua influência política em benefício próprio era a antítese de sua personalidade. Sempre fora um defensor do brasileiro, do enriquecimento do país como forma de melhoria da qualidade de vida do povo. Infelizmente, as calúnias são como "penas jogadas ao vento": pode-se até conseguir pegar algumas, mas nunca se vai conseguir recuperar todas. A imagem de Schmidt ficaria comprometida junto a diversas camadas da sociedade que, mesmo sem conhecê-lo, o recriminavam. Talvez seu grande pecado tenha sido não acreditar no comunismo, ideal de uma geração de intelectuais, que não perdoaram sua escolha "de direita". Sobre essa divergência, Jorge Amado daria seu depoimento:

> Em certo momento [Schmidt] foi, para a esquerda, o símbolo da direita intelectual. Talvez injustamente. Nós da esquerda éramos e somos muito sectários. Schmidt não chegou a ser reacionário. Ficou ao lado de Juscelino, que era democrata. [...][65]

Álvaro Americano, amigo íntimo de Schmidt em seus últimos anos, daria um depoimento pessoal sobre o preconceito que o poeta-empreendedor sofria:

> Quando conheci Augusto Frederico Schmidt, em 1956, minha geração tinha contra ele uma série de preconceitos nascidos de muitos desafetos que criara com a sua maneira de ser, inclusive através da imprensa. Sem conhecê-lo eu concordava com os que o chamavam de gordinho sinistro e achava incompatível sua poesia e sua atividade comercial. Depois que o conheci, e à medida que íamos estreitando nossas relações, eu verificava que, se ele era um grande poeta — e disso ninguém duvidava —, era igualmente um extremado idealista em todos os campos em que atuou.[66]

Álvaro também relataria a forma como os dois se conheceram, que mostra toda a generosidade do poeta:

> O prefeito do antigo Distrito Federal, embaixador Negrão de Lima, precisava de um assistente em seu gabinete que escrevesse discursos, exposição de motivos, razões de veto e mensagens. Schmidt, muito amigo de Negrão de Lima, indicou o então jovem advogado Cláudio Lacombe. Cláudio recusou o convite — preferia dedicar-se ao Foro — mas indicou para o cargo Álvaro Americano, elogiando-o muito. Segundo o próprio Cláudio mais tarde contou para Álvaro Americano, o poeta imediatamente ligou para o prefeito:
> "Negrão, tenho o homem que você precisa. É um rapaz formidável. Escreve maravilhosamente bem e foi professor. É um redator nato!"
> Aí, lembrando-se que ainda nem conhecia Álvaro Americano, colocou a mão no bocal do telefone, virou-se para Lacombe e disse:
> "Se esse camarada for um troca-tintas tu me pagas".[67]

O fato é que a constante onda de difamações e calúnias acabaria por torná-lo um autor não lido, não recomendado, discriminado. Apesar dos inúmeros livros editados, a crítica literária (e mesmo muitos dos contemporâneos) só perceberia a real importância de sua obra após a sua morte. Drummond escreveria sobre a atualidade dos temas de Schmidt ante o "limbo" da literatura a que fora legado, duas décadas depois de sua partida:

> Vinte anos depois da morte de Schmidt, sua poesia atravessa aquele túnel de sombra que as leis cegas da literatura estabelecem como uma espécie de purgatório. Os versos permanecem nos livros, não na memória da rua. Isso é tão natural que não devemos entristecer-nos. A poesia é sempre escrita para depois. E esse depois surge imprevistamente um dia, nas bibliotecas públicas, nas universidades, nas reedições comentadas.
>
> O provável, então, é que sua poesia seja redescoberta e amada pelo que tem de sentimento romântico fundamente brasileiro, a que se junta certa nostalgia oriental. Pelo que sabe contar da lua, do mar, das flores, das namoradas e das crianças, temas tão familiares em sua obra e que resistem a qualquer espécie de automação da vida.[68]

Schmidt, poeta de alma sensível, gostaria de ter visto exaltada a qualidade literária de sua obra, mesmo sabendo que muitos poetas geniais como Péguy, grande ídolo, não haviam sentido as delícias do reconhecimento público. Tal fato, apesar de o amargurar, concedia-lhe alguma esperança de que sua poesia fosse reconhecida após a morte, como de fato o foi. Por vezes, ao tomar conhecimento de algum fã que lhe admirasse a poesia, procurava conhecê-lo pessoalmente, presenteando-o com a obra completa.

INCURSÕES NA PROSA

Convidado, em 1956, para realizar uma conferência no colégio Cataguazes, em Minas Gerais, colocaria no papel uma verdadeira aula de civismo. A conferência "Discurso aos jovens brasileiros" seria publicada no mesmo ano pelo amigo José Olympio:

> [...] O Brasil, o nosso país, vale a pena. Vale a pena servir e amar o Brasil, ser honesto com ele, não apenas honesto em palavras mas nos atos; vale a pena ajudá-lo a ser próspero e rico, a fim de que todos os brasileiros tenham do que viver. Vale a pena dar dignidade e altura ao nosso país; vale a pena salvá-lo da desordem e do mal; vale a pena disciplíná-lo e conduzi-lo certo e dentro da justiça para que, assim, haja liberdade, que é um dos bens supremos e a condição única compatível com a eminente dignidade do ser humano. Vale a pena o Brasil porque a vida vale a pena ser vivida. Não vos deixeis levar por nenhuma espécie de desalento, e honrai o privilégio de ser o que sois, seres dotados de corpo e alma. O que importa não é a certeza de que é nosso dever honrar a vida. Se temos de honrar a vida, outra maneira não há senão honrarmos o país que nos serviu de berço, país que encerra uma matéria-prima extraordinária para nele configurarmos a grande nação valorosa e nobre de nossos sonhos. Iniciai, quando soar a vossa hora, algo de inédito e que seja realmente diferente para o nosso país. Desprezai a herança que ides receber de nós outros, em que entram tanto ressentimento, tantas coisas pequenas, tantas lutas mesquinhas. Não deveis consentir que em vós se prolonguem lutas sem sentido, com que se procura dividir o Brasil em duas facções irreconciliáveis. O Brasil é um só e não está partido em intocáveis e párias, em puros e impuros, em bons e maus. Sede

austeros e sóbrios mas não transformeis a virtude em instrumento de ódio, de separação, de crueldade, pois passará a virtude a ser vício e abominação. Ao lado do dever de punir, ergue-se, impõe-se um outro dever mais imperativo, que é o de se julgarem a si mesmos os julgadores dos outros, que é o de não profanarem a justiça com o ódio destruidor e implacável. Não recebais um Brasil rasgado em campos inamistosos, pronto às dilacerações, mas um Brasil unido, um país que devereis modelar de acordo com a juventude e a esperança e o desejo de grandeza que palpitam em vossas almas. Não recebais de nós, da geração mutilada a que pertenço e aí está, um Brasil confuso, domínio de seres hostis, devorando-se uns aos outros como se não houvesse mais nada a fazer. Não recebais conceitos falsos, oriundos de incompreensões e recalques, procedei a uma total renovação de valores, inaugurai alguma coisa. Sede alegres e confiantes e não atormentados e incertos como sonhos. Dai a este país em breve, dentro de alguns anos, um impulso sério. Fazei do trabalho, do desejo de criar alguma coisa, a vossa lei. Não ponhais fora o vosso tempo em vão. Perder à toa o tempo, já tão esquivo, de que nós homens dispomos, é um crime terrível. Vede, tudo necessita em nossa terra de assistência e amor. Tudo precisa ser feito. Não descuideis e ficai orgulhosos da tarefa insigne, que tendes de construir um império, de fazer, da confusão e do indefinido que hoje somos, uma grande nação. Dai sentido construtivo e cordial às vossas vidas. Contorna a adolescência uma fase incomparável da vida do homem. Guardai o poder de valorizar e enobrecer os atos e as coisas deste planeta.[69]

Schmidt só voltaria a publicar livros em 1958, ano extremamente agitado para nosso poeta, em todos os campos em que atuava. Na literatura, marcaria o lançamento de dois novos livros, um de poesia, *Aurora lívida*, e outro de memórias, *As florestas*, cujas crônicas foram recolhidas do lixo de seu escritório particular por seu amigo João Condé. Em *Aurora lívida*, Schmidt novamente usaria a solidão como tema. Seus poemas têm um tom constantemente pessimista e desalentado, não só pelas imagens de velhos cegos e cambaleantes, mas por exibirem um desespero profundo e certa apatia, com os quais mais uma vez o poeta trata da morte, da noite, do amor e da pátria:

> A voz cansada,
> que já era antiga
> quando nasci;
> a voz doce
> na hora amarga;
> a voz que era boa
> e humilde
> e sabia
> contar histórias remotas,
> evocar fantasmas,
> recordar perdidas
> passagens da vida;
> a voz que sempre ouvi,
> desde o berço, onde está?[70]

No ano seguinte, o poeta lança *Babilônia*, que, ao contrário de seus livros de poesia anteriores, se estrutura em sonetos, agrupados ao longo de temas, que vão contando a saga de um profeta, terminando com estes versos:

> Graciosas filhas de Jerusalém,
> Dai-me de beber a água das fontes
> E trazei-me um pouco de alegria
> Com os vossos sorrisos claros.

Derramai sobre a minha amargura o consolo
Do amor efêmero, mas tão consolador.
Filhas de Jerusalém, nascidas para povoar o mundo
De beleza, sois como as flores que brincam

E palpitam inocentes na terra grave.
Filhas de Jerusalém, cantai para a minha insônia
Cantos de esperança; fazei-me adormecer enfim,

Pois estou exausto de marchar nas noites brancas
Infindavelmente. Filhas de Jerusalém,
Cantai, bailai, ajudai-me a esquecer o que eu próprio
[anuncio.[71]

Os sonetos de *Babilônia* seriam considerados por alguns críticos, anos mais tarde, como a chave para a interpretação de toda a obra poética de Schmidt: "O leitor defronta de novo o sentimento, tantas vezes expresso por Schmidt, de uma missão ou destino especial que se realiza no vazio [...]".[72]

O ano de 1958 traria situações inteiramente novas e, junto, a oportunidade, para o poeta idealista, de mudar os rumos do país e do continente americano. Estranhamente, toda a grandeza de sua idealização nasceria de algumas pedradas.

Operação Pan-Americana

Deixemos o próprio poeta explicar o contexto que o levou a imaginar a Operação Pan-Americana:

> As nações latino-americanas — exportadoras de matérias-primas ou produtos primários — foram forçadas a se dar conta de que não

ocupavam qualquer lugar de relevo na atualidade, de que não podiam ter chão firme, pois os preços de suas mercadorias principais baixavam continuamente em virtude de combinações dos mercados compradores, ou das próprias leis naturais e das condições de conjuntura. Além disso, o próprio poder tecnológico de que dispunham os países desenvolvidos tornava ameaçadoramente precária a estabilidade das economias que se baseavam no café e outras especialidades semelhantes, as quais de uma hora para outra poderiam encontrar concorrência em sintéticos. Tal como se verificava com os povos subdesenvolvidos de mentalidade primitiva, que perderam a inocência e verificaram o estado de pauperismo em que viviam — os semidesenvolvidos e lítero-jurídicos deste continente começaram a experimentar as primeiras dúvidas, os primeiros estremecimentos, os primeiros sobressaltos sobre o seu destino. Emergiam os nossos países, enfim, de um longo exílio na inobjetividade. [...] Depois da derrota do nazismo, [...] verificou-se que nós, povos latino-americanos, contávamos muito pouco na ordem das coisas. Um país como o Brasil, que entrara na guerra juntamente com os Estados Unidos, ao terminar o conflito, com disponibilidades cambiais bastante consideráveis, não obteve qualquer prioridade para compra de equipamento para atualização e extensão do seu parque industrial. [...]

Vivíamos nessa doce vida, não olhando sequer o presente — quanto mais para o futuro —, quando a realidade começou a nos agarrar pelo pescoço, a bater-nos e sacudir-nos. Lentamente, mas de forma inexorável, passamos a verificar que nossas populações aumentavam [...], que continuávamos exportando mais e recebendo menos pelas nossas exportações. Uma propaganda de origem nitidamente comunista, mas que era todos os dias confirmada por fatos, insinuava que os países fortes estavam ajudando a sufocar-nos. [...]

Esse estado de desatenção do país líder permitia a germinação de muitas intrigas. Mas nem disto os Estados Unidos se apercebiam.[73]

Entre o presidente JK e Schmidt, seu *ghost-writer* preferido, depois desses anos de convivência, estabelecera-se grande confiança mútua, que os tornara íntimos e cúmplices, não só nos assuntos políticos, mas também nas questões pessoais, incluindo-se aí a troca de amabilidades, envolvendo o já conhecido interesse de ambos pelo sexo oposto.

Álvaro Americano, amigo íntimo do poeta, assim descreveria a relação do presidente com seu redator-mor:

> Com o chefe de Estado, [Schmidt] não tinha complacência. Era um fiscal implacável. Recordo-me sempre do dia em que entrei no apartamento e ouvi vozes na biblioteca, para lá me dirigindo. Schmidt, terrível, verberava o presidente: "Juscelino! Não foi para isso que te elegemos!". O presidente esboçava um sorriso de menino apanhado em flagrante de má ação, refestelado, sem os sapatos mocassins, numa poltrona de couro, com os pés sobre uma mesa baixinha. Soube, depois, que a descompostura fora causada por haver Juscelino Kubitschek, na véspera, ter sido visto dançando em casa de amigos, até altas horas. Schmidt, cujos "postos de escuta" começavam a funcionar desde o amanhecer, recebera a informação cedinho e, quando JK chegou — estava em plena gestação a chamada Operação Pan-americana — foi a conta.[74]

Após as manifestações contra os Estados Unidos em Caracas, quando Nixon fora recebido a pedradas no dia anterior, Schmidt, informado por Autran Dourado de que JK tencionava mandar apenas um telegrama de solidariedade ao colega americano, telefonou ao presidente e convenceu-o de que era chegado o seu momento de crescer no cenário internacional, ocupando o lugar de verdadeiro grande estadista e tirando o país, e o continente sul-americano, da estagnação em que se encontravam. Schmidt se propôs a escrever uma carta, na qual JK manifestaria a convicção quanto à necessidade premente de se trabalhar um plano urgente de desenvolvimento para a América Latina.

Enviada ao presidente Eisenhower a carta, de que foi portador o atual ministro do Supremo Tribunal Federal Victor Nunes Leal — então chefe da Casa Civil da Presidência — e tendo a notícia vindo à tona de maneira escandalosa e imprecisa, começaram as especulações. Na tribuna da Câmara houve pronunciamentos no ar: Juscelino Kubitschek teria humilhado o Brasil, se atirado aos pés do presidente americano. Homens de imprensa, tidos como bem informados, verberaram a atitude do governo que consideravam servil. Outros — e entre eles conspícuas figuras oficiais — não escondiam o seu susto. Parecia-lhes ousadia sem propósito dirigir-se o nosso presidente diretamente ao chefe de Estado americano.

Avisados conselheiros diplomáticos preveniram ao presidente Kubitschek de que o pior se verificaria: nenhuma resposta da Casa Branca. A mão seria estendida em vão. Durante uns dez dias ou mais esperando contestação — sem poder divulgar o documento misterioso, pois todas as normas de educação assim o prescreviam — vivemos a inquieta espera. O ministro [das Relações Exteriores] Macedo Soares que, em certa manhã de maio, com justos fundamentos, mostrara ao presidente Kubitschek a sua extrema preocupação, voltou na tarde do mesmo dia à presença do chefe do governo para anunciar-lhe a visita do sr. Roy Rubotton, portador da esperada resposta.[75]

Schmidt anotaria, em um pequeno caderno, os objetivos básicos de sua operação:

1) Reafirmação dos princípios da solidariedade continental.
2) Definição do subdesenvolvimento como um problema de interesse comum.
3) Adaptação de órgãos e agências interamericanas, se necessário, às exigências de um maior dinamismo que promoverá a luta contra o subdesenvolvimento.
4) Assistência técnica objetivando a melhoria de produtividade.
5) Medidas para estabilizar o mercado de produtos básicos.
6) Atualização e ampliação dos recursos dos organismos financeiros internacionais.
7) Reafirmação da iniciativa privada na luta pelo desenvolvimento.
8) Revisão, onde for necessária, de parte de cada país, da política fiscal e econômica, com o objetivo de assegurar medidas que promovam o desenvolvimento econômico.

Objetivos bem ousados ou, pelo menos, assim seriam considerados pelos americanos, ao tomarem conhecimento da proposta. Em agosto daquele ano de 1958, o embaixador americano Jon Foster Dulles veio ao Brasil especialmente para encontrar-se com JK. Em meio ao "bombardeio" nos jornais, a primeira conseqüência da OPA seria a queda do ministro Macedo Soares, substituído por Negrão de Lima, diplomata amigo de Schmidt. A imprensa oposicionista acusava o ex-ministro de total desconhecimento dos novos planos de política exterior.

A OPA consumiria o tempo, a energia e a inteligência de Schmidt e do Comitê da OPA, espécie de grupo de trabalho encarregado de elaborar o plano, composto em sua maioria por jovens diplomatas, além do escritor Autran Dourado, à época secretário de imprensa do presidente. O comitê passou a se reunir na casa do poeta, para preparar a conversa que JK teria com o representante norte-americano. Autran Dourado, única testemunha, relataria, anos depois, os bastidores da entrevista entre JK e Foster Dulles:

> Até que chegou o dia em que Foster Dulles veio ao Brasil. Ficou combinado que JK e Foster Dulles se reuniriam no pequeno gabinete do Palácio das Laranjeiras, ao lado do quarto de JK, e na varanda ficaria à espera o Comitê extra-oficial da OPA. [...] ficou acertado que duas pessoas apenas, além do intérprete, poderiam entrar e sair do gabinete: o secretário de Foster Dulles e eu, secretário de imprensa, que fiquei com a função de ir e vir informar ao Comitê o que estava acontecendo e levar a ele qualquer assunto inesperado que ocorresse durante a conversa [...]
>
> Apenas duas questões me obrigaram a sair do gabinete. A primeira, mais grave, era o canto do diplomata americano. Propunha a JK que deixasse de lado essa história de pan-americanismo, de investimentos maciços em todos os países latino-americanos, e ficassem os dois, Brasil e Estados Unidos, vivendo como sempre viveram. Neste caso, os Estados Unidos ajudariam o nosso país a resolver os seus difíceis problemas. [...]
>
> Quando contei ao Schmidt o que estava se passando [...] Schmidt saltou de indignação. "De maneira alguma!", disse. "Logo agora, quando vários presidentes latino-americanos vêm se manifestando favoravelmente à posição do Brasil! Diga ao Juscelino que é tudo ou nada. Se ele quiser, que assuma sozinho a OPA, eu pego o meu chapéu e vou me embora, tenho mais o que fazer."
>
> Quando transmiti a JK a decisão do Schmidt, ele franziu a testa, me disse bem baixo "é o diabo. Vamos com todos os países latino-americanos", disse simplesmente a Foster Dulles, que ainda insistiu mais um pouco. Dulles parecia já ter vindo preparado para ceder [...] O seu desejo me pareceu querer quando nada dilatar a decisão, ganhar um tempo até a vinda de Eisenhower, que ficou acertada.[76]

A segunda questão que levaria Autran a sair do gabinete seria o pedido de Foster Dulles para uma declaração anticomunista dos dois países, ao fim do encontro. Novamente, Schmidt foi contra, dizendo: "Seria diminuir a importância do encontro. Concorde apenas com uma declaração a favor da democracia".[77]

Da reunião entre JK e Eisenhower nasceu a primeira Conferência dos 21, que seria realizada em Washington, entre novembro e dezembro de 1958. Como delegado brasileiro, Schmidt iniciaria os trabalhos humildemente:

> Não me sinto especialmente qualificado para discutir os caminhos que vamos trilhar, o procedimento que devemos seguir, nem a nomenclatura que devemos usar. Os cânones dos parlamentos diplomáticos e das conferências internacionais são matérias que ignoro. Como cheguei um pouco tarde, separando-me de outras atividades muito diferentes, não tenho a pretensão de comparar-me com os homens de maior distinção, competentes e experimentados nas lidas diplomáticas.[78]

Mas nem por isso abriria mão de seus ideais, e reclamaria veementemente da falta de interesse dos Estados Unidos para com a América Latina. O objetivo maior da OPA seriam as metas de aumento da renda *per capita* dos diversos países da América Latina, renda essa que praticamente deveria dobrar num prazo de vinte anos.

A fim de conseguir esses objetivos, propôs a cooperação dos Estados Unidos numa vasta frente econômica que incluía a ajuda no controle da inflação e na expansão econômica da América Latina; maior boa vontade daquele país em absorver os produtos de exportação da América Latina; a formação de um mercado comum regional;

investimentos maciços de capital norte-americano na América Latina e assistência técnica. Diante desse ambicioso programa, os Estados Unidos recuaram.[79]

Schmidt comentaria o início da longa batalha pela OPA, primeira tentativa de esforço integrado de desenvolvimento na América Latina, em sua coluna do jornal *O Globo*, anos depois:

> A Operação Pan-Americana foi recebida com gelada indiferença pelo Departamento de Estado e com esse frêmito de ódio com que alguns setores nacionais recebem sempre minha presença e minha atuação na vida pública de meu país. [...]
>
> Não encontrei, ao chegar em Washington para a primeira Conferência dos 21, um ambiente propício [...]. Foi necessária muita naturalidade de parte da delegação brasileira para convencer os representantes do Departamento de Estado de que essa reunião do Comitê dos 21 países, órgão da OPA, era diferente das outras, das numerosas reuniões pan-americanas em que se gastavam muitas palavras e se obtinham poucos resultados. Senti-me na obrigação de fazer ver a mr. Dillon [subsecretário de Estado norte-americano], num encontro fortuito durante um almoço na embaixada do Brasil, que estava causando péssimo efeito a sua ausência nos trabalhos do Comitê. Durante dias seguidos a representação dos Estados Unidos não contou com a presença de qualquer de seus delegados efetivos. Todos, a começar pelo sr. Dillon, eram homens extremamente ocupados e não poderiam perder tempo com discussões latino-americanas. [...]
>
> Não havia outra alternativa senão chamar a atenção, de maneira humana e asperamente normal, para a indiferença que demonstravam pelo nosso destino os nossos aliados. Mais de uma vez achei oportuno usar slogans que ferissem a opinião pública dos Estados Unidos, retratando a insensibilidade e a frieza que presidem às nos-

sas relações. [...] tive ocasião de reclamar contra essa maneira gelada, para não dizer desdenhosa, com que os nossos aliados de longa data examinavam o que eu trazia para dizer-lhes.

"Os Estados Unidos estão bem mais perto da Lua do que dos países de nossa comunidade" — afirmei certa vez a agências telegráficas. E de fato estavam.[80]

Em todas as reuniões diplomáticas de que participou, Schmidt insistia em avisar que, sem melhoria na qualidade de vida dos povos latino-americanos, seria provável que o comunismo dominasse toda a região: "A idéia central da OPA de que o único meio de combater-se o comunismo é o fortalecimento econômico dos países infestados ou suscetíveis de serem infestados pela guerra fria, está se tornando alguma coisa de incontestável e firme".

Diante da indiferença do governo norte-americano, Schmidt, devidamente autorizado por JK e pela chancelaria brasileira, estabelece os primeiros contatos diplomáticos brasileiros com a Rússia após a guerra.

> Convencêramos todos de que não era sensato deixar de tomar conhecimento de uma nação que exerce liderança tão decisiva no mundo [...]. Além disso, precisávamos aumentar nossos mercados para exportação e importação e não era compreensível nem prudente ficar presos a limitações que só existiam para nós, uma vez que países mais diretamente responsáveis pela manutenção e vigilante defesa da democracia ocidental transacionavam com a Rússia e as demais nações do bloco soviético e com elas mantinha relações diplomáticas [...]
>
> Em 1959 — debaixo de uma pressão insistente, estando eu na ONU em companhia do meu amigo e embaixador Freitas Vale, então nosso delegado permanente nesse organismo internacional — manteve o Brasil o seu voto firme, a favor da Polônia para membro do

Conselho de Segurança, não por tratar-se da Polônia, mas porque a candidatura desse país socialista era um direito inconteste em virtude de compromissos anteriores, a que não podíamos deixar de honrar. Em quase quarenta escrutínios nos mantivemos inalteradamente fiéis à causa polonesa. Estou relembrando isso para deixar bem patente que não agiu o governo Kubitschek, a que emprestei minha modesta colaboração, como um simples acompanhante em tudo do "malsinado" imperialismo norte-americano. Sempre defendi uma invariável linha de independência, de compreensão e de respeito à autodeterminação do povo cubano [...].[81]

As atitudes e afirmações da delegação brasileira durante o governo de JK, até então tidas como chantagens pelos representantes norte-americanos, começariam a ser levadas a sério, com o agravamento da situação de Cuba.

Pouco a pouco se vai tornando evidente que não usávamos apenas de um processo de propaganda para obtenção de auxílios econômicos, quando alertamos, com a Operação Pan-Americana, o mundo que se intitula livre, para o perigo que envolvia os povos carentes de esperança de nosso hemisfério.[82]

Agora, preocupados com o futuro próximo da América Latina, os Estados Unidos concordaram com um programa que incluía principalmente:

1) a criação do Instituto Inter-Americano de Desenvolvimento Econômico; negociações específicas em torno da ajuda técnica e colaboração econômica entre Estados Unidos e América Latina;
2) uma tentativa de promover a estabilização dos preços das mercadorias; e negociações para o estabelecimento de um mercado comum regional americano.[83]

Em maio de 1959, Schmidt chefiou a delegação brasileira à Conferência dos 21, especialmente convocada pelo "Comitê dos 21", em Buenos Aires. A partir de então, chefiaria quase todas as missões brasileiras ao exterior, para: acordos com o FMI, pedidos de empréstimos internacionais e reuniões do Comitê dos 21. Pouco depois, foi nomeado embaixador especial junto ao Mercado Comum Europeu, onde tentou atrair a atenção da Europa para os problemas latino-americanos, pronunciando um ciclo de conferências em diversas capitais européias. Seu lado poeta emergiria em muitas ocasiões, como ao desembarcar do avião em Praga, capital da antiga Tchecoslováquia, quando fez questão de conhecer o túmulo de Franz Kafka antes de qualquer encontro político; ou ainda quando, durante a XIV Reunião da ONU, se emocionou ao ouvir a música de Heitor Villa-Lobos.

> No imenso recinto da Assembléia Geral, transformado em salão de concerto para festejar o aniversário da ONU, ouvimos, por uma excelente orquestra regida por Eleazar de Carvalho, a *Primeira missa*, de Villa-Lobos. Homens de todas as regiões do mundo lá estavam. Ao meu lado, o chefe da delegação da Romênia, inteligente, malicioso, disse-me que jamais a presença da América Latina na ONU fora tão eloqüente, tão impressionante, tão autêntica. Representantes de povos orientais, de nações antigas ou de jovens de hoje ouviram, num silêncio atento e impressionante, elevar-se e frutificar a voz da terra brasileira, através da invenção, do poder criador do gênio do nosso grande Villa. [...] mal o nosso maestro levantou a âncora para viagem — senti-me integrado na música, subiram-me à lembrança os ritmos, os passos, os vôos dos pássaros e um pouco dessa inconfundível voz carioca que gerou o finado e glorioso carnaval, com a Lapa de outrora, que Villa-Lobos, artista em plena liberdade, derramou sobre a sua sinfonia.[84]

Nessa mesma assembléia, a delegação brasileira passaria por maus momentos devido à notícia publicada no *New York Times* de que o rinoceronte Cacareco, morador do zoológico da cidade de São Paulo, havia sido eleito vereador, com mais de 100 mil votos. A situação seria lembrada por Álvaro Americano:

> Nesse dia, e nos seguintes, os representantes brasileiros não tiveram mais sossego, tendo que dar explicações para representantes de todos os países. Schmidt já não agüentava mais a situação, quando o embaixador de Gana se aproximou e disse:
> — Excelência, li que foi eleito para uma função legislativa em sua terra um rinoceronte. Pode Vossa Excelência explicar tal fato? O rinoceronte é um animal nativo de meu país: um animal bruto, sem qualquer vivacidade. Não posso entender.
> Schmidt respondeu na hora:
> — Senhor Embaixador, isto apenas comprova o velho adágio, segundo o qual, ninguém é profeta em sua própria terra.[85]

Em dezembro daquele ano, já de volta ao Rio de Janeiro, Schmidt pronunciaria um discurso no Itamaraty intitulado "O sentido da Operação Pan-Americana":

> A operação Pan-Americana não é um passe de mágica. Temos de criar uma mentalidade e elaborar uma doutrina para o desenvolvimento. Não há surto de desenvolvimento sem base na cultura e jamais alcançaremos nossos objetivos se não encetarmos, desde já, uma campanha de esclarecimento do povo, da opinião pública do hemisfério para este impulso eminentemente criador que estamos imprimindo ao funcionamento do sistema pan-americano.
> Sobre os nossos ombros pesam responsabilidades que devemos considerar detidamente. A primeira se traduz numa exigência de

ordem, de repúdio a toda sorte de excessos e desequilíbrios. Quem tem o dever de libertar muitos milhões de seres de uma escravidão que já durou demais, e se prolonga até uma era em que a técnica oferece possibilidades de produção suficiente ao sustento de todos os seres humanos; quem já sabe o que deve fazer para alcançar seus objetivos, não pode perder-se em vagos devaneios. A Operação Pan-Americana, surto de afirmação continental, não é apenas um conjunto de providências econômicas. É um despertar de consciência; é o trabalho de uma nova geração de homens decididos a não consentir que nos aproximemos cada vez mais das zonas dominadas pela incultura e pelo atraso e cada vez mais nos deixemos distanciar pelos países que lograram oferecer aos seus povos um alto teor de vida.

[...] Sente o Brasil que necessita crescer, adquirir importância e significação no mundo de hoje; mas sabe, também, que só deve e pode fazer juntamente com os países irmãos do continente. Há, em torno dessa convicção pan-americanista, um ideal de solidariedade, mas também um sentido realista, que lhe dá essa eficácia e objetividade sem a qual não há nação que possa crescer, ou mesmo sobreviver.[86]

Um resultado prático da OPA seria a criação do BIRD (Banco Interamericano de Desenvolvimento), em abril de 1960, após a qual Schmidt continuaria brigando pela ampliação de fundos, por achá-los insuficientes. Em setembro desse ano, Schmidt chefiou a delegação brasileira à Conferência de Bogotá e foi eleito presidente do Comitê dos 21, em reconhecimento a seus esforços em prol do desenvolvimento e da compreensão no continente. Comentando depois essa reunião, Schmidt diria:

> Passando agora à análise concreta dos resultados atingidos, começarei lembrando os objetivos básicos da OPA no setor econômico-social.

Em primeiro lugar, temos o objetivo central da Operação Pan-Americana, que é o desenvolvimento da América Latina, dentro do regime democrático da liberdade individual, da livre iniciativa econômica para o setor privado, atribuindo-se ao governo um papel coordenador, porém dinâmico, inovador e supletivo.

Desenvolvimento dentro dessas características pressupõe hoje em dia um certo grau de assistência econômica de capitais estrangeiros, públicos ou privados, ou ambos, caso contrário só um Estado organizado politicamente, capaz de comprimir o consumo do povo, poderia obter os recursos puramente nacionais capazes de acelerar o processo de desenvolvimento de uma forma adequada.

Em Bogotá, conseguimos dar valor quantitativo às metas de desenvolvimento latino-americano e a um compromisso de ajuda externa desses valores. Também conseguimos o abandono, pelos Estados Unidos, da tese de que "a casa deve ser posta em ordem" antes da ajuda. O abandono da tese de que os países latino-americanos não poderiam acelerar seu desenvolvimento por incapacidade tecnológica de absorção rápida de recursos.[87]

No decorrer de 1960, Schmidt combateria os críticos da OPA, ainda céticos quanto a seus benefícios. Nessa época, por meio das colunas do jornal *O Globo*, numa situação *sui generis* pela liberalidade do patrão, discutiria com seu colega, o também jornalista Eugênio Gudin, que havia declarado em um artigo, no mesmo jornal, que a OPA fracassara:

> Não aceitar a Operação Pan-Americana — e desdenhar dela — é um indício positivo do pessimismo gudiniano [...]. Aí está constituído e pronto para funcionar o Banco Interamericano para o Desenvolvimento, fruto da OPA — e já entre os cinco itens apresentados pelo Brasil e aceitos pelos Estados Unidos consta em primeiro lugar o

aumento do poder operacional deste banco, instituição com que há muitas décadas se sonhava e só agora se realiza. Serão postos em execução diversos planos de melhoria de produtividade agrícola e criadas diversas indústrias, que terão base também nas conquistas tecnológicas mais adiantadas. Um acordo para estabilização de preços de produtos primários neste continente está em estudo — se Deus quiser — em breve, e outras surpresas deverão começar a surgir proximamente. [...]

A Operação Pan-Americana propõe a atualização da política deste continente. Estamos numa hora em que, em toda parte, a começar pelos países mais sensatos da Europa, se estabelecem as associações regionais. Terá sido essa atualidade que eriça os cabelos do meu amigo e mestre Eugênio Gudin?[88]

Em 29 de dezembro de 1960, ao final do governo JK, Schmidt enviaria uma carta ao presidente, pedindo demissão do posto de embaixador junto ao Mercado Comum Europeu, continuando apenas suas ocupações na OPA, como presidente do Comitê dos 21. Sobre este trabalho diria, em entrevista a O Globo, em 16 de dezembro daquele ano:

ENTREVISTA DO MINISTRO AUGUSTO FREDERICO SCHMIDT

AFS — Parece-me necessário explicar o sentido da minha missão, que hoje considero encerrada. Procurei alertar os Estados Unidos e, em seguida, os países europeus, quanto ao abandono a que tem sido relegada e à incorreção com que se avalia a importância da América Latina. [...]

Devo assinalar que nunca procurei iludir-me, ou iludir a outrem, quanto às responsabilidades por tal estado de coisas. Sempre estive consciente de que nos cabe, a nós latino-americanos, boa parte da culpa. [...] A ação diplomática coletiva dos latino-americanos tem se caracterizado pela sua insuficiência e falta de dinamismo. Eis porque a OPA representou verdadeira revolução nos hábitos, [...] no próprio espírito ou atitude mental que presidia às relações interamericanas.

Defendi sempre a necessidade de um plano conjunto, de grande envergadura, para acelerar o desenvolvimento da América Latina e evitar uma etapa ulterior, longa e difícil de harmonização dos interesses econômicos e das políticas comerciais nesta parte do continente. Nesse sentido, advoguei a urgência de uma cooperação mais ampla e de maior descortino, por parte dos países altamente industrializados da América do Norte e da Europa ocidental. [...] Tenho motivos de satisfação quanto aos resultados até agora alcançados com a OPA. Antes de chegarmos a medidas concretas da envergadura almejada, era imprescindível mudar a própria compreensão do problema latino-americano por parte não somente nossa, mas também da opinião pública e dos círculos dirigentes nos países cuja cooperação nos é imprescindível. Multiplicam-se agora os sinais de que começamos a encontrar as primeiras justificações nos Estados Unidos. Não considero impossível uma radical mudança da política do Departamento de Estado em relação à América Latina [...]

Faço votos para que o Brasil, pelo seu novo governo, compreenda a importância da política externa. [...] O corpo de funcionários do Itamaraty conta com numerosos diplomatas de grande capacidade de trabalho e alto valor profissional. Tudo depende da orientação de cúpula. Se alguma reforma deve ser levada a efeito, é nos espíritos que ela se deve operar. Estou contente de ter podido trabalhar no sentido de uma política atualizadora do Brasil.

Não quero esconder meu pessimismo quanto ao futuro da causa do Ocidente se não surgir um milagre para acordar os elementos distraídos da Europa e dos Estados Unidos. Sem fé nada será possível:

fé em Deus, fé nos valores espirituais de que nos proclamamos defensores, eis o que mais falta nos faz.

Findo o pleito que elegeu o novo presidente da República, circularam rumores de que Schmidt seria o novo ministro das Relações Exteriores; outros davam por certo que Jânio Quadros o havia consultado sobre a composição de seu ministério. Entrevistado sobre a influência no novo governo, o poeta responderia:

> Não opinei e não teria o direito de fazê-lo sobre nenhuma espécie de candidatura a ministérios. Quem me conhece de perto sabe muito bem que não sou capaz de oferecer-me a ninguém, muito menos ao presidente Jânio Quadros, que não gosta de oferecidos. Repito que não gosta notoriamente de oferecidos. Quer dizer, encontra-se quem não gosta de oferecer-se com quem não gosta de oferecidos.[89]

O tempo comprovaria tais afirmações, mostrando sua total falta de vínculos com o novo presidente, fato incontestável diante do destino que este daria à OPA durante seu curto mandato.

Novas eleições

O ano de 1959 fora bem difícil para o presidente JK. Além de enfrentar novo levante de oficiais da Aeronáutica, logo desarmado e anistiado, suportou comícios de trabalhadores — apoiados por Brizola e Jango, seu próprio vice — contra a política salarial do governo. No cenário internacional não foi muito diferente; após tensas negociações com o FMI, que condicionava um empréstimo de 300 milhões de dólares a algumas exigências (entre elas o abandono do Plano de Metas), JK como resposta rompeu com o Fundo. Jamais abriria mão de seu famoso Plano. Foi preciso, em janeiro de 1960, uma visita ao Brasil, do presidente norte-americano Eisenhower, também em final de mandato, para JK reiniciar as negociações com o Fundo.

Para completar, iniciou-se a sucessão presidencial com dois fortes concorrentes. De um lado, o general Lott, famoso defensor da democracia e da ordem. De outro lado, Jânio Quadros, ex-governador de São Paulo, que tinha a vassoura como símbolo de sua campanha e prometia "varrer a corrupção" que assolava o país ("Varre, varre, vassourinha/ varre varre a bandalheira"). Jânio foi eleito com 5,6 milhões de votos, num total de 48% dos votos válidos, e tomaria posse em 31 de janeiro de 1961; João Goulart seria o vice-presidente, de novo.

Em seu último ano de governo (1960), JK inaugurou Brasília, "cidade do futuro", dona de uma luz especial, construída no tempo recorde de três anos. A oposição ainda alardeava, nos jornais, suas idéias contra a capital, e Schmidt partiria em sua defesa:

> Fui a Brasília duas vezes, na companhia de dois homens opostos, talvez os mais opostos dos tempos modernos — Foster Dulles e André Malraux. Vi a impressão recebida pelo velho Dulles: nos seus olhos azuis e duros, um brilho de espanto. E depois, encontrando-o em Washington, dele ouvi que o espetáculo o contaminara de entusiasmo. [...] André Malraux não escondeu o que sentiu: trata-se de um famoso navegador nos mares da grandeza. Eu o vi mover-se, e tomar-se aos poucos de entusiasmo diante do que estava vendo, sentindo. "O que esperávamos viesse da renovação espetacular da Rússia ofereceu-nos o Brasil", disse Malraux. É verdade que esse homem, um dos espíritos mais penetrantes do nosso tempo, dá grande significação ao aspecto artístico, à concepção de Brasília, que inaugura uma arquitetura criadora de cidade e não apenas de edifício ou habi-

tação. Mais de uma vez, porém, diante de mim, Malraux também encarou a nova cidade como força propulsora de conquista e do desenvolvimento.[90]

Para consolar os cidadãos do Rio de Janeiro, que havia perdido o *status* de capital do país, cria-se o estado da Guanabara, que elegeu o jornalista Carlos Lacerda como seu primeiro governador. Fato interessante, nesse ano, foi o resultado do desfile do Carnaval carioca, quando Mangueira, Salgueiro, Portela e Unidos de Capela empataram em primeiro lugar.

Durante o seu governo, JK conseguiu impulsionar a atividade industrial do país, com a execução do Plano de Metas, apesar da falta de apoio no Congresso Nacional, onde a oposição (UDN) lhe negava qualquer pedido, procurando brechas na legislação e trabalhando com elas. Entre suas realizações, além de Brasília: a abertura de 20 mil quilômetros de estradas, a implantação da indústria automobilística, um expressivo aumento da produção de aço, além de dobrar a produção industrial e mais que dobrar a produção de petróleo e a capacidade de refino. No período de 1955 a 1960, o PIB (Produto Interno Bruto) cresceu em média 8,1% e a renda *per capita*, 4,8%.[91]

A oposição criticaria ferozmente o aumento da inflação, o endividamento externo e a abertura da economia para empresas estrangeiras, afora Brasília, "loucura maior de JK". No início do governo de Jânio, Schmidt ainda defendia, nos jornais, o caráter progressista e renovador do governo de Juscelino:

> JK investiu, [...] e na verdade revelou aos brasileiros que já não éramos uma nação habitada por jecas-tatus, por pobres seres soterrados e vencidos pelo medo da vida, pelos obstáculos de uma natureza imperiosa [...]

Abusou-se, neste último qüinqüênio, de frases trombeteantes, de elogios à raça, de flores de retórica, exaltando o poder criador dos brasileiros — mas eu sou do tempo em que as afirmações eram todas no sentido de que não tínhamos capacidade de mexer uma palha, que nosso povo era o triste resultado da fusão de três raças igualmente tristes.

O que importa, porém, nesta hora, é estabelecer a certeza de uma mudança de alma — e essa mudança será mais bem compreendida se insistirmos nessa troca de imagens e símbolos do Brasil. Em lugar do jeca, do bicho melancólico e parado, o candango, figura expressiva de uma reação afirmativa, viril, de resistência e esperança.

Como o estado de espírito é tudo e o resto quase nada — acho que nenhum preço foi alto demais para transformar a desesperança passiva numa crença energética nos grandes destinos do Brasil. O resto veremos.[92]

Realmente, nos anos seguintes Schmidt veria mais novidades do que poderia imaginar.

JÂNIO QUADROS

Juscelino Kubitschek terminaria o mandato garantindo a ordem democrática, com as eleições livres e a clara transferência do poder para Jânio, eleito pela oposição. Murilo Mello Filho, compadre e amigo íntimo de Schmidt, contaria a polêmica do dia da posse de Jânio:

> Estávamos a 31 de janeiro de 1961. Bem-informado, como sempre, Schmidt soube que o novo presidente, Jânio Quadros, naquele dia de sua posse, ia aproveitar a solenidade para, na presença do pró-

prio Juscelino, pronunciar um violento discurso contra ele. Telefonou do Rio para Brasília, prevenindo JK do risco que corria. E ouviu a seguinte resposta: "Meu caro Schmidt, se o Jânio cometer esse desatino, passo-lhe a faixa e dou-lhe um soco na cara". Ciente dessa decisão, Jânio teve a cautela de transferir o discurso para ser pronunciado à noite, na *Hora do Brasil*, quando o seu antecessor já estava voando para Paris.[93]

Em seu primeiro discurso na televisão, Jânio surpreendeu a todos, aliados e opositores, jogando na lixeira um exemplar do jornal *O Estado de S. Paulo* e atacando duramente a administração de seu antecessor, que, a essa hora, voava para Paris. Seu estilo de governar também surpreenderia a sociedade. Jânio escrevia, aos ministros, bilhetinhos que eram publicados diariamente nos jornais, ganhando a força de decretos. Já no segundo mês de governo, promoveria uma desvalorização do cruzeiro, mas a inflação persistiria e o dólar dispararia. Entre suas medidas polêmicas, proibiu o uso do biquíni nas praias, em defesa da moral e dos bons costumes. Na política externa também mostraria algumas contradições. Schmidt questionaria diversas vezes a coerência do novo governo:

> Não me parece, aliás, lógica a atitude de muitos que estão discutindo o problema de nossas relações com o governo de Fidel Castro. De um lado, procuramos contato e relações novas com todos os regimes comunistas do mundo. Por exemplo, recebemos uma missão da China Vermelha e vamos enviar outra a esse país, que realiza uma experiência das mais terríveis — a formação de uma coletividade tendo por base a supressão da individualidade. Voltamo-nos para não importa que país — seja qual for o seu regime —, e por que, dentro desta política de indiscriminação, tratamos Cuba de forma excepcional?[94]

O fim do governo de Juscelino marcaria o início de uma péssima fase para Schmidt. Descobriu-se diabético. Agora deveria se submeter a uma dieta alimentar rígida e disciplinada, além do desagradável tratamento à base de injeções de insulina. Doente, mostraria toda a sua rebeldia, que seria relatada em entrevista, anos após sua morte, por seu ex-secretário Waldir du Val:

> Lamentava-se, às vezes, de não poder comer. Diabético, a dieta era-lhe imposta com rigor. É verdade que nem sempre a cumpria, pondo em desespero os médicos que o assistiam. Vários deles tiveram de desistir da empresa de assisti-lo, pela sua rebeldia em tratar-se. Os amigos íntimos sorriam, quando um novo médico, chamado como sumidade capaz de dominar o doente (nos últimos anos de vida), ditava-lhe ordens, dietas, remédios para tais e tais horas. Apesar dos esforços dos auxiliares e amigos, Schmidt conseguia deixar de tomar um remédio, sair da dieta. E os seus íntimos sabiam que isso era inevitável. Ninguém tinha força suficiente para obrigá-lo a ingerir uma drágea, quando ele dizia não.[95]

Apesar das escapadelas, em poucos meses perdeu seu aspecto físico rechonchudo e saudável, emagrecendo rapidamente, o que lhe conferia um ar cansado e envelhecido. O pior de tudo foi ver o destino dado à OPA, contrário a todas as suas expectativas, inicialmente otimistas.

> O presidente eleito, dr. Jânio Quadros, afirmou mais de uma vez na sua campanha eleitoral que a política pan-americana prosseguirá, nos termos que foi colocada pelo presidente Kubitschek. E deve não apenas continuar, mas adquirir um vigor maior, revestir-se de uma maior autoridade, em virtude da confirmação de que a OPA estava num caminho certo, num caminho sem retorno. A OPA é irreversível.[96]

Pura ilusão. As críticas continuavam pipocando nos jornais, condenando a "inutilidade" da Operação. Schmidt não conseguiria deixar de responder:

> Entramos em um novo período, com novos homens; estamos sob o signo da austeridade, mas não da generosidade, e se é fácil destruir o dia de ontem, será fatal a restituição da verdade. Enquanto existir uma América Latina desvalorizada, relegada à retaguarda incaracterística, haverá necessidade da OPA.[97]

Em março de 1961, o novo presidente norte-americano, John Kennedy, lança o programa de desenvolvimento para a América Latina Aliança para o Progresso, com vários dos preceitos da OPA, mas de caráter mais assistencialista. Este seria o fim da sonhada Operação, obsessivamente combatido por Schmidt:

> O compreensível impulso do presidente Kennedy de ligar seu nome a um já tardio mas louvável encontro das Américas coincidiu com a secreta intenção do atual Brasil em não deixar de pé qualquer coluna juscelinista. Daí a Operação Pan-Americana, depois de vitoriosa, ter passado a chamar-se Aliança para o Progresso, de Kennedy. Diante dos povos do continente, o país cedeu a bandeira que levantara em hora heróica, quando um muro de silêncio nos cercava [...]
>
> Todas as afirmações que acaba de fazer em mensagem enviada à Reunião dos 21, em Punta Del Este, o presidente norte-americano, tornando-as programa de sua Aliança para o Progresso, já faziam parte do corpo doutrinário e tático da OPA. Nunca se verificou uma vitória diplomática, pelo menos no plano das idéias, tão complexa como essa, que hoje deveria estar consagrando a política exterior do Brasil, e sob a presidência do Brasil. [...]

Dizer-se que não tem importância o nome, nem a liderança brasileira, que devemos ceder as honras aos Estados Unidos — é uma teoria que não se sustenta de pé. As nações vivem certamente do trabalho de seus filhos e do seu poder criador, mas também do prestígio que lhes dá a projeção externa, a capacidade de compreender as coisas, a visão antecipada dos acontecimentos.[98]

Em agosto desse mesmo ano, após sete meses de governo, Jânio renuncia por meio de um bilhetinho histórico, mergulhando o país em uma série crise política: "Nesta data e por este instrumento, deixando com o ministro da Justiça as razões do meu ato, renuncio ao mandato de presidente da República".

Ao que tudo indica, o ex-presidente tinha uma "queda" pelas renúncias, conforme nos relatou Elio Gaspari: "1959. Novembro. Jânio Quadros, candidato de um pequeno partido à Presidência da República, renuncia. Semanas depois, renuncia à renúncia".[99]

Na ocasião, o vice-presidente João Goulart, sucessor legítimo da Presidência agora vaga, encontrava-se em visita oficial à China. Como os ministros militares eram contra a posse do vice, velho inimigo, instalou-se a crise. A confusão era tamanha que se falou até em derrubar o avião que traria Jango de volta ao país.

JANGO

Não era a primeira vez que os militares vetavam Jango; na verdade, a querela começara ainda durante o governo de Getúlio Vargas, quando os militares pediram e obtiveram sua demissão como ministro do Trabalho; e continuaria, quando em sua primeira eleição para vice-presidente houve nova confusão, contornada com o apoio do general Lott. Temia-se o populismo de Goulart e atacava-se, deliberadamente, sua competência administrativa e política. Sobre Jango, Celso Furtado, que seria seu ministro do Planejamento, diria, em entrevista à revista *Playboy*, em abril de 1999: "Era um primitivo, um pobre de caráter".

Divulgado o veto militar ao vice-presidente, Leonel Brizola, cunhado de Jango e então governador do Rio Grande do Sul, liderou o "movimento pela legalidade", que começou com o apoio do Exército da região e culminou com a adesão de boa parte da sociedade. O *Correio da Manhã* seria dos primeiros jornais a defender a posse de Jango, a legalidade e a ordem democrática, assunto pisado e repisado naquela segunda metade do século XX. E essa não seria a última vez que o tema dominaria as manchetes dos jornais. À beira da guerra civil, o Congresso aprovaria uma emenda constitucional que transformava o regime presidencialista em parlamentarista, fato que acalmaria as oposições mais acirradas a Jango, pois tirava grande parte dos poderes do presidente. Dadas — e aceitas — as novas regras do jogo de sucessão, em setembro o novo presidente assumiu, tendo Tancredo Neves como seu primeiro-ministro. Tancredo não resistiria muito tempo no cargo, renunciando antes de completar um ano de exercício do poder. Enquanto isso, Schmidt assim comentaria os resultados da política externa do governo anterior:

> O que se verificou no governo dos sete meses foi principalmente uma mudança de estilo, um querer fazer as coisas e não saber, uma falta de naturalidade, uma ausência de linguagem diplomática, uma tendenciosidade, uma carência de sentido de realidade. Ninguém recusava a Cuba nem mesmo o melancólico direito de arruinar a sua economia em lugar de fortificá-la e distribuir eqüitativamente a riqueza comum a um povo que vivera sempre explorado miseravelmente num país de fato riquíssimo.[100]

Se o governo de Jânio fora tumultuado, o de Jango prometia emoções ainda mais fortes. Depois da posse quase impedida, o novo governo abriria várias frentes de trabalho, procurando implantar uma série de reformas, e não abandonaria a luta pelo restabelecimento do presidencialismo. Pela Constituição, era vedada a reeleição do presidente da República para um período consecutivo a seu mandato. Já se desenhava o cenário político das próximas eleições, em 1965, quando JK deveria concorrer à Presidência novamente. Apesar das proibições constitucionais, muitos aliados de Jango falavam em sua continuidade no poder, fosse por meio de alterações na Constituição ou de outras formas menos lícitas. O caldeirão político esquentava.

IV
O TERRITÓRIO DO BOM SENSO

NOVA FASE

NESTA ETAPA DE SUA VIDA, após mais de vinte anos de casamento, Yêda passava grande parte do ano em Paris, e Schmidt, longas temporadas com a esposa, no exterior. A política desgostava completamente Yêda, que, ao tomar conhecimento da doença do marido, não se permitiu mais viajar sozinha, passando a acompanhá-lo em todas as ocasiões e a tomar cuidados especiais com sua alimentação. Schmidt, porém, como que pressentia a morte, não se furtava a pequenos prazeres. Muitas vezes a esposa descobriu barras de chocolate habilmente escondidas entre os quase 30 mil volumes que possuía em sua biblioteca particular. Também aproveitava as reuniões com os amigos para comer o que não podia em casa. Murilo Mello Filho nos daria um panorama da vida social do poeta àquela altura dos acontecimentos:

> Seu apartamento no oitavo andar da rua Paula Freitas, 20, em Copacabana, como bem lembra o jornalista Aristóteles Drumond [...],

era Meca de quase todas as pessoas importantes e inteligentes desse país, desde Antônio Carlos Magalhães, Niomar e Paulo Bittencourt, Elba e José Sette Câmara, Nascimento Brito, Carlos Drummond, Bandeira, Vinicius, Sabino, Otto, Tônia [Carrero], Maria Fernanda, Roberto Marinho, Jorge Serpa, Álvaro Americano, Nehemias e José Alberto Gueiros, Hélio Fernandes, Antônio Galloti, Negrão de Lima, San Thiago Dantas, Roberto Campos, Celso Souza e Silva, Alfredo Valadão e Oswaldo Penido, até os presidentes Juscelino Kubitschek e Castello Branco, que ali compareciam em busca de conselhos e orientações.[1]

Yêda continuava linda, agora mais amadurecida, e não perdera seu jeito atlético e cheio de energia, apesar de ter adquirido o hábito de fumar. Em suas viagens pelo mundo, apaixonara-se pelo budismo, e havia muitos anos deixara de comer carne, alimentando-se exclusivamente de vegetais. Descobrira-se uma excelente motorista e tinha seu próprio carro conversível, com o qual passeava pelas ruas de Copacabana, a caminho dos compromissos.

Nos últimos anos, extremamente identificado com a política e um sem-número de negócios, Schmidt quase não publicaria mais poesia. Dizia-se gasto e melancólico. Acreditava que nada mais tinha a escrever em poesia e, ao mesmo tempo, que sua obra não era boa, que era um poeta ruim. Em 1962, lança *Antologia poética*, e somente em 1964 um novo livro de poesias, *O caminho do frio*.

INVENTÁRIO

Há um berço vazio, onde ninguém veio dormir.
Há uma viagem que jamais se realizou,
Paisagens que nunca foram vistas
Há lembranças de sonhos partidos.

Uma casa construída pela imaginação
E cujas portas ninguém transpôs.
Há planos que foram abandonados
Para sempre.

Há algumas horas de paz e silêncio,
Coroando sofrimentos e lágrimas invisíveis.

Há uma tristeza do que poderia ter sido,
De algumas palavras que pareciam
De compreensão e piedade,
E há o desgosto deste mundo.

Há algumas imagens da juventude
E a saudade de um fruto claro
Para sempre perdido.[2]

No mesmo ano, surgem mais duas antologias: *Nova antologia poética* e *Antologia de prosa*, que seriam seus últimos lançamentos de poeta; ganha ainda o prêmio de Intelectual do Ano, conferido pela União Brasileira de Escritores, concorrendo com Carlos Drummond de Andrade e San Thiago Dantas. A crítica literária já se rendera a seu estilo tão pessoal de escrever.

REVOLUÇÃO

Se a morte já se preparava para levar o poeta, fato de que ele, muitas vezes, parecia ter ciência plena, a vida traria novas batalhas pela frente. A doença lentamente o consumia, e a desesperança teimava em lhe rondar a alma.

E agora este tédio, esta sensação de que deixo perder-se o meu tempo discutindo sobre política, sobre o Brasil, sobre a nossa crise. Sinto-me despojado por mim mesmo; meu tempo vai-se acabando. Dentro em pouco, não mais terei possibilidade e resistência, ou mesmo, desejo e ânimo para escrever, para falar sobre o mistério de certas vidas que passaram tão perto de mim, ou revelar o conhecimento que tive das minhas próprias e secretas coisas. [...][3]

Entretanto, ainda havia grande dose de esperança em sua alma de incorrigível otimista. Na qualidade de representante do reduzido "Território do bom senso", fração mínima do solo pátrio, como ele próprio se intitulou diversas vezes, Schmidt se encarregaria de denunciar as mazelas da nova administração. Não por gosto, absolutamente, apenas por não encontrar outras vozes públicas que soassem tão alto como a sua e se dispusessem a uma tarefa tão ingrata. O poeta ainda ansiava por tempos melhores, ainda gostaria de mudar a face do país, ainda queria colaborar. E, durante o governo de Jânio, e depois no de Jango, a única colaboração que daria seria por meio de seus artigos nos jornais. Se não havia gostado da política do "governo dos sete meses", gostaria menos ainda da política de seu sucessor. A verdade é que Schmidt e Jango nunca foram amigos, apesar de alguma convivência durante o governo de Juscelino: "Certa vez, no Palácio, Jango estava dizendo o quanto a Europa era chata. Schmidt, irritado com tal heresia, levantou-se abruptamente: 'Permita-me dizer uma coisa, o senhor é um cretino'".[4]

Iniciado o novo governo, Jango se propôs a efetuar amplas reformas, a começar pela reforma tributária, passando pela reforma da educação, a reforma bancária, não se esquecendo de uma reforma urbana e, chegando, finalmente, à reforma agrária. Sendo agora o Estado parlamentarista e como pela Carta Magna Jango estivesse impossibilitado de reeleição no pleito de 1965, ele tentaria, de todas as formas, fazer retornar o sistema presidencialista. Também pregava a necessidade de uma nova Constituição, e a eleição de 1963 determinaria a nova Assembléia Constituinte. Definidas as propostas do governo, absolutamente contrárias a todas as teorias desenvolvimentistas em que tinha profunda convicção, Schmidt usaria as armas de que dispunha para tentar impedir o que acreditava ser uma campanha para o empobrecimento do país.

> Anseia-se por reformas de base que ninguém sabe o que são; a pretexto de que existe pobreza, procura-se aumentar a pobreza, generalizar a pobreza, estender por todo o território nacional o desalento, a paralisia. Persegue-se e discrimina-se o capital estrangeiro; impede-se a formação de capital nacional; desestimula-se o investimento privado; torna-se impossível a tão apregoada democratização das empresas, taxando-se a participação de poupanças privadas na sociedade. Já a malfadada privatização tomou conta de um terço das atividades brasileiras, com todas as conseqüências decorrentes dessa triste circunstância, quer dizer, não para bem administrar ou melhorar, mas para arruinar e desmontar, para entregar os postos de comando aos mais incompetentes.[5]

A tese do desenvolvimento tornou-se matéria dura de carregar. [...] Não bastam escolas, casas, nem mesmo distribuição de alimentos para resolver-se o problema de zonas estagnadas ou em lento processo de desenvolvimento. É preciso que o povo se ponha a trabalhar: trabalhando ele não necessitará da assistência de ninguém. Seria desumano que a dolorosa contingência, que a miséria à vista não fosse atendida — mas jamais com o sacrifício da solução radical. Dar-se atendimento parcial aos efeitos e continuar-se a adiar o ataque às causas desse sofrimento é solução de [...] seres para quem o que chamamos realidade é inexistente. Além disso, estamos em face de um problema de consciência com esse puro assistencialismo, pois aliviamos o presente e aumentamos a gravidade dos problemas para o dia seguinte, recusando-nos a pensar nas novas gerações mártires.[6]

Dentro da corrente governista, não havia uma unidade ideológica; várias correntes diferentes alinhavam-se com o presidente, que se protegeria de possíveis tentativas de golpe montando um chamado "dispositivo" militar, cuidadosamente preparado pelo chefe do Gabinete Militar, general Argemiro de Assis Brasil. Esse "dispositivo" colocava os cargos de importância estratégica militar nas mãos de aliados políticos e mandava os antigos opositores de Jango, e os descontentes, para a reserva ou para cargos sem força de comando. Iniciou-se um período de enorme turbulência social, com greves, boicotes, desabastecimento de gêneros alimentícios, passeatas e revoltas das mais diversas naturezas. O quadro se agravava com o discurso de muitos aliados do governo pregando a implementação das reformas "por bem ou por mal". Os mais exaltados falavam em revolução. A esquerda crescia, aumentando sua influência por meio dos sindicatos de trabalhadores — maior base de apoio do presidente. Este, por sua vez, tomava atitudes com as quais parecia querer provocar seus adversários, como quando declarou eximir-se de culpa sobre qualquer acontecimento futuro, se suas reformas não fossem aprovadas pelo Congresso.

A classe média, assustada, antevia o fortalecimento do comunismo — e acreditava-se piamente que "comunista comia criancinha na janta". O mundo dividia-se entre capitalistas e comunistas, tangido pelos desdobramentos da Guerra Fria. A situação econômica no país não estava nada boa, pois a inflação chegaria a 52% em 1962, 79,9% em 1963 e 92,1% no ano seguinte, batendo recordes seguidos. A este respeito, Schmidt faz a seguinte reflexão:

Em toda a parte se trabalha para a ruína da nação brasileira. Um grupo de ignorantes, maus, brinca de pregar sustos na burguesia, e nossa brincadeira trágica afunda o Brasil. [...] O comunismo entrou na moda. Até os maiores jogadores e negocistas, exploradores de toda a espécie, que conheço — e que todo o país conhece — aplaudem o advento de um regime de arbítrio que já está sendo desenhado e estruturado e onde os que deviam ser réus passam a julgadores. Os que não fizeram nada, os parasitas passaram a condenar, em termos ásperos, os que se arriscaram e trabalharam.[7]

Tentando empreender sua reforma tributária, o governo Jango conseguiria a aprovação da Lei da Remessa de Lucros, através da qual se fazia a distinção entre capital nacional e capital estrangeiro e estipulavam-se regras de remessa de lucros obtidos no país por empresas de capital estrangeiro. Sua aprovação seria duramente criticada por Schmidt, por desestimular investimentos externos em uma hora tão necessária:

A Lei de Remessa de Lucros (chamemo-la incorretamente assim) é um atentado ao Brasil, ao seu povo, ao futuro e ao presente do país — mas como se jogou com a palavra lucros, como se qualificam esses lucros de estrangeiros, não se quiseram arriscar, os 150 e tantos legisladores, a qualquer hesitação. Poderiam apontá-los como vendidos ao capital estrangeiro e insuficientemente esquerdistas. [...]
Trata-se de uma lei que se fosse ou for posta em execução imobilizará o Brasil, o estrangulará, o relegará à condição de definitivo subdesenvolvimento, o reduzirá a uma nação miserável. Em lugar de disputarmos a colaboração estrangeira, como o estão fazendo todos os países do mundo, queremos impedi-la, proibi-la, castigá-la.[8]

Enlouquecido com o novo governo, Schmidt continua escrevendo seus artigos, com veementes alertas sobre os sofrimentos da classe média e sobre os descalabros da inflação. Yêda o convence, então, a passar uma nova temporada em Paris e, de lá, Schmidt passa a enviar suas matérias aos jornais, mantendo-se constantemente atualizado pelas revistas e recortes que chegavam do Brasil. Via o nosso país cada vez mais estagnado, agonizante:

> Estamos todos sentindo que a classe média desaparece, naufraga. Mas não desaparecerá sem revoltar-se. As revoltas vêm sempre do que se convencionou chamar de classe média. Só há uma salvação para esse naufrágio — o enriquecimento nacional, a prosperidade do país. Contra isso lutam todos os que têm voz no capítulo. Lutam enfim contra a nossa própria sobrevivência.
> Atualmente [...] o Brasil vive sob essa dupla pressão inflacionária, que se expressa na desvalorização rápida da moeda no mercado cambial, aumentado com os deságios e juros usurários os custos de importação, e na expansão das emissões de papel-moeda, pela qual também acaba sendo responsável a inflação de custos, pois esta determina o aumento das despesas, da demanda de crédito, dos valores nominais, enfim. [...]
> Jamais consegui fazer compreender, aos governantes de quem estive aproximado durante certo tempo, que o meio mais fácil e mais lógico de conter a alta vertiginosa do custo de vida é aumentar a oferta. A tendência dos administradores é bem marcadamente para a repressão. Congelar preços, iniciar campanhas contra os mercadores, processar e prender culpados — eis o que sempre se impõe [...].
> O presidente Goulart por sua vez continua o irmão dos pobres; é moço demais ainda para que o denominem pai da pobreza. Deputados pedem a cabeça dos proprietários, dos empresários. Não há uma proclamação do governo ou da oposição em que não se encontrem proje-

tos de aumentos de impostos, castigos, ameaças, gritos nacionalistas e, sempre, cargas cerradas aos investidores. Como uma túnica de ferro a mentalidade negativa estrangula o Brasil. Ninguém quer nada que seja construtivo, que traduza a mocidade de um povo. [...]

Compreendo os cuidados e preocupações que se devem tomar para evitar ser acusado de defender os ricos, a sociedade dos ricos. Estes existem entre nós, e detestam ainda mais, ou pelo menos tanto, o desenvolvimento e o enriquecimento nacional quanto os intérpretes e aproveitadores do ressentimento. São esses ricos insensíveis, não só ao sofrimento dos pobres como também ao sofrimento do Brasil. Não os confundamos, porém, com os empresários que pagam impostos, reinvestem os lucros, empregam os que precisam trabalhar, e constituem o que ainda sobra de positivo neste mormaço estéril, neste paraíso de parasitas em que se está transformando este nosso país.[9]

Jango voltaria suas energias para a realização de novo plebiscito popular sobre o sistema de governo. Em setembro de 1962, os sindicatos dos trabalhadores promovem uma greve geral a favor do plebiscito. É grande o apoio dos trabalhadores a Jango, que em junho havia criado o décimo terceiro salário, levando o Brasil a ser, desde então, o único país do planeta onde o empregado trabalha onze meses e recebe treze.

Schmidt atacaria veementemente a predisposição do governo à volta do presidencialismo, o que não surtiria muito efeito, pois o tão falado plebiscito seria realizado no início de 1963, trazendo de volta o antigo regime: "A Guerra do Alecrim e da Mangerona entre presidencialismo e parlamentarismo poderá gerar uma guerra civil. Acima de fórmulas, de teimosias e loucuras, o que importa é o interesse deste pobre e mal-amado Brasil".[10]

Não conseguindo mais suportar o que considerava uma série de enormes barbaridades, Schmidt voltou ao país decidido a tomar providências. Começou a se reunir com amigos e militares de oposição, sobretudo com membros do recém-criado IPES (Instituto de Pesquisa e Estudo Social). O instituto, criado principalmente por empresários e militares, tinha como finalidade defender a livre iniciativa e a liberdade pessoal. Enquanto isso, entre os militares, iniciava-se uma conspiração — chamada de "reação legalista" — para a derrubada do presidente, caso o governo tentasse algum gesto de força contra o Congresso ou os governadores de oposição. O general Castello Branco, velho amigo de Schmidt, que ocupava o posto quase "simbólico" de chefe do Estado-Maior do Exército, estava entre os conspiradores militares.

O ano de 1963 traria algumas tragédias mundiais. O papa João XXIII morreria e o presidente Kennedy seria assassinado, no fim do ano. No Vietnã, desenrolava-se uma guerra sangrenta, que levaria o povo norte-americano a profundas reflexões. Os Estados Unidos, preocupados com o avanço do comunismo, depois de ter apoiado um governo ditatorial e ineficiente na República do Vietnã (ou Vietnã do Sul, parte do país simpatizante do capitalismo), resolveram promover a guerra contra um país pobre, subdesenvolvido, que mal havia se libertado da exploração colonial de outra grande potência, a França. Os norte-americanos deixariam o sangrento conflito, dez anos depois, humilhados por um saldo de milhares de mortes, sem conseguir a vitória, apesar de todo seu poderio financeiro e bélico. O uso de armas químicas e biológicas não destruiu a busca pela liberdade dos vietnamitas.

Ainda nesse ano a questão racial também se agravava nos Estados Unidos, e em agosto o pastor Martin Luther King proferiria seu imortal discurso: "Eu tenho um sonho". A morte de Kennedy marcaria o início do declínio da Aliança para o Progresso, duramente criticada nos Estados Unidos. Schmidt mantinha contato com vários diplomatas norte-americanos, velhos amigos de seus tempos como embaixador, que lhe diziam que os governantes norte-americanos não entendiam muito bem o que se passava no campo político brasileiro, e essa falta de entendimento dificultava quaisquer possibilidades de ajuda financeira ao país. Era a "pá de cal" que faltava para sepultar definitivamente a OPA. O poeta escreveria, então, a Declaração Pan-Americana, uma das maiores provas de amor que deu à sua pátria:

DECLARAÇÃO PAN-AMERICANA

O Brasil espera o advento de um novo presidente dos Estados Unidos,
de um presidente
Que reconheça, que compreenda, que se dê conta
que saiba e se convença, enfim,
Que o poderio norte-americano deve colaborar
na criação de um poderio brasileiro.

Até aqui não houve um só presidente norte-americano
que se desse conta de que
O Brasil nasceu para ser um Grande País
e, se não o for,
Nossa desordem se transformará num perigo ilimitado
neste Continente.

Digo que não houve um só presidente dos Estados Unidos
— até hoje —
Que nos contemplasse e compreendesse como devemos
ser contemplados e compreendidos.
Roosevelt, Kennedy, para citar apenas os dois maiores mortos,
podem ter visto muito bem o complexo mundial
Mas a nós, não viram.

O Brasil espera que se revele e surja no horizonte
um presidente norte-americano que reconheça
A necessidade de uma política com o Brasil
— de uma política verdadeira
De apoio ao desenvolvimento desta nação;
Mas para benefícios recíprocos;
Deve ser compreendida e orientada essa política.

O Brasil, que pretende ser grande,
que precisa ser grande,
Mal e tristemente se conforma com o assistencialismo
dos norte-americanos.
O Brasil Grande necessita mesmo é de colaboração efetiva
para o seu desenvolvimento.
A assistência, a caridade, as obras pias devem incumbir
aos próprios brasileiros de realizá-las.
Mas a expansão e fortificação de nosso país
reclama investimentos mais importantes e fecundadores,
Que nos podem e devem ser confiados.

O novo presidente dos Estados Unidos precisa saber que
a Aliança para o Progresso
É máscara do assistencialismo e de uma falsa noção de eficácia.

Esperamos de um novo presidente norte-americano
uma nova idéia política para o Continente.
Se é necessário fortificar a democracia neste hemisfério,
que se fortifiquem as economias pelo desenvolvimento,
E não por simples resposta às crises.

A política norte-americana em relação a nós
tem sido exclusivamente de resposta às nossas crises.
Esperamos que não seja sempre assim,
pois necessitamos de uma nova concepção continental.
Tentamos tudo isso com a Operação Pan-Americana
e esta grande iniciativa
Foi devorada, dilacerada, desgraçada
Por brasileiros e por norte-americanos.

Esperamos de um novo presidente norte-americano
que ele se solidarize
Com o Brasil Grande, não com o Brasil Pequeno.

Esperamos de um novo presidente norte-americano
que ele renove os conceitos
De casa arrumada e de moeda forte a todo preço.

Esperamos, também, que o Brasil compreenda
alguma coisa sobre si mesmo —
Pois, se não acontecer isto, não nos importa
esperar qualquer apoio
De qualquer presidente norte-americano.[11]

O poeta não teria mais oportunidade de opinar em questões internacionais, mas já havia deixado sua marca na história de nossas relações exteriores, o que foi lembrado trinta anos após a sua morte:

> Se o político age com vistas a valores, e a diplomacia é uma ação política, Schmidt revelou os valores de sua Operação: "nosso desejo é que a América toda tome um só caminho, integrada na idéia de proteger a liberdade do homem e a sua dignidade. Este é o nosso sentimento".[12]

Tal visão de unidade real proposta por Augusto Frederico Schmidt parecia transcender os interesses ocasionais, sempre nocivos à política externa e à vida pública. O desenvolvimento econômico (o BIRD tenta ajudar) estava na sua alça de mira e a proposta atualiza-se no limiar deste século, em que imperam idéias como integração, cooperação, formação de áreas de livre cambismo; nas figuras do Nafta, Mercosul, Pacto Andino etc.

Prelúdio à revolução

Ainda em 1963, internamente o panorama político era bem agitado. Em setembro, uma revolta de sargentos da Marinha e da Aeronáutica utiliza-se das armas, toma à força diversas repartições públicas, mantém reféns o presidente da Câmara dos Deputados e outro ministro do Supremo Tribunal Federal, sendo entretanto prontamente anistiados pelo governo. A cúpula militar fica indignada contra a quebra da ordem e da hierarquia. Intensificam-se as conspirações "legalistas". As Forças Armadas se dividem, e rumores dão conta de que havia dois generais e inúmeros oficiais de menor graduação simpatizantes do comunismo.

A 4 de outubro, Jango tenta um golpe político, pedindo ao Congresso Nacional o estado de sítio, mas seus próprios aliados negam-se a compactuar com a manobra, temendo os desdobramentos. O estado de sítio daria superpoderes ao presidente e, diziam as más línguas, a própria esquerda temia que Jango a traísse. Na verdade, a esquerda estava dividida entre "positiva" e "negativa", diferenciando-se entre os mais radicais dos reformistas e os oportunistas. A direita vê na manobra as intenções de uma tentativa de golpe. A situação parece se agravar a cada dia, e Schmidt continua sua luta na imprensa, alertando sobre os rumos que a crise tomava:

A crise brasileira é de tal gravidade que as liberdades públicas e individuais podem, de um momento para o outro, ser suprimidas, as instituições correm perigo real, o processo de desenvolvimento econômico foi suspenso e a própria unidade nacional está ameaçada. No entanto, as classes dirigentes parecem ainda não ter compreendido — em toda extensão — o que está ocorrendo no país.[13]

O Instituto Brasileiro de Geografia e Estatística (IBGE) divulgaria uma pesquisa revelando que, de 1961 a 1963, a quantidade de pessoas que ingeriam menos de 1.600 calorias diárias (uma espécie de classificação para a fome) havia aumentado de um para dois terços da população brasileira.

Carlos Lacerda iniciaria campanha defendendo a derrubada de Jango por meio de um golpe militar, chegando a pedir a intervenção militar americana em jornal de Los Angeles. A esquerda convence-se de que o governo norte-americano está ajudando os mais rebeldes a preparar um golpe contra o presidente e também se mobiliza para o levante. Brizola procuraria unir as diversas centrais de trabalhadores e sindicatos, a UNE e os sargentos e marinheiros que apoiavam o governo, para dar início à luta revolucionária. Ele começaria uma campanha de recrutamento, que entraria para a história como o Grupo dos 11. A tática, interessante, lembrava uma pirâmide: no momento certo, Brizola, como chefe da operação, contataria onze pessoas diretamente ligadas a ele. Cada uma dessas onze, por sua vez, contataria mais onze, que lhe estariam diretamente subordinadas, e rapidamente se multiplicaria, como numa grande rede, a mobilização a favor do governo.

No fim do ano, Schmidt publicaria, em sua coluna, a chave para a transformação da sociedade:

O Cristo autêntico

Não haverá solução alguma se mudarmos a estrutura social sem reformar e mudar a alma humana. E tudo o que desejou o Cristo foi mudar, reformar, esclarecer, iluminar, avivar a Caridade e o Amor no homem. Sem Ele não haverá nada de bom — e a pretexto de socorrer os necessitados e estabelecer o paraíso terrestre cairemos todos no maior e mais longo cativeiro que a história registra até aqui.

Como alguns jovens que me vieram visitar me perguntassem qual a solução para tantos e tão angustiosos problemas que nos perseguem, respondi-lhes que outra salvação não encontrara eu senão a da volta de Jesus Cristo. Não vejo, não descubro, não encontro outra saída para a humanidade senão a que nos ofereceu Aquele que se confessou Filho de Deus. Estou afastado das práticas religiosas, sou um marginal da Igreja Católica, difícil se me vai tornando com o correr dos tempos compreender e aceitar certas afirmações, certas interpretações, certos aspectos da ortodoxia, mas a noção da grandeza do Cristo aumenta e me invade cada vez mais e todos os dias. Naturalmente sei que o mundo de hoje é um mar de desespero; que a vida humana se tornou uma aventura sem sentido; que, à medida que os seres escravizados há séculos e séculos perdem a inocência e verificam que estão nus e que não há outro mundo, o desejo de punir os que os exploraram é imperioso e irresistível. Sei que tudo que amamos — e gira em torno do homem, de seu prazer, de sua dignidade, de sua liberdade de amar, de pensar e de agir — está ameaçado de perto; sei que as tiranias e as opressões voltaram com multiplicado conteúdo de força destruidora; sei que a dificuldade de crer não é mais o tormento de alguns espíritos indagadores, mas o quinhão de todos; de tudo isto sei e de muito mais ainda. Mas sei também que a volta, o redescobrimento, a recuperação do Cristo seria o resgate do homem moderno. A idéia de que é necessário recuperar o Cristo é uma idéia mais revolucionária, mais eficaz, mais difícil de projetar na ação prática do que tudo o que se faz na China do pesadelo ou na Cuba de Fidel Castro. Mas é luta maior ainda, mais exaustiva, mais dura do que mutilar o homem — esse trabalho de reconstruí-lo, de fazê-lo reconquistar a Esperança natural. A Esperança foi o legado que recebemos para atravessar o tempo e enfrentar esta inacreditável aventura terrestre. Se tivermos Esperança estaremos salvos. Se nos faltar Esperança cairemos para sempre, não nos será possível permanecer de pé.

Perdi eu próprio muitas esperanças; vi ruírem construções que se me afiguravam eternas; presenciei a ação do tempo tirar muitas máscaras e exibir as faces verdadeiras dos seres. O que é sempre terrível. Vi as coisas em que acreditava com maior ardência se transformarem em cinza, poeira e nada. E espíritos que alimentaram meu espírito, verifiquei que perdiam o poder de dizer-me fosse o que fosse. Vi a fraqueza de estruturas morais que me pareciam as mais firmes. Colhi desencantos; dei-me eu próprio para muitos desencantos alheios. O mundo que recebi ao tomar consciência das coisas perdeu-se, desfigurou-se, é uma outra coisa. Seres que me foram essenciais — sem os quais não podia eu viver — passaram a ser-me indiferentes, o que é pior do que tê-los como hostis.

Tudo o que fui conheceu mudança. Mas o Cristo não. O Cristo que representou para a minha infância um pequeno fantasma, para minha mocidade um símbolo — nesta hora de sombra em que vivo — tornou-se uma presença. Sua palavra eu a procuro como solução de dificuldades, como chave dos maiores enigmas. Sei que toda a crise do mundo resultou da deformação de Sua doutrina, do esquecimento do que Ele propõe como regra de conduta dos homens. Não vejo nenhuma possibilidade de qualquer salvação para o Ocidente sem o Cristo autêntico. Porque estou falando no Cristo autêntico e não n'Aquele que nos oferecem quase vinte séculos de deformações, de falsificações, de devoções, de fantasias.

Não creio em nenhuma forma de paraíso terrestre sem o Cristo... Sei que é importante que as fomes de tantos milhões de homens sejam saciadas, as doenças curadas e os corpos expostos ao frio aquecidos, que haja um mínimo de conforto para todos os homens. Mas não desconheço que não pode haver qualquer felicidade ou plenitude do homem com a simples fundação de uma sociedade de consumidores e produtores. A própria condição humana reclama a Esperança. Uma humanidade sem Esperança é algo terrível. Se o Cristo não sobreviver, a raça humana será uma coisa irreconhecível. Poderão fartar-se os grandes rebanhos de seres frutos da inseminação artificial, todos com saúde perfeita. Mas não haverá mais este abismo que é o homem com as surpresas boas e más que ele nos oferece.

O Cristo é a chave do mundo moderno, é o fim do egoísmo e o advento da tão esperada justiça social. Neguem os que não têm forças para crer na Sua divindade, mas os poucos que contemplam o Cristo despido de falsas roupagens, os raros que O encontram tal como é, os que ouvem Sua voz, estes sabem que tudo o que vem d'Ele está certo, é a verdade, é o equilíbrio, é a medida do humano. Não há outro movimento a fazer senão responder com o Cristo, não só a heresia do nosso tempo como aos que se intitulam cristãos sem o serem, aos que O exibem como recurso defensivo e não sabem quem Ele é.[14]

1964

O ano de 1964 começou em plena ebulição. O governo norte-americano pressionava o Itamaraty, dizendo que declararia a bancarrota do país, pois havia sido pedida a moratória no ano anterior. No Congresso, um grupo de parlamentares denunciava a suposta tentativa de golpe de um governo que parecia querer "rasgar" a Constituição e implantar o comunismo no país. Para completar, era véspera de ano de eleição, quando seria escolhido um novo presidente. Intensificam-se as campanhas e o PSD lança a candidatura de JK (JK65), que parecia dispor das preferências do eleitorado. Aliados de Jango pregavam sua candidatura, ainda que inconstitucional. Enquanto o caldeirão borbulhava, o gabinete militar de Jango jurava a inexpugnabilidade de seu "dispositivo", acreditando que este seria acionado ao primeiro sinal. Outra grande ilusão!

A situação se agravaria com grande velocidade, primeiramente com um decreto anticonstitucional, assinado pelo presidente Jango, desapropriando as terras ao longo das rodovias para serem usadas na reforma agrária.

Logo a seguir, seria realizado o comício da Central do Brasil, em 13 de março, bem diante do Ministério da Guerra, reunindo cerca de 300 mil pessoas, muitas delas portando cartazes e faixas ofensivos às Forças Armadas. Diversos aliados de Jango (entre eles Brizola e Luiz Carlos Prestes) discursaram a favor da implementação das tão discutidas reformas.

A classe média carioca, assustada, também se mobilizaria acendendo velas nas janelas, na noite do comício. Em Belo Horizonte, milhares de donas-de-casa, velas e terços nas mãos, participariam da Marcha pela Família, orando pela salvação da pátria e enchendo as ruas do centro da cidade. Outras marchas semelhantes seriam promovidas no Rio de Janeiro e em São Paulo. Havia um grande apoio da classe média a um levante "legalista" militar.

A campanha nos jornais é enorme: ambos os lados trocam acusações veementes. Schmidt, decepcionado com os resultados da tão idealizada ordem democrática, faz uma reflexão, falando sobre os defeitos e qualidades da democracia:

Na verdade, a democracia que devemos preservar e defender necessita ser concebida em termos novos. É que o nosso corpo eleitoral não reage como devia, está desinformado, apresenta aspectos perigosamente negativos. Um demagogo qualquer pregando o que não faz, ou melhor, inculcando-se como o contrário do que é, faz-se eleger de maneira fulminante, consegue enraizar-se na opinião, e por mais crimes que cometa, loucuras que perpetre, atentado à nação que pratique, não perde sua "sacralidade" junto aos corpos eleitorais obscuros, mal informados ou criminosamente informados. É incrível como não saiam de circulação política falidos que não apresentam senão desserviços. Mas, que fazer? Apelar para a ditadura é acrescentar males maiores ao que aí está. É cercar de impunidade e de violência e impedir que se critique de forma absoluta o que, bem ou mal, pode encontrar corretivo num ou noutro lampejo de consciência dos cidadãos. Além disso, entre a ditadura e a desordem total o espaço se estreita de maneira impressionante. Se existe corrupção — e na verdade a corrupção toma aspectos bastante graves agora — imaginemos o que poderá ocorrer na ditadura. A verdade é que é aventura grave, cheia de riscos, brincar-se com a liberdade.[15]

Em 20 de março haveria um novo incidente envolvendo as Forças Armadas, com repercussões ainda piores. Fuzileiros navais e marinheiros, rebelados contra o regimento interno da Marinha, aquartelam-se no Sindicato dos Metalúrgicos. A "solução" para a crise foi a posse de um novo ministro da Marinha, que imediatamente anistiou os rebeldes. Este foi um duro golpe para a cúpula das Forças Armadas, que temia o fim da ordem e da hierarquia militares.

O general Castello Branco distribuiu então, no Exército, um manifesto no qual afirmava que o governo "só quer mandar e desmandar para gozar do poder, uma cúpula sindical que vive na agitação subversiva, todos tendentes a submeter a nação ao comunismo de Moscou".¹⁶ Schmidt apoiava o amigo. Começava a acreditar que somente um levante militar deteria as intenções golpistas do presidente e garantiria a continuidade da tal ordem democrática. Schmidt já podia ver JK novamente na Presidência, o que correspondia ao sonho de milhares de brasileiros. Os anos de governo de Juscelino ficaram conhecidos como "anos dourados", pois grande parte da sociedade vivenciara uma época de aparente progresso e muita fé no futuro.

O LEVANTE

A crise tomou um rumo irreversível no dia 30 de março, quando Jango discursou enfaticamente em uma assembléia de sargentos no Automóvel Club, na qual se reivindicavam melhorias para a classe. A oficialidade toma o ato como nova provocação. Alguns colaboradores próximos a Jango começam a admitir seu afastamento da Presidência, até como último recurso para uma possível volta vitoriosa, nos braços do povo. A coisa não seria bem assim.

Dois dias antes do levante, Schmidt vociferava em sua coluna:

> Somos uma nação que toca no fundo da sua capacidade de humilhar-se. A insensibilidade para o trato dos interesses nacionais passou a ser o apanágio do governo. Ninguém sabe nada, a começar pelo presidente da República. Este é, na verdade, um homem totalmente despreparado, e da espécie dos despreparados simuladores. Não sabe o que quer, ou sabe apenas as coisas confusas dos seus pobres desejos. Os seus partidários se entredevoram.¹⁷

No dia 31 de março, o general Mourão Filho, que ficaria conhecido por "vaca fardada", numa alusão a seus duvidosos dotes intelectuais, aproveitando-se dos benefícios da lua cheia, decide se rebelar. Supersticioso, o militar, que comandava a guarnição de Juiz de Fora, evitava tomar alguma iniciativa durante a lua nova, o que tornou urgentíssima sua decisão, apesar da total falta de coordenação, naquele momento, entre os oposicionistas, para o levante.[18] As tropas do general Mourão puseram-se a caminho do Rio, onde deveriam ocupar o poder. Seguiram-se uma sucessão de notícias controvertidas e o tão propalado dispositivo militar do governo falhou: as tropas que deveriam deter o contingente do general Mourão acabaram aderindo ao levante. Nos dias seguintes, todas as tropas do governo mudaram de lado e as que se mantiveram fiéis a Jango eximiram-se da luta. No dia 1º de abril, Jango, orientado por seus colaboradores, deixaria o Palácio das Laranjeiras, dirigindo-se inicialmente a Brasília e depois, no mesmo dia, ao Rio Grande do Sul. Deixou sua jovem esposa, a belíssima Maria Thereza, encarregada de organizar as malas e fugir com os filhos. Ao fim do dia, o saldo de mortos era de apenas sete civis. O "levante" tomara o poder praticamente sem confrontos armados, salvo poucas exceções. Ambas as partes — rebeldes e depostos — ficaram esperando maiores reações ou represálias, mas nada aconteceu.

Leonel Brizola, no Rio Grande do Sul, ainda tentaria comandar a reação a partir de seu Grupo dos 11, mas, principalmente devido à falta de munição do destacamento local do Exército, nada conseguiria. Jango acabaria deixando o país, o que tornaria definitivamente legal a posse do novo presidente, pois rezava a Constituição que outro presidente só tomaria posse se o atual deixasse o país sem a autorização do Congresso. Este seria o fim do governo de João Goulart.

Tudo de novo

Vitoriosa a "revolução", começaram as disputas de poder, que culminariam com o primeiro Ato Institucional, baixado no Congresso Nacional e elaborado sob as orientações do jurista Francisco Campos. Este primeiro AI cassou o mandato de quarenta parlamentares, e era só para começar. No dia 11 de abril, o Congresso Nacional, por meio de eleições indiretas, elegeria o general Castello Branco como o novo presidente da República. Segundo consta, o próprio general acreditava e defendia ser ele o intermediário que garantiria as eleições do ano seguinte e a tão malfadada continuidade da ordem democrática. Schmidt, amigo de Castello, estava novamente esperançoso com relação à volta do crescimento e desenvolvimento do país. Antes mesmo da eleição, generosamente elogiava o amigo, ainda em plena campanha:

> Ninguém diria melhor do que Castello Branco, estou certo, qual deve ser o caminho a seguir para tornar-se o Brasil uma nação respeitável e respeitada. Ninguém melhor do que ele traduziria — e em termos mais seguros e corretos — o desejo de afirmação e de vida deste país. Ninguém seria mais firme e mais exemplar do que esse homem que acaba de se revelar um autêntico estadista.[19]

Novamente otimista, Schmidt lança, pelas Edições do Val, editora de Waldir du Val, uma coletânea de artigos intitulada *Prelúdio à revolução*, reclamando dos problemas da última administração. Seria seu último lançamento em vida.

Entretanto, ao contrário do esperado pelo poeta-cronista e por grande parte da sociedade, o novo governo militar não deixaria o poder tão rapidamente, e precisaríamos de mais de duas décadas para empossarmos outro presidente civil. Houve, na verdade, uma radicalização cada vez maior do governo "provisório", seguida do aumento das denúncias de torturas e do cerceamento da liberdade de imprensa. Seria criado o Serviço Nacional de Informações (SNI), agência especializada em esmiuçar a vida de militares e civis, artistas, intelectuais e leigos, brancos ou negros, no intuito de identificar comunistas ou inimigos do novo governo. A amizade com o presidente não impediria Schmidt de usar os jornais para denunciar os descalabros do governo militar, inicialmente em tom de advertência:

> Ainda é cedo para julgar, mas já é tempo para alertar. Estamos em condições de distinguir certas inclinações, e confesso que elas não tiveram o poder de conservar em mim o mesmo fervor das primeiras horas, quando a eleição do atual presidente me parecia a realização de algumas pretensões e reivindicações minhas, longamente sonhadas e defendidas.[20]

A esperança com o novo governo duraria, na realidade, menos de três meses. Em junho de 1964, Castello Branco cassaria o mandato de Juscelino Kubitschek. A sociedade civil, estarrecida, imaginava que a cassação seria causada pela preferência maciça do eleitorado pelo ex-presidente e candidato à sucessão, agora adiada para 1967. Seria o golpe de misericórdia para Schmidt, que havia convencido Juscelino, agora senador, a votar em Castello para presidente, acreditando que este garantiria a "ordem democrática". JK recebeu como retribuição pelo voto a cassação parlamentar e um exílio voluntário. Schmidt pediu pessoalmente a Castello que revertesse a situação, mas seu pedido redundou em nada. Juscelino proferiu o último discurso, escrito por Schmidt, antes de voar para Paris, onde se exilaria pelos anos seguintes. Josué Montello, amigo de Schmidt e de JK, narrou em seu livro de memórias, *Diário da tarde*, a grande decepção que abalou o redator de discursos preferido do ex-presidente, após a cassação:

> O apartamento amplo está repleto. Muita fisionomia estranha e desconhecida, que me parece ser de gente da polícia política ali infiltrada, e amigos e velhos companheiros, notadamente Augusto Frederico Schmidt, que me puxa para uma janela, de semblante abatido:
> "Estou arrasado. Como se tivesse levado uma paulada na cabeça. Fui eu que fiz o Juscelino votar no Castello para presidente da República. Eu. Agora, esta miséria".
> O semblante, deixando cair os cantos da boca, consegue ter um ar de nojo e raiva que completa a palavra indignada.[21]

Não bastassem a cassação e o exílio voluntário, Juscelino seria duramente atacado por antigos inimigos, mas Schmidt defenderia o amigo:

> E aqui estou, e não estou comprometido. Os comprometidos costumam calar-se, não defendem os seus amigos exilados, fingem que não os conheceram, que não tiveram nada com eles. Os comprometidos só saúdam o sol nascente, os novos governantes. Bem poderia eu estar envolvido com os triunfadores de uma luta da qual eu próprio também participei e venci. [...]
> Juscelino respeitou os seus adversários, e não se impôs a ninguém pelo medo. Prefeito, governador, presidente, não pesa na consciência de Kubitschek um ato de violência sequer contra os seus adversários. Fez estradas, usinas e indústrias. Ergue no deserto uma cidade que acabará [...] mudando o eixo político, econômico e social do Brasil numa integração nacional que só os pósteros compreenderão melhor.

Mas todas essas realizações foram feitas sem voltar-se o ex-presidente contra os fracos, sem atacar os inocentes ou transformar em lei de governo o ódio, a injustiça e a perseguição.[22]

A partir de então, Schmidt retoma suas críticas — cada vez mais desesperadas — quase diárias no jornal, fato que, segundo alguns, o impediram de qualquer participação política no governo de Castello Branco. Especulava-se que Schmidt seria o novo ministro da Cultura, o que não aconteceu. Schmidt nunca concordaria em participar de um governo que havia desandado a baixar atos institucionais, a perseguir políticos e trabalhadores, afora outras atitudes, com as quais a alma sensível e humanista do poeta não poderia compactuar. "O governo Castello tornou o Brasil negativo e triste", afirmava aos jornais.

Para não se dizer que Schmidt nunca foi convocado a tomar parte de qualquer iniciativa do novo governo, o poeta seria convidado, pelo Ministério da Cultura, a participar da comissão que planejaria as comemorações do aniversário de cem anos de Dante Alighieri. Ironicamente, responderia que se sentia honrado, mas recusava a enorme demonstração de respeito e consideração que o governo lhe dava, destinando-o a tão importante missão.

O poeta-cronista também não concordaria com a política econômica imposta por Roberto Campos, novo ministro do Planejamento, e deixaria suas posições claras, como sempre fez. Com o novo governo, surgiria mais um expediente que se tornaria clássico entre os economistas — o famoso "arrocho salarial", medida extremamente popular até depois do início do século XXI. O "arrocho" era uma nova forma de calcular os reajustes salariais.

> Não estou de acordo com muitas de suas diretrizes administrativas; este é um direito que me cabe. [...] Mas nada disso importa

quando o problema prioritário, pela sua gravidade, o da ordem (que quer dizer "caminho"), está em jogo.²³

Mais do nunca, Schmidt debate-se pela melhoria no sistema educacional, pois tem a plena compreensão de que só a educação das novas gerações poderia reverter o triste quadro a que se reduzira nossa classe político-administrativa:

> Sr. Presidente,
>
> não ousaria eu escrever-lhe nesse momento, se não me parecesse o assunto, de que é objeto esta carta, bastante importante. [...] não aceito, no entanto (e sabe-o Vossa Excelência muito bem), muitas posições tomadas pelo seu governo — e que no campo econômico, por exemplo, temo o que vai acontecer. O sr. Roberto Campos é uma espécie de "amor de perdição". A sedução de seu racionalismo-projetista deve ser realmente muito forte para que possa ele se impor dessa maneira [...]. O próprio mestre-projetista não se lembrou de incluir, entre os investimentos, esse que pedirei a Vossa Excelência que dele se ocupe [...] peço-lhe que proponha ao Legislativo uma reforma educacional. Trata-se de fazer um investimento básico, sem o qual não há país sério, atualizado e desenvolvido [...]. O amparo, o estímulo ao cientista-professor deve ser um ponto importante da política educacional, que peço a Vossa Excelência, pelo amor do Brasil, inaugurar [...].²⁴

Passaria os próximos meses intervindo junto ao presidente, pedindo por amigos e intelectuais — muitos até desconhecidos — que estavam sendo torturados nos porões da ditadura.

> Meu Deus — será ou não possível fazer compreender àqueles que estão exercendo um poder indisfarçável (pela força de que dis-

põem entre tantas fraquezas), ao observador medianamente consciente; será impossível — pergunto-me e indago, também, aos que me lêem — tornar admissível o que já é por si mesmo claro, evidente? Será que não conseguirei transmitir a esses militares que julgam e condenam, condenam e punem, e apresentam-se como executores de uma revolução que foi apenas uma reação à desordem; será que alcançarei dizer-lhes explicar-lhes que é necessário — isto sim — extinguir as fontes envenenadas onde nascem os contrabandos e contrabandistas, as transgressões e os transgressores de toda espécie?

Urge iniciar um combate aos medíocres, aos partidários do Brasil pequeno, aos que não desejam a nossa independência. Abram-se inquéritos contra as idéias negativas, contra os fatores da pobreza nacional, contra os que opinam sem saber que estamos faltando ao nosso dever principal, que é o de promover o desenvolvimento deste país em bases técnicas, em termos de realidade.[25]

Por fim, o desalento domina sua alma e a exasperação, suas colunas diárias:

> Agora volta o bailado dos sete véus. E, de novo, há gente em torno dessa fantasia. O governo não cessa de propor reformas. Existirá uma revolta contra a falta de reformas? Que fazer para sermos como os felizes? Amar? Não: reformar. Os problemas se empurram; chocam-se as duas nações: a verdadeira e a nascida da vontade de que tudo vá bem. Não é mais permitido estranhar a política financeiro-econômica. Temos de saravá. De concordar. De aceitar. De ser esperançosos. De confiar.
>
> Meu Deus, como posso seguir badalando que tudo está certo, quando não o sinto? Quando não o constato? [...]
>
> Como escrever com gravidade sobre os problemas brasileiros, se todos estão contentes, contentes e ligeiramente inquietos? O nosso

bravo ministro da Guerra garante que as eleições serão realizadas no dia e na hora. Podemos, pois, dormir tranqüilos? Creio que não. Vamos enfrentar a realidade? Valerá a pena? Que eleições serão possíveis se a noiva não poderá casar com quem quer, mas com o escolhido pela "revolução"? [...]

Será que estou tresvariando? Ou procede a constância com que reclamo uma revolução na maneira de compreender o Brasil? Será que não nos damos conta de que somos uma terra imensa, com uma economia microscópica, pequena, confusa e triste? Que exportamos cada vez menos? Que importamos sempre menos? Que produzimos sempre menos petróleo? Que nosso café se torna sempre menos importante para nós? Que entraremos na era da industrialização do referido café, como simples abastecedores da matéria-prima? Será justo acusar-me de desejar o que constato e denuncio? Deus sabe que estou entre os que desejam que tudo vá bem. E o quero. Não por patriotismo, mas por cansaço de uma velha, exausta, paradoxal e malsinada vocação de profeta. [...]

Vamos ver o mar? Deixemos os problemas brasileiros. Solta os teus cabelos e caminha. E tu, contenta-te com o que és e já não mereces ser. Por que insistir em lutas impossíveis? Já vens debatendo tempo demais no mesmo tom. Já devias ter-te dado conta de que não lidas apenas com erros, mas com uma maneira do Brasil se ver e sentir. Lutas contra uma mentalidade e contra uma falta de mentalidade. Contra a falta de desejo de grandeza. Vem e contempla, Moura, do alto dessa torre imaginária, o país inteiro. Estás inquieto e atormentado, mas a noite é bela e todos estão dormindo. Dormem os contentes e os descontentes. Dormem uns poucos em palácios, mas há uma grande massa que dorme em esteira e no chão. Todos estão dormindo, como no poema de Manuel Bandeira. É inútil desejar saber mais alguma coisa. Basta que constates que o sono igualou a todos. O resto é vão, é agitação e ruído.[26]

Navio partindo...

A idéia da proximidade da morte havia muito lhe rondava o espírito angustiado. Podia senti-la espiando-o, cercando-o, preparando o golpe fatal. Podia sentir sua presença como uma nuvem, uma nuvem de libertação, que o livraria das tristezas e decepções terrenas. Começou a senti-la, verdadeiramente, na cassação de JK, por meio do aviso tresloucado de seu galo branco. O galo, desde que "imigrara" para o Brasil, tendo como tarefa ser a sentinela, o canto de aviso de Schmidt, vivia preso em seu cubículo de vidro, de onde saía, sob os cuidados de seu protetor, para longos passeios pela biblioteca íntima do poeta — aquele recinto sagrado, conhecido apenas pelos amigos mais chegados, onde escrevia seus poemas à noite.

No dia da cassação de JK, o salão do apartamento de Schmidt recebeu amigos e colaboradores do ex-presidente, todos indignados com tal situação, à procura de uma solução para a crise. Foi ali que Schmidt ditou para sua secretária particular o discurso que JK faria no plenário do Senado, antes de deixar o país. O ambiente era tumultuado e nervoso, vozes se alteravam, pessoas andavam, portas batiam. No meio da confusão, o galo branco, sentinela do poeta, aproveitando a confusão reinante, atirou-se pela janela do grande salão, procurando alçar vôo com suas asas despreparadas e enfraquecidas pela passagem dos anos, buscando, talvez, alcançar o mar que se descortinava ilimitado através da janela, mas apenas espatifando-se na calçada, oito andares abaixo, diante de uma platéia atônita e chocada. Era o alerta final que o poeta esperava.

O mar... velho companheiro da juventude. Próximo ao mar seria o palco do último encontro de Schmidt com o amigo Josué Montello, que deixaria o registro do momento:

No nosso último encontro, na avenida Atlântica, vinha ele na tarde de sol, a enrolar e a desenrolar a corrente de seu chaveiro no dedo indicador da mão direita. Parecia triste. Caminhamos juntos ao longo do quarteirão, no sentido do Copacabana Palace. E ele me diz de repente, travando-me o braço:

— Nós nos lembraremos deste planeta...

E depois de um silêncio:

— Sabe quem disse isso? Villiers de l'Isle Adam, num de seus *Contes cruels*. Essa frase tem sido ultimamente o meu consolo. Eu me lembrarei deste planeta.[27]

Schmidt voltou a sonhar com o navio, que agora abrigava em seu convés uma tripulação bem maior do que a de seus sonhos de adolescente. Em meio à névoa que envolvia o navio, sentia uma tranqüilidade, uma paz muito diferente da agonia com que vira o pai e seu último adeus, nos antigos pesadelos:

Sonho com o túmulo de minha mãe (que é o de minha avó Chiquinha também), para onde devo ir, se não morrer em terra estranha. Mostra-me alguém um pequeno coração de mármore, partido, colocado sobre a lousa. Procuro algo para amarrar o coração partido e não encontro.[28]

Começou a se despedir das pessoas, esperando a hora — que acreditava bem próxima — de sua libertação final. E ela de fato não demorou a chegar:

Saudade deste reino da Terra, vale de lágrimas tão querido,
de onde será difícil desapegar-me, apesar de todas as queixas e pesares...[29]

Era 8 de fevereiro de 1965, dia em que Schmidt havia almoçado com seu grande amigo Roberto Marinho, no centro da cidade. Conversaram longamente sobre a Rede Globo, que seria inaugurada pouco tempo depois, e sobre os rumos que a revolução tomava. O jornalista também estava preocupado, assim como o resto da sociedade. Já no fim da tarde, voltando com seu motorista para casa, em Copacabana, Schmidt começou a sentir um mal-estar no peito, sem que soubesse identificar exatamente a origem da dor. Ondas de suor e arrepio percorriam-lhe o corpo. Como estivessem no fim da avenida Princesa Isabel, quase na esquina da avenida Atlântica, pediu ao motorista que parasse ali mesmo, desceu do carro e cruzou as pistas, em direção ao mar... o velho mar que acalmava seus problemas, escutava suas angústias, apaziguava seu coração cansado e sem esperanças...

Nem para a direita nem para a esquerda, o poeta apenas seguiu em frente, em busca do destino, como havia feito durante toda a vida. Havia apenas continuado em frente, buscando crescer, desenvolver-se, tal qual a árvore que a cada dia estica mais seus galhos em direção ao sol, faz brotar novas folhas para inspirar mais ar e elabora levas de frutos, sementes que irão garantir seu legado às próximas gerações.

Era um belíssimo fim de tarde de verão, sem que nenhuma nuvem, por mais diáfana, encobrisse o espetáculo do sol carioca, que mergulhava nas águas do mar, e permitindo o brilho da lua e das estrelas, suas irmãs, que já iluminavam o início da noite.

> Quero morrer de noite
> as janelas abertas,
> os olhos a fitar a noite infinda.[30]

Assim cantara o poeta, e assim a morte o levaria: na beira da praia, olhando o céu rosado e ouvindo a música das ondas. Sentia a água molhar seus pés, agora descalços, enquanto aliviava o nó da gravata, ante os protestos do motorista que insistia em levá-lo ao hospital rapidamente. O poeta não escutava mais nada e, tomado pela dor alucinante, já via o navio chegar. O coração cansado do profeta incompreendido parou de bater no exato momento em que o sol, mergulhando no oceano dourado, sumiu completamente.

Desnecessário descrever, aqui, quanto foram exaltadas as virtudes do poeta nos dias que se seguiram à sua morte. O enterro, no cemitério São João Batista, no Rio de Janeiro, seria concorrido por amigos e inimigos, antigos conhecidos e fãs desconhecidos. No meio de tantas celebridades, uma jovem fã não passaria despercebida, ao jogar uma rosa branca sobre o caixão, deixando claro, com o gesto singelo, que o poeta-idealizador do Brasil Grande se enganara ao dizer que ninguém leria seus poemas quando ele não estivesse mais aqui... Talvez fosse preciso ainda algum tempo, mas seu grito não ficaria disperso entre os ecos da história recente.

Epílogo

Quem contará as pequenas histórias a que assisti durante minha vida, quem falará dos meus mortos depois que eu me for, quem se lembrará de mim mesmo, depois que esta existência se transformar numa vida verdadeira ou em nada, em sono sem despertar?

Pergunto-me, no dia de hoje: mais de quarenta anos depois que eu tiver desaparecido, quem se lembrará de que passei por este mundo? Quem, abrindo os olhos da memória sobre a minha ausência, me reverá?[1]

SEI BEM COMO É FALHO E INCOMPLETO, querido poeta, diante de todas as nuances de uma vida movimentada, este relato de que fomos apenas o instrumento. Muitos já o recordaram, em épocas e tempos distintos, como você mesmo gostava de dizer. Muitos já relembraram, em palavras e versos, a grandiosidade de sua alma. Muitos ainda hão de descobrir, atento profeta, como era grande seu amor pelo país, como era sincera sua vontade. Os tempos que se seguiram à sua morte, apesar da ignorância e da violência — que você teve a felicidade de não presenciar —, não conseguiram nem conseguirão apagar seus ideais, seus valores, sua luta pelo "Brasil Grande, mas Grande mesmo". O amor que você sentiu pelo país ainda vai contagiar futuras gerações e, quem sabe, em algum futuro próximo, consigamos mudar a mentalidade de "Brasil pequeno", que, desgraçadamente, ainda domina a mente de muitos brasileiros.

Morreu o industrial-visionário, mas seu trabalho havia gerado empregos para milhares e progresso para a nação. Foi-se o poeta, mas deixou-nos uma obra inspiradora. Partiu o grande estadista, mas plantou as raízes de uma cooperação continental. Libertou-se de sua prisão o cidadão atormentado, mas não sem antes gritar bem alto sua mensagem de amor e desenvolvimento. A grande dúvida da morte, Schmidt, você já esclareceu... Mas quem aqui saberá se o Poeta-Profeta "bebe de novo em fonte invisível"?

> O poeta empreende agora a travessia,
> do mar desconhecido,
> ele, pássaro cego e navio perdido.[2]

Agradecimentos

PESQUISAR PARA ESCREVER a biografia romanceada de Augusto Frederico Schmidt foi um desafio que contou com a colaboração direta e indireta de muitas pessoas. Passados quase quarenta anos desde sua morte, as pistas sobre sua vida e obra ainda se encontram espalhadas por diversas institiuções, num verdadeiro "quebra-cabeças", que procuramos peça a peça reconstituir, procurando os momentos mais importantes. Árdua tarefa, levando-se em consideração a personalidade eclética de Schmidt, que se envolveu em atividades tão distintas como a poesia e a indústria, a política e o comércio. Muito de sua obra permanece perdida em publicações antigas, em arquivos e bibliotecas, à espera de uma redescoberta.

Inicialmente, devemos um agradecimento especial aos Acadêmicos Antonio Olinto e Murilo Mello Filho, amigos e contemporâneos do escritor Schmidt, pelas entrevistas que gentilmente nos concederam.

Agradecemos a Maria Aparecida Pires de Miranda, amiga e pesquisadora incansável. Sua sabedoria e carinho foram imprescindíveis nesses dias tão agitados.

Um "obrigado especial" a Marília Motta Ludgero da Silva, revisora, que ajudou a tornar o texto mais leve, e a Eliane Mey, querida professora de Biblioteconomia da UFSCAR, por suas orientações e pelo empréstimo de obras fundamentais à compreensão do século XX.

Um beijo carinhoso para d. Madalena Pinto Veloso, funcionária do Botafogo Futebol e Regatas, sempre solícita e prestativa, que forneceu material importantíssimo ao esclarecimento da passagem de Schmidt pelo Botafogo, e de sua influência no destino do clube.

Não podemos deixar de agradecer a nossos familiares, sobretudo aos maridos e filhos, pela paciência nesse período de dedicação quase exclusiva ao assunto Augusto Frederico Schmidt.

Finalmente, um obrigado especial a Eliane Peyrot, amiga querida e fiel do casal Schmidt, que há anos luta pela preservação da memória do poeta, e concedeu-nos a oportunidade de conhecer e registrar a vida desse grande brasileiro.

NOTAS

I. FORMAÇÃO

1. Augusto Frederico Schmidt, "A velha firma". In: *As florestas*. 2. ed. Rio de Janeiro: Topbooks, 1997, p. 70.
2. Josué Montello, "Um reencontro: Schmidt". In: *Jornal do Brasil*, 4 set. 1977. A. F. Schmidt, "Segunda parte". In: *O Galo Branco*. 2. ed. Rio de Janeiro: José Olympio, 1957, p. 319.
3. Id., "Lembranças de Juiz de Fora". In: *O Galo Branco*, p. 82.
4. Id., "Os passos perdidos". In: *Antologia de prosa*. 2. ed. Rio de Janeiro: Topbooks, 2000, pp. 64-5.
5. Id., "O poeta clama contra a servidão da pobreza". In: *O Globo*. 2º caderno, 7 fev. 1985, p. 1.
6. Id., "O mar". In: *Antologia de prosa*, pp. 43-8.
7. Id., ibid., p. 171.
8. Id., ibid., p. 172.
9. Id., "As crianças e as bandeiras". In: *O Galo Branco*, pp. 66-9.
10. Id., "Lembrança de Gervásio de Castro". In: *O Galo Branco*, pp. 211-4.
11. Id., "Minha formação". In: *Poesia completa*. Rio de Janeiro: Topbooks: Faculdade da Cidade, 1995, p. 28.
12. Id., ibid., p. 29.
13. Id., "A adolescente". In: *As florestas*, p. 254.
14. Id., "Saudades I". In: *Antologia de prosa*, pp. 85-7.
15. Id., "Os mortos leves". In: *Antologia de prosa*, p. 83.
16. Id., "Aparição de Luciana". In: *Poesia completa*, pp. 121-2.
17. Id., "O amor mudou?". In: *Antologia de prosa*, p. 224. Id., "Notas". In: *Antologia de prosa*, pp. 173-4.

II. O HOMEM

1. Id., "Em São Paulo". In: *As florestas*, p. 73.
2. Id., ibid.
3. Alceu Amoroso Lima, *A Ordem*, v. 72, n. 1, abr-jun., 1975. Id., *Meio século de presença literária*, Rio de Janeiro: José Olympio, 1969.
4. A. F. Schmidt, "Minha formação". In: *Poesia completa*, p. 30.
5. Id., ibid.
6. Em relação ao *Manifesto do Pau-Brasil*, de 1928, ver Darcy Ribeiro, *Aos trancos e barrancos*. 2. ed. Rio de Janeiro: Guanabara Dois, 1985. Versículo 574.
7. Sobre Graça Aranha, Augusto Frederico Schmidt escreveria várias crônicas, em especial em seu livro *O Galo Branco*: "O sineiro da morte", "O velho modernismo", "Os modernistas e o acadêmico", entre outras.
8. A. F. Schmidt, "O velho modernismo". In: *O Galo Branco*, p. 179.
9. Id., "Um retiro espiritual". In: *O Galo Branco*, p. 194.
10. A. A. Lima, "Schmidt e Jackson". In: *A Ordem*, v. 72, jun. 1975.
11. A. F. Schmidt, "Segunda Parte". In: *O Galo Branco*, p. 356.
12. Id., "Barrès e Péguy". Conferência realizada na Casa de Rui Barbosa, em 28 jun. 1940.
13. Alceu Amoroso Lima, *A Ordem*, v. 72, n. 1, abr-jun., 1975. Id., *Meio século de presença literária*, ed. cit.
14. Versos iniciais de "Canto do brasileiro Augusto Frederico Schmidt", do primeiro livro do poeta, editado em 1928. In: *Poesia completa*.
15. Id., ibid., pp. 45, 70. Sobre o "Canto do brasileiro", ver Sílvio Castro, "Schmidt, trinta anos de poesia". In: *Jornal de Letras*, ano XI, n.115-116, fev-mar. 1959, pp. 1, 8.
16. Marcos Antônio de Moraes (org.), *Correspondência: Mário de Andrade & Manuel Bandeira*, São Paulo: Edusp/IEB, 2000.
17. Sobre cartas a Alceu Amoroso Lima, ver *A Ordem*, ed. cit.; e *Meio século de presença literária*, ed. cit.
18. Versos de "Canto do liberto", editado em 1928. Augusto Frederico Schmidt, "Canto do liberto". In: *Poesia completa*, p. 55.
19. Sílvio Castro, op. cit.
21. Alceu Amoroso Lima, *A Ordem*, v. 72, n. 1, abr-jun., 1975. Id., *Meio século de presença literária*, ed. cit.
20. Mário de Andrade, "Livros". In: *Diário Nacional*, 14 out. 1928.
22. A. F. Schmidt, "Itinerário da insônia". In: *Antologia de prosa*, p. 183.
23. Manuel Bandeira, "Ovalle". *Crônicas da província do Brasil*. In: *Poesia completa e prosa*. Rio de Janeiro: Nova Aguilar, 1985, p. 489.
24. A paixão de Yêda pelos animais foi testemunhada por Eliane Peyrot, amiga e companheira da Musa em seus últimos anos.
25. Sobre cartas para Yêda, ver A. F. Schmidt, *Cartas de sempre*. Rio de Janeiro: Instituto Nacional do Livro, 1981. p. 31.

26. Id., ibid., p. 54.
27. Id., ibid., p. 73.
28. Trechos da poesia "Pássaro cego", que dá título ao livro editado em 1930. A. F. Schmidt, *Pássaro cego*. In: *Poesia completa*, p. 93.
29. Sobre sua "condenação", ver A. F. Schmidt, "Segunda parte". In: *O Galo Branco*, p. 225.
30. Sobre os comentários de Mário de Andrade, ver José Peres, "Perfil de um poeta". Conferência realizada na Casa de Cultura de Manhuaçu, MG, em outubro de 1995, p. 16.
31. Sobre afirmações da vida intelectual e política, ver A. F. Schmidt, "O poeta clama contra a servidão da pobreza". In: *O Globo*. 7 fev. 1985, 2º Caderno, p. 1.
32. Sobre comentários sobre a revista, ver Id., *Cartas de sempre*, p. 22.
33. Trechos da poesia "Desaparição da amada", que dá título ao livro editado inicialmente em 1931. In: *Poesia completa*, p. 135.
34. Sobre o surgimento do Galo Branco, ver id., *O Galo Branco*, p. 10.
35. Jorge Amado, "Devo a Schmidt ser lido e traduzido". In: *O Estado de S. Paulo*. 30 jan. 1994, Caderno Literatura, p. 5.
36. Sobre prefácio do livro de Jorge Amado, ver A. F. Schmidt, *Cartas de sempre*, p. 25.
37. "Atitude política era de recusa ao nacionalismo" In: *O Estado de S. Paulo*, 2 set. 1975, Caderno Cultura, p. 2.
38. Sobre o manifesto, ver D. Ribeiro, op. cit., versículo 660.
39. Sobre carta para Mário de Andrade, ver *Correspondência Mário de Andrade & Manuel Bandeira*, ed. cit., p. 467.
40. Id., ibid., p. 468.
41. Carlos Vergara, *Fui secretário de Getúlio Vargas*. Rio de Janeiro: Globo, 1960, p. 154.
42. Sobre carta para Yêda, ver A. F. Schmidt, *Cartas de sempre*, pp. 26-7, 42.
43. Id., p. 30.
44. Id., p. 66.
45. Id., p. 19.
46. Trecho de "Navio perdido". In: *Poesia completa, p. 65*.
47. *Canto da noite*, livro originalmente publicado em 1934. Sobre dedicatória, ver A. F. Schmidt, *Canto da noite*. In: *Poesia completa*, p. 147.
48. "Compreensão", poesia publicada em *Canto da noite*.
49. Jayme de Barros, *Chão da vida: memórias*. Rio de Janeiro: Léo Christiano Editorial, 1985, p. 140. Versos iniciais da poesia "Canto do estrangeiro", publicada originalmente no livro *Navio perdido*, em 1929. A. F. Schmidt, *Navio perdido*. In: *Poesia completa*, p. 65.
50. Sobre carta para Yêda, ver A. F. Schmidt, *Cartas de sempre,* p. 59.
51. Sobre a paixão de Ovalle por Ninon Valin ver A. F. Schmidt, "A voz". In: *Antologia de prosa*, p. 32.

52. Darcy Ribeiro, op. cit., versículo 957.
53. Poema do Ciclo de Josefina, originalmente publicado em *Estrela solitária*. A. F. Schmidt, "Lembrança da esquecida". In: *Poesia completa*, p. 227.
54. A. F. Schmidt, *Cartas de sempre*, Rio de Janeiro: Instituto Nacional do Livro, 1981, pp. 35-7.

III. O EMPREENDEDOR

1. D. Ribeiro, op. cit., versículo 893.
2. Braz Francisco Winkle Pepe et al. *Botafogo: o glorioso*. Rio de Janeiro: A4 mãos, 1996.
3. Sobre Barrès e Péguy, ver A. F. Schmidt, "Barrès e Péguy". Conferência realizada no Centro Dom Vital, 28 jun. 1940. 22p.
4. Poema "Estrela solitária", que dá título ao livro publicado em 1940. In: *Poesia completa*, p. 181.
5. Apud José Peres, *Perfil de um poeta*. Conferência proferida na Casa de Cultura de Manhuaçu, MG, out. 1995.
6. Soneto "Rosas", originalmente publicado em *Estrela solitária*.
7. Darcy Ribeiro, *Confissões*. 2. ed. São Paulo: Companhia das Letras, 1997, p. 110.
8. Palestra sobre Rui Barbosa. A. F. Schmidt. In: "Ruy Barbosa: defensor do homem". Rio de Janeiro, Imprensa Nacional, 1942. 78p.
9. Trechos do poema "Mar desconhecido", que deu o título ao livro, publicado em 1942. In: *Poesia completa*, p. 253.
10. Sobre versos de paternidade, ver "MORTE buscou no poeta o seu constante cantor". In: *Jornal do Brasil*, 9 fev. 1965, Caderno 2, p. 5.
11. Sobre a falta de filhos, ver A. F. Schmidt, "Órfãos às avessas". In: *Antologia de prosa*, p. 196.
12. Id., "Os olhos alheios". In: *As florestas*, pp. 270-1.
13. M. Bandeira, "Soneto em louvor de AFS". *Lira dos cinqüenta anos*. In: *Poesia completa e prosa*, ed. cit., p. 258.
14. B. F. W. Pepe et al., op. cit.
15. C. Vergara, op. cit., pp. 154-8.
16. Sobre a exportação de areias monazíticas, ver Câmara dos Deputados, CPI DA ENERGIA ATÔMICA. 3 mai.1956. Depoimento do sr. Augusto Frederico Schmidt, sob a presidência do sr. Gabriel Passos, 1ª parte, p. 28.
17. Sobre a fantasia de alpinista, ver A. F. Schmidt, "A fantasia de alpinista". In: *O Galo Branco*, pp. 58-61.
18. J. de Barros, op. cit.
19. Sobre visitas a autores franceses, ver A. F. Schmidt, "A máscara de Paris". In: *Antologia de prosa*, p. 103.
20. J. Montello, "Um reencontro: Schmidt". In: *Jornal do Brasil*, 4 set. 1977.

21. D. Ribeiro, *Aos trancos e barrancos*, ed. cit., versículo 1197.
22. Sobre o caso da indústria de madeira compensada, ver A. F. Schmidt, "A cilada". In: *Antologia política*. Rio de Janeiro: Topbooks: Faculdade da Cidade, 2002, pp. 13-5.
23. Ruy Castro, *O anjo pornográfico*. São Paulo: Companhia das Letras, 1992, p. 160.
24. Cláudio Lacombe, "A infância". In: *O Globo*, 8 fev. 1975, p. 25.
25. Sobre a piedade pelos invejosos, ver A. F. Schmidt, "Segunda parte". In: *O Galo Branco*, p. 237.
26. Id., ibid., p. 249.
27. Id., ibid., p. 403
28. Id., ibid., p. 378.
29. João Condé, "Um arquivo implacável que fala por si". In: *O Globo*, 7 fev. 1985, 2º Caderno, p. 1.
30. Trechos do poema "Fonte invisível", que deu o título ao livro, publicado em 1949. In: *Poesia completa*, p. 321.
31. Carlos Drummond de Andrade, "O amor e a morte: um aspecto de sua poesia". In: *Jornal do Brasil*, 8 de fevereiro de 1969, Caderno B, p. 4.
32. Id., *Poesia e prosa*. Rio de Janeiro: Nova Aguilar, 1979, p. 740.
33. J. de Barros, op. cit., p. 141.
34. Schmidt, A. F. "Advertência inútil". In: *Antologia política*, pp. 34-6.
35. Sobre o aumento do salário dos parlamentares, ver A. F. Schmidt, "Tempos diferentes". In: *Antologia política*, pp. 19-21.
36. Sobre entrada de dólares no país, ver A. F. Schmidt, "Dinheiro ganho e dinheiro dado". In: *Antologia política*, pp. 31-3.
37. Sobre a Missão Abbink, ver A. F. Schmidt, "Defesa de mr. Abbink", In: *Antologia política*, pp. 26-7.
38. Sobre custo de vida, ver A. F. Schmidt, "Comerciários". In: *Antologia política*, pp. 40-3.
39. Sobre a condução da política exterior, ver id., ibid., pp. 25-7.
40. D. Ribeiro, *Aos trancos e barrancos*, ed. cit., versículo 1260.
41. Sobre o início do governo Vargas, ver A. F. Schmidt, "A marcha se inicia". In: *Antologia política*, pp. 59-61
42. Sobre a luta contra o colonialismo, ver A. F. Schmidt, "A luta contra o colonialismo". In: *Antologia política*, pp. 62-4.
43. Verso de "Mensagem aos poetas novos", publicado originalmente em 1950. In: *Poesia completa*, p. 429.
44. Trechos de "Paisagens e seres", publicado em 1950. In: *Antologia de prosa*, pp. 93-6; 100-1; 105-6; 121-3; 129-35.
45. Versos do poema "Ladainha do mar", que deu título ao livro publicado em 1951. In: *Poesia completa*, p. 435.
46. Sobre carta para Yêda, ver A. F. Schmidt, *Cartas de sempre*, p. 87.

47. Câmara dos Deputados, CPI SOBRE ENERGIA ATÔMICA. 3 maio 1956. Depoimento do sr. Augusto Frederico Schmidt.
48. Sobre primeira reunião anual do Disco, ver João Ximenes, "Uma fênix do Brasil pequeno". In: *O Globo*, 19 jan. 1994, Caderno 2, p. 1.
49. Trechos de "Morelli", publicado em 1953. In: *Poesia completa*, p. 453.
50. Trecho de "Os reis", publicado em 1953. In: ibid., p. 460.
51. Sobre o suicídio de Getúlio, ver A. F. Schmidt, "A última audiência". In: *As florestas*, pp. 191-7.
52. Autran Dourado, *Gaiola aberta: tempos de JK e Schmidt*. Rio de Janeiro: Rocco, 2000, p. 13.
53. D. Ribeiro, *Aos trancos e barrancos*, ed. cit., versículo 1436.
54. Sobre a vocação para a política, ver "Político por vocação". In: *O Globo*, 15 fev. 1965.
55. Murilo Mello Filho, "O Richelieu brasileiro". In: *Jornal do Brasil*, 21 dez. 2002, Caderno Idéias, pp. 1, 4.
56. Câmara dos Deputados, CPI SOBRE ENERGIA ATÔMICA. 3 maio 1956. Depoimento de Augusto Frederico Schmidt, v. 1.
57. Id., ibid., pp. 17-8.
58. Sobre o európio, ver Câmara dos Deputados, CPI SOBRE ENERGIA ATÔMICA. 3 de maio de 1956. Depoimento do sr. Augusto Frederico Schmidt, sob a presidência do sr. Gabriel Passos, 3.ª parte, p. 2.
59. Sobre a competência técnica da Orquima, ver id., ibid., 2.ª parte, pp. 2-3; 35.
60. A. F. Schmidt, *Poesia completa*, p. 33.
61. Sobre entrevista aos cinqüenta anos, ver "50 anos de vida do poeta Schmidt". In: *O Globo*, 7 abr. 1956.
62. Sobre a morte da avó, ver A. F. Schmidt, "Minha avó". In: *O Galo Branco*, p. 31.
63. Sobre os ensinamentos das mulheres da família, ver id., ibid., p. 33.
64. "Um inimigo do povo". In: *Última Hora*, 3 ago. 1960.
65. J. Ximenes, "Uma fênix do pequeno Brasil". In: *O Globo*, 19 jan. 1994, 2º Caderno, p. 1.
66. Álvaro Americano, "Os últimos anos". In: *O Globo*, 8 fev. 1975, p. 25.
67. Id., ibid.
68. C. D. de Andrade, "Uma poesia que um dia será redescoberta". In: *O Globo*, 7 fev. 1985, 2º Caderno, p. 1.
69. Trechos de "Discurso aos jovens brasileiros". A. F. Schmidt, *Discurso aos jovens brasileiros*. Rio de Janeiro, José Olympio, 1956, pp. 41-5.
70. Versos de "Poema", inicialmente publicado em *Aurora lívida*, em 1958. In: *Poesia completa*, p. 512.
71. Versos finais de "Babilônia", parte XCVII. In: *Poesia completa*, p. 590.
72. Jon M. Tolman, *Augusto Frederico Schmidt*. Rio de Janeiro: Edições Quíron: MEC, 1976, p. 111.

73. Sobre a América Latina e a OPA, ver A. F. Schmidt, "Memórias políticas". In: *Antologia política*, pp. 146-52.
74. Á. Americano, "A glória sem o poder". In: *Jornal do Brasil*, 8 fev. 1977.
75. Sobre a recepção norte-americana a OPA, ver A. F. Schmidt, "De novo a OPA". In: *Antologia política*, pp. 106-8.
76. Autran Dourado, *Gaiola aberta: tempos de JK e Schmidt*, pp. 82-5.
77. Sobre a OPA e o comunismo, ver A. F. Schmidt, "Ainda a OPA". In: *Antologia política*, pp. 115-6.
78. OPERAÇÃO PAN-AMERICANA. Documentos, peças oficiais tornadas públicas por ocasião do evento. Rio de Janeiro: Serviço de Documentação da Presidência da República. Doc. V, 21 dez. 1959, p. 63.
78. Tolman, Jon M., op. cit., p. 16.
80. Schmidt, A. F. "Na conferência de Washington em 1958". In: *Antologia política*, pp. 165-8.
81. Sobre as negociações com a URSS, ver A. F. Schmidt, "Sete meses de política externa II". In: *Antologia política*, pp. 176-9.
82. Sobre as advertências da OPA, ver id., "Irreversível a OPA". In: *Antologia política*, pp. 103-5.
83. Tolman, Jon M., op. cit., p. 16.
84. Sobre a música de Villa-Lobos na ONU, ver A. F. Schmidt,"O grande Villa". In: *Antologia de prosa*, pp. 122-3.
85. Á. Americano, "Duas histórias". In: *O Globo*, 8 fev. 1975, p. 25.
86. Sobre o desenvolvimento e a cultura, ver A. F. Schmidt, "O sentido da Operação Pan-Americana". In: *Antologia política*, pp. 91-3.
87. Sobre os resultados da OPA, ver "Schmidt e a OPA". In: *Jornal do Brasil*, 10 fev. 1965.
88. Sobre as declarações de Eugênio Gudin, ver A. F. Schmidt, "OPA". In: *Antologia política*, pp. 94-6.
89. "Schmidt avisa que está usado, melancólico, não é enxerido e está por fora do ministério". *O Jornal*, Rio de Janeiro, 26 jan. 1961.
90. Sobre a defesa de Brasília, ver A. F. Schmidt, "Brasília, ou a irritação geométrica". In: *Antologia política*, pp. 117-20.
91. Elio Gaspari, *A ditadura envergonhada*. São Paulo: Companhia das Letras, 2002, p. 372.
92. Sobre a defesa de JK, ver A. F. Schmidt, "Do Jeca ao Candango". In: *Antologia política*, pp. 125-6.
93. M. M. Filho, "O Richelieu brasileiro". In *Jornal do Brasil*, 21 dez. 2002, Caderno Idéias, pp. 1-4.
94. Sobre as críticas à coerência do governo de Jânio Quadros, ver A. F. Schmidt, "O problema de Cuba III". In: *Antologia política*, pp. 162-4.
95. Waldir du Val, "Schmidt visto de perto". In: *O Globo*, 15 fev. 1965.
96. A. F. Schmidt, "Irreversível a OPA". In: *Antologia política*, pp. 103-5.

97. Sobre a necessidade da OPA, ver id., "De novo a OPA". In: *Antologia política*, pp. 106-8.
98. Schmidt, A. F.. "Origem da Aliança para o Progresso". In: *Antologia política*, pp. 169-72
99. E. Gaspari, op. cit., p. 372.
100. Sobre a política externa do Governo Jânio, ver A. F. Schmidt, "Sete meses de política externa II". In: *Antologia política*, pp. 176-9.

IV. O TERRITÓRIO DO BOM SENSO

1. M. M. Filho, "A política de Augusto Frederico Schmidt". In: *Jornal do Brasil*, 21 dez. 2002, Caderno Idéias, pp. 1, 4.
2. Poema "Inventário", publicado inicialmente em *O caminho do frio*. In: *Poesia completa*, p. 593.
3. A. F. S. "Tempo perdido". In: *Prelúdio à revolução*. Rio de Janeiro, Ed. do Val. 1964, pp. 165-7.
4. J. Ximenes, op. cit.
5. Sobre as reformas de base, ver A. F. Schmidt, "Não". In: *Prelúdio à revolução*. Rio de Janeiro: Ed. do Val, 1964, pp. 232-4.
6. Id., "Assistencialismo e desenvolvimento". In: *Prelúdio à revolução*, pp. 198-200.
7. Sobre a ruína da nação brasileira, ver id., "Brincadeira trágica". In: *Prelúdio à revolução*, pp. 119-20.
8. Sobre a lei de remessa de lucros, ver id., "O suicídio democrático". In: *Prelúdio à revolução*, pp. 29-31.
9. Sobre a alta do custo de vida e a oferta, ver id., "Até quando?". In: *Prelúdio à revolução*, pp. 21-3.
10. Sobre o presidencialismo e o parlamentarismo, ver id., "A diminuição histórica". In: *Prelúdio à revolução*, pp. 49-51.
11. Sobre a Declaração Pan-Americana, ver João Antônio, "É preciso deixar que a Musa descanse à noite". In: *O Estado de S. Paulo*. 2 set. 1995. Caderno Cultura, p. Q2.
12. Rogério Márcio Fausttino, "Augusto Frederico Schmidt: contribuições ao patrimônio diplomático brasileiro". In: *Pensando o Brasil*. Ano II, n. 11, jun. de 1995, pp. 10-3.
13. Sobre a crise brasileira, ver A. F. Schmidt, "O Brasil está parado e o regime corre perigo". In: *Jornal do Brasil*, 5 nov. 1961, p. 217.
14. Sobre "O Cristo autêntico", ver Roberto Marinho, "A chave para abrir o futuro". In: *O Globo*, 24 abr. 1994, 2º Caderno, p. 16.
15. Sobre o conceito de democracia, ver A. F. Schmidt, "No vazio". In: *Antologia Política*, pp. 201-2.
16. D. Ribeiro, *Aos trancos e barrancos*, ed. cit., versículo 1785.

17. Sobre as críticas a João Goulart, ver A. F. Schmidt, "Por quanto tempo?". In: *Prelúdio à revolução*, pp. 173-5.
18. E. Gaspari, op. cit.
19. Sobre os elogios a Castello Branco, ver A. F. Schmidt, "O discurso do Presidente". In: *Antologia política*, pp. 298-300.
20. Sobre advertências ao governo Castello Branco, ver id., "O encontro". In: *Antologia política*, pp. 301-4.
21. Montello, Josué. *Diário da Tarde*, Rio de Janeiro: Nova Fronteira, 1988. 772p.
22. Sobre a defesa de JK, ver A. F. Schmidt, "Palma benta". In: *Antologia política*, pp. 350-4.
23. Sobre o problema da ordem constitucional, ver id., "A missão do presidente Castello". In: *Antologia política*, pp. 355-60.
24. Sobre carta aberta ao presidente, ver id., "Carta ao marechal presidente". In: *Antologia política*, pp. 305-8.
25. Sobre declarações sobre governo Castello, ver id., "O governo Castello tornou o Brasil negativo e triste". In: *Jornal do Brasil*, 30 jul. 1964. Caderno 1, p.1.
26. Sobre as novas reformas, ver id., "O bailado". In: *Antologia política*, pp. 379-82.
27. J. Montello, op. cit.
28. Sobre o sonho, ver A. F. Schmidt, "Notas". In: *Antologia de prosa*, p. 172.
29. Sobre os versos, ver id., "Saudades". In: *Antologia de prosa*, p. 87.
30. Versos de "A partida", poema publicado em *Navio perdido*. In: *Poesia completa*, p. 67.

EPÍLOGO

1. Sobre indagações de lembranças após a morte, ver A. F. Schmidt, "Notas" e "Órfão às avessas". In: *Antologia de prosa*, pp. 171-97.
2. Alphonsus de Guimaraens Filho, "Absurda fábula", 1973.

BIBLIOGRAFIA

AMADO, Jorge. "Devo a Schmidt ser lido e traduzido". In: *O Estado de S. Paulo*. 30 jan. 1994. Caderno Literatura. P. D5.

AMERICANO, Álvaro. "Os últimos anos". In. *O Globo*, 8 fev. 1975, p. 25.

AMERICANO, Álvaro. "Duas histórias". In: *O Globo*, 8 fev. 1975, p. 25.

AMERICANO, Álvaro. "A glória sem o poder". In: *Jornal do Brasil*, 8 fev. 1977.

ANDRADE, Carlos Drummond de. "O amor e a morte: um aspecto de sua poesia". In: *Jornal do Brasil*, 8 fev. 1969, caderno B, p. 4.

ANDRADE, Carlos Drummond de. *Poesia e prosa*. Rio de Janeiro: Nova Aguilar, 1979.

ANDRADE, Carlos Drummond de. "Uma poesia que um dia será redescoberta". In: *O Globo*, 7 fev. 1985, 2. caderno, p.1.

ANDRADE, Mário de. "Livros". In: *Diário Nacional*, 14 out. 1928.

ANTÔNIO, João. "Atitude política era de recusa ao nacionalismo". In: *O Estado de S. Paulo*, São Paulo, 2 set. 1975. Caderno Cultura, p. 2.

BANDEIRA, Manuel. Ovalle. "Crônicas da província do Brasil". In: *Poesia completa e prosa*. Rio de Janeiro: Nova Aguilar, 1985, p. 489.

BANDEIRA, Manuel. "Soneto em louvor de AFS". *Lira dos cinqüenta anos*. In: *Poesia completa e prosa*. Rio de Janeiro: Nova Aguilar, 1985.

BARROS, Jayme de. *Chão da vida: memórias*. Rio de Janeiro: Léo Christiano Editorial, 1985.

CÂMARA DOS DEPUTADOS. CPI sobre Energia Atômica. 3 maio 1956. Depoimento do Sr. Augusto Frederico Schmidt.

CASTRO, Ruy. *O anjo pornográfico*. São Paulo: Companhia das Letras, 1992.

CASTRO, Sílvio. "Schmidt, trinta anos de poesia". In: *Jornal de Letras*, ano XI, n.115-6, fev-mar. 1959, pp. 1, 8.

CONDÉ, João. "Um arquivo implacável que fala por si". In: *O Globo*, 7 fev. 1985, 2. caderno, p. 1.

CORRESPONDÊNCIA Mário de Andrade & Manuel Bandeira. Organização, introdução e notas Marcos Antônio de Moraes. São Paulo: Edusp: IEB, 2000.

DOURADO, Autran. *Gaiola aberta: tempos de JK e Schmidt*. Rio de Janeiro: Rocco, 2000.

FAUSTINO, Rogério Márcio. "Augusto Frederico Schmidt: contribuições ao patrimônio diplomático brasileiro". In: *Pensando o Brasil*. Ano II, número 11, jun. 1995, pp. 10-3.

GASPARI, Elio. *A ditadura envergonhada*. São Paulo: Companhia das Letras, 2002. 417 p.

LACOMBE, Cláudio. *A infância*. In: *O Globo*, 8 fev. 1975, p. 25.

LIMA, Alceu Amoroso. *Meio século de presença literária*. Rio de Janeiro: J. Olympio, 1969.

LIMA, Alceu Amoroso. *Schmidt e Jackson*. In: *A ordem*. Rio de Janeiro, v. 72, jun. 1975.

MARINHO, Roberto. "A chave para abrir o futuro". *O Globo*, 2. Caderno, p. 16. 24 abr. 1994.

MELLO Filho, Murilo. "O Richelieu brasileiro". In: *Jornal do Brasil*, 21 dez. 2002, caderno Idéias pp. 1,4

MELLO Filho, Murilo. "A política de Augusto Frederico Schmidt". In: *Jornal do Brasil*, 21 dez. 2002, caderno Idéias, pp. 1, 4.

MONTELLO, Josué. "Um reencontro: Schmidt". In: *Jornal do Brasil*, 4 set. 1977.

"MORTE buscou no poeta o seu constante cantor". In: *Jornal do Brasil*, 9 fev. 1965, Caderno 2. p. 5

OPERAÇÃO PAN AMERICANA. Documentos, peças oficiais tornadas públicas por ocasião do evento. Rio de Janeiro: Serviço de Documentação da Presidência da República. Doc. V, 21 dez. 1959, p. 63.

PEPE, Braz Francisco Winkle et al. *Botafogo: o glorioso*. Rio de Janeiro: A 4 mãos, 1996.

PERES, José. "Perfil de um poeta". Conferência realizada na Casa de Cultura de Manhuaçú, MG, em outubro de 1995.

"Político por vocação". In: *O Globo*, 15 fev. 1965.

RIBEIRO, Darcy. *Aos trancos e barrancos*. 2. ed. Rio de Janeiro: Guanabara Dois, 1985. Versículo 1197.

RIBEIRO, Darcy. *Confissões*. 2. ed. São Paulo: Companhia das Letras, 1997.

SCHMIDT, Augusto Frederico. In: "Barrés e Péguy". Conferência realizada na Casa de Ruy Barbosa, em 28 de junho de 1940. 22p.

SCHMIDT, Augusto Frederico. In: "Ruy Barbosa: defensor do homem". Rio de Janeiro, Imprensa Nacional, 1942. 78p.

SCHMIDT, Augusto Frederico. *Discurso aos jovens brasileiros*. Rio de Janeiro, J. Olympio, 1956. 45p.

SCHMIDT, Augusto Frederico. *O Galo Branco*: páginas de memórias. 2. ed. Rio de Janeiro, J. Olympio, 1957. 418p.

SCHMIDT, Augusto Frederico. "O Brasil está parado e o regime corre perigo" In: *Jornal do Brasil*, 5 nov. 1961.

SCHMIDT, Augusto Frederico. "O governo Castello tornou o Brasil negativo e triste". In: *Jornal do Brasil*, 30 jul. 1964, caderno 1, p. 1

SCHMIDT, Augusto Frederico. *Cartas de sempre*. Rio de Janeiro: Instituto Nacional do Livro, 1981.

SCHMIDT, Augusto Frederico. "O poeta clama contra a servidão da pobreza". In: *O Globo*, 17 fev. 1985, 2. Caderno.

SCHMIDT, Augusto Frederico. *Poesia completa*. Rio de Janeiro: Topbooks: Faculdade da Cidade, 1995.

SCHMIDT, Augusto Frederico. *As florestas*. 2. ed. Rio de Janeiro: Topbooks, 1997. 273p.

SCHMIDT, Augusto Frederico. *Antologia de prosa*. 2. ed. Rio de Janeiro: Topbooks, 2000.

SCHMIDT, Augusto Frederico. *Antologia política*. Rio de Janeiro: Topbooks: Faculdade da Cidade, 2002.

Schmidt avisa que está usado, melancólico, não é enxerido e está por fora do ministério. *O Jornal*. Rio de Janeiro. 26 jan. 1961.

"Schmidt visto de perto". In: *O Globo*, 15 fev. 1965.

TOLMAN, Jon M. *Augusto Frederico Schmidt*. Rio de Janeiro: Edições Quíron: MEC, 1976.

"Um inimigo do povo". In: *Última Hora*, 3 ago. 1960.

VERGARA, Carlos. *Fui secretário de Getúlio Vargas*. Rio de Janeiro: O Globo, 1960.

XIMENES, João. "Uma fênix do Brasil pequeno". In: *O Globo*, 19 jan. 1994. Caderno 2, p. 1.

Este livro, composto na fonte Fairfield e paginado
por Alves e Miranda Editorial, foi impresso em
pólen soft 80g na Prol Editora Gráfica.
São Paulo, Brasil, no outono de 2006.